郭静波◇主编

ISO9000族标准与 人民检察院规范化管理

中国检察出版社

编委会

主　编：郭静波

副主编：齐立平　时玉环

编　委：李国岩　赵海涛　邹仁贵　戴　君

　　　　赵铁汉　马金刚　王路林　高德录

ISO9000族标准是世界上质量管理方面最通行、最适用、最一般的原则，是近半个世纪以来，世界各国质量管理方面成功经验的总结，是目前国际上公认的、且得到广泛应用的质量管理模式。

郭静波◇主编

ISO9000族标准与
人民检察院规范化管理

ISO9000族标准是国际标准化组织发布的国际标准

国际标准化组织是目前世界上最大最有权威的非政府性国际标准化专门机构

ISO是英文国际标准化组织的简称

即International Organization for Standardization英文字头缩写

中国检察出版社

序　一

东辽县人民检察院检察长郭静波同志主编的《ISO 9000 族标准与人民检察院规范化管理》放在我的案头。展卷浏览，令人眼前一亮。一口气读下去，掩卷深思，颇有感触。

中华民族具有五千年的文化传统，其中管理思想十分丰富，但多散见于各种学术著作，大都是哲思和修身养性之学。在实际管理过程中，管理多体现为管理者个人的智谋和技巧。有系统管理学修养和经验的人，凤毛麟角。改革开放以来，随着现代化市场经济的迅速发展，各种西方的管理理论大行其道，但是真正能扎根我们民族土壤的并不多。尤其是党政机关和司法机关，亟须科学的管理思想来加以提升和规范。

经验主义管理大师彼得·德鲁克指出："管理，从根本意义上讲，意味着用智慧代替鲁莽，用知识代替习惯和传统，用合作代替强制。"检察机关引入 ISO 9000 族管理标准，是一个具有开创意义的举措。但是真正体现其意义的是如何把检察工作与该标准科学合理地结合起来，具有可操作性。在这方面，东辽县人民检察院做了大量探索和突破。首先，书中对与人民检察院规范化管理有关概念术语的解读，使那些令人望而生畏的语句，尽管还有进一步改进的余地，但大多数情况下有了可读性。其次，书中对法律监督机关所提供的公共产品与企业事业单位提供的一般公共产品的差异的比较和诠释，为消除阅读者的心理障碍与专业门槛扫除了障碍。再次，相对于原版的 ISO 9000 族文本而言，东辽县检察院做了必要的删减，一切与检察工作不相关又不影响管理内核的部分均被略去，凡是检察工作所涉及的尽可能纳入其中，使该标准具有了浓厚的检察特色。

管理是一门学问，做学问是要下工夫的；管理更是最急迫的工作任务，干工作是要吃苦的。不想吃苦，又不想费心的人，与这本书不会结缘。因此可以断言，这本书的读者不会太多，但只要认真读了它，就一定会对推进检察机关的专业化、规范化、科学化和现代化有所裨益。正因为如此，余不揣鄙陋，絮叨赘言，忝列弁首，期同行之所诤也。

吉林省人民检察院政治部主任　李瑞东
二〇〇九年九月于长春

序　二

在长白山脚下，东辽河源头，有一个人杰地灵的县城，东辽县白泉镇，全国先进检察院、吉林省十佳检察院——东辽县人民检察院就坐落在这个小镇。庄严、肃穆的现代化办公大楼为这个小镇增添了光彩。东辽县人民检察院前任检察长，曾担任过县教育局局长的王宪邦同志非常重视学习，提高干警素质，而现任检察长郭静波亦是一名学者型的检察长，注重检察文化建设，倡导和谐检察，推进了东辽县院的创新发展、和谐发展和科学发展。

在全市检察机关创建学习型检察院活动中，东辽县人民检察院被评为学习型检察院，受到市院的表彰，并在全市检察机关"创建学习型检察院、争当学习型检察官"活动总结表彰大会及"争创研究型检察院、争当研究型检察官"活动动员大会上做了大会发言。在吉林省检察官协会成立十周年暨检察理论年会上介绍了经验。

正因为东辽县人民检察院在队伍建设上有良好的基础，经省院推荐，于2008年被高检院确定为规范化管理机制第二批试点单位之一。

秋天是收获的季节，东辽县人民检察院的规范化试点工作在吉林省人民检察院的领导和指导下，积极探索、勇于实践，以"规范检察行为，服务东辽发展，公正效率统一，追求人民满意"为质量方针，建立规范化管理体系，全面规范检察业务、检察队伍和检察事务管理，积极探索基层院建设创新发展的科学管理机制，经过一年的试点，取得了明显的效果，各项检察管理工作进一步得到规范，干警素质明显提高。

"漫道繁花成嫣色，应时新果倍香甜。"《ISO 9000 族标准与人民检察院规范化管理》一书正是饱含试点工作香甜汁液的应时新果。之所以说它应时，是因为检察规范化管理迫切需要此类书籍作指导，它既是检察规范化管理机制试点工作的丰硕成果，也是对检察规范化内容的不断丰富，是应运而生。之所以说它新，是因为专门论述检察规范化管理的书籍在国内并不多见，它是对我国检察规范化管理工作的一大贡献。

任何一本新书的出版，都有其独到之处。《ISO 9000 族标准与人民检察院规范化管理》一书紧紧围绕检察机关规范化管理这个重心，具有法律性、规范性、可操作性的特点，本书立足于检察机关规范化管理，紧密结合东辽县人民检察院的试点工作实践，将 2008 版 ISO 9001 标准转化成检察化的语言进行逐条解释和说明。该书既可对老检察官有所启迪，也是新检察官步入职业人生的入门向导。

由于此书的写作，匮乏可供借鉴的资料和理论支撑，有些地方不尽如人意在所难免。

此书付梓之际，应该书主编郭静波检察长之约，略赘数语，权以为序。

王文生
二〇〇九年十月

（王文生同志系国家检察官学院吉林分院、吉林省检察官培训学院院长，法学博士，吉林大学博士生导师，全国首批检察业务专家）

目　　录

第一章　ISO 9000 族标准简介
及我国采用的过程

第一节　ISO 9000 族标准制定、修订概况

国际标准化组织是目前世界上最大、最有权威的非政府性国际标准化专门机构，成立于 1947 年 2 月。ISO 是英文国际标准化组织的简称，即国际标准化组织 International Organization for Standardization 英文字头缩写。我国是国际标准化组织的成员国。ISO 9000 族标准是国际标准化组织发布的国际标准。

ISO 9000 族标准是国际标准化组织为适应世界各国经济的迅速发展和日益国际化的需要，为了促进国际贸易繁荣和发展，提高组织的运作能力，使任何组织或个人都能够获得满意的产品或服务，在总结世界上许多经济发达国家质量管理实践经验的基础上，经过多次的修改总结出来的理论，是世界上质量管理方面最通行、最适用、最一般的原则，是近半个世纪以来，世界各国质量管理方面成功经验的总结，是目前国际上公认的，且得到广泛应用的质量管理模式。ISO 9000 族标准的制定、修订主要经历了以下 4 个版本：

一、1987 版

为了适应世界各国质量管理的发展和国际贸易的需要，国际标准化组织在总结世界各个国家，特别是发达国家质量管理经验的基础上于 1986—1987 年先后发布了下列标准，即：

1. ISO 8402：1986《质量管理和质量保证 术语》；

2. ISO 9000：1987《质量管理和质量保证标准 选择和使用指南》；

3. ISO 9001：1987《质量体系 设计、开发、生产、安装和服务的质量保证模式》；

4. ISO 9002：1987《质量体系 生产、安装和服务的质量保证模式》；

5. ISO 9003：1987《质量体系 最终检验和试验的质量保证模式》；

6. ISO 9004：1987《质量管理和质量体系要素　指南》。

这六项标准统称为 ISO 9000 系列标准，由于该系列标准有较强的适用性和指导性，标准一经发布就受到世界各国的普遍欢迎。

二、1994 版

随着质量管理工作在世界范围内的普及，质量管理理论研究的深化，世界各国通过对 1987 版标准的使用，发现标准中一些内容需进一步修改完善。为了满足使用者的要求，国际标准化组织对上述标准进行了修订，对标准内容做了小范围的修改，并于 1994 年 7 月 1 日发布了 1994 版标准，由原来 6 个标准发展到 16 个标准，最后又扩展到 27 个标准和相关文件，形成了 ISO 9000 标准庞大的"家族"。因此，有人把它称为 9000 族标准，提出了"ISO 9000 族"的概念。这 27 个标准分布在以下 5 个方面：

1. 质量管理和质量保证 术语标准，如 ISO 8402：1994；

2. 三种质量保证模式标准，如 ISO 9001：1994、ISO 9002：1994、ISO 9003：1994；

3. 质量管理和质量保证标准，如 ISO 9000.1：1994；

4. 质量管理和质量体系要素标准，如 ISO 9004：1994；

5. 支持性技术指南方面的标准，如 ISO 10011 – 1：1990。

这套标准要求组织按与质量有关的 20 个要素去建立、实施和保持质量管理体系和质量保证体系，并针对不同情况提供了三种质量保证模式，促使世界各国的质量管理统一在 ISO 9000 族标准的基础上。1994 版 ISO 9000 族标准的发布引起了世界上越来越多的国家和地区的重视。

三、2000 版

1994 版标准虽然提供了三种质量保证模式，但仍然满足不了不同规模、不同产品、不同类型的组织的需要，使标准的应用带来了一定的局限性。标准中采用的 20 个体系要素的结构也不尽合理，对规模小、机构简单的组织的实施带来了诸多不便。标准的内容还存在一些不足和需要解决的问题。因此，国际标准化组织又对 1994 版标准的总体结构和技术内容两方面进行了彻底修改，完全改变了以 20 个要素建立质量管理体系的做法，采用过程方法的模式建立、实施质量管理体系，并于 2000 年 12 月 15 日发布了 2000 版 ISO 9000 族标准。已发布的 2000 版 ISO 9000 族标准主要有：

ISO 9000：2000《质量管理体系　基础和术语》；

ISO 9001：2000《质量管理体系　要求》；

ISO 9004：2000《质量管理体系　业绩改进指南》。

由于 2000 版 ISO 9000 族标准更加强调顾客满意，增强了与其他标准的通用性和适用性，为使用的组织实施标准提供了灵活的空间，带来了方便。这套标准发布后得到世界上许多国家和地区的普遍关注和广泛采用。

四、2008 版

通过 2000 版 ISO 9001 标准的宣贯、实施，使用者认为 2000 版 ISO 9001 标准的个别定义描述得不很明确，有时会让使用者引起误解和歧义，与 ISO 14001 标准的兼容性还有一些差距。国际标准化组织又针对上述问题对 2000 版 ISO 9001标准从文字上进行了小范围的修改，并于 2008 年 12 月 30 日发布了 ISO 9001：2008 标准。

ISO 9001：2008 标准没有引入新的要求，只是根据世界上 170 个国家大约 100 万个通过 ISO 9001 认证的组织的 8 年实践，更清晰、明确地表达了ISO 9001：2000 标准的要求，引导使用的组织更加关注过程方法在体系中的应用，关注过程的结果和有效性，关注追求绩效水平，顾客满意。同时增加了 4 个术语和定义，即能力、合同、审核计划和审核范围，并增强了与 ISO 14001 环境管理体系标准的兼容性。

第二节　ISO 9000 族标准的主要特点

ISO 9000 族标准蕴涵着丰富的管理思想和先进的管理理念，标准中贯穿了 8 项质量管理原则，提出了 12 项基础，对 10 个方面、84 个术语进行了定义。标准中只提要求，不讲具体做法，只要求内容的包含，不强求形式的统一，为所有组织建立质量管理体系提供了灵活和可借鉴的模式。标准要求组织把持续改进当做组织的永恒目标，不断追求更高的境界，不断向新的绩效目标迈进；要求组织建立与供方互利的关系，把供方视为自己的合作伙伴，双方都为共同的利益不懈努力，力图实现双赢；要求组织要以顾客为关注对象，以顾客的期待为关注的焦点，不断满足顾客要求，并争取超越顾客的期望。特别是修改后的 2008 版标准，要求组织更加关注质量管理体系的绩效，更加关注最终产品质量，更加关注顾客满意，不断提高整体绩效水平。通过这套标准的学习、理解，可以帮助人们掌握更多先进的管理理念，提高发现问题、分析问题和解决问题的能力，促使组织建立、健全完善的制约机制，提高自我约束、自我发展的能力。

ISO 9000 族标准的主要特点：

一、标准内容丰富

这套标准中既有质量方面统一明确的术语和定义，又有质量管理、人力资源管理、设备管理、物资管理、计量管理等方方面面的要求，内容涵盖了产品实现的全过程。

二、八项质量管理原则贯穿了整个标准，成为八根红线。这八项原则是：

1. 以顾客为关注焦点；
2. 领导作用；
3. 全员参与；
4. 过程方法；
5. 管理的系统方法；
6. 持续改进；
7. 基于事实的决策方法；
8. 与供方互利的关系。

三、标准的适用性强

这套标准经过反复修改，其内容越来越适合于不同产品、不同类型、不同规模的组织使用，包括行政机关、企事业单位等。

四、标准中的要求客观、合理

标准中只提通用要求，对如何满足要求未作统一规定，也没有统一组织管理体系结构及文件的意图，特别是对体系中文件化的要求适度，为任何使用的组织建立质量管理体系提供了灵活的空间。

五、标准对以下内容着重进行了强调：

1. 强调最高管理者的领导作用；
2. 强调采用过程方法系统地识别和管理所有过程，关注这些过程之间的联系（接口）和相互作用；
3. 强调文件的价值。文件的形成并不是最终目的，而是要通过文件的应用和实施体现其价值；
4. 强调过程的有效性和效率，通过过程的有效控制实现预期的结果，而不只是单纯地强调形式的重要性；

5. 强调对业绩的持续改进。

第三节　我国质量管理概况及采用
ISO 9000 族标准的过程

一、我国质量管理概况

我国是一个具有悠久历史的文明古国。早在公元前 403 年，我国就有了质量检查的工作。我国是世界上最早实行质量检验的国家之一。新中国成立以后，我国在提高产品质量、服务质量和工程质量方面做了大量卓有成效的工作，取得了巨大成就。但是，我国将质量管理作为一门科学来推行，是从 20 世纪 70 年代末才开始的。

1976 年，我国第一个质量管理小组在北京清河毛纺厂诞生（即 QC 小组）。

1978 年，我国开始从日本和西方一些先进的发达国家引进了全面质量管理的理论和方法。

1986 年起，我国在全国范围内举行了声势浩大的"质量月"、"质量万里行"、"用户满意工程"等活动，并有组织、有计划地在一些大中型企业推行全面质量管理工作（即 TQC）。

1987 年至今，我国的质量管理工作越来越受到各级政府和组织的重视，先后开展了质量达标升级、创质量奖、质量跟踪等活动，产品质量、工程质量和服务质量不断提高，质量管理工作逐步与国际接轨。

二、我国采用 ISO 9000 族标准的过程

1. 1987 年，国际标准化组织发布了 ISO 9000 系列标准。我国在 1988 年 12 月等效采用这套标准，当时采用国际标准的国家标准编码是 GB/T 10300 - 88。

2. 1992 年，为了与国际标准的要求保持一致，我国由等效采用改为等同采用这套标准。

3. 1994 年 ISO 9000 族标准做了修订后，我国又等同采用了修订后的版本。主要有：

GB/T 19001 - 1994 idt ISO 9001：1994《质量体系 设计、开发、生产、安装和服务的质量保证模式》；

GB/T 19002 - 1994 idt ISO 9002：1994《质量体系 生产、安装和服务的质量保证模式》；

GB/T 19003 - 1994 idt ISO 9003：1994《质量体系 最终检验和试验的质量保

证模式》；

GB/T 19004.1 - 1994 idt ISO 9004 - 1：1994《质量管理和质量体系要素　第一部分：指南》。

4. 2000 年 12 月 28 日我国再次等同采用 2000 版 ISO 9000 族标准，2001 年 6 月 1 日开始在全国实施。

当时，我国等同采用 2000 版 ISO 9000 族标准的国家标准主要有：

GB/T 19000 - 2000 idt ISO 9000：2000《质量管理体系　基础和术语》；

GB/T 19001 - 2000 idt ISO 9001：2000《质量管理体系　要求》；

GB/T 19004 - 2000 idt ISO 9004：2000《质量管理体系　业绩改进指南》。

5. 2008 版 ISO 9001 标准《质量管理体系　要求》于 2008 年 12 月 30 日发布后，我国于 2008 年 12 月 30 日等同采用了这一标准，其编码是 GB/T 19001 - 2008/ISO 9001：2008《质量管理体系　要求》，并于 2009 年 3 月 1 日起实施。目前，ISO 9000 族的主要标准有：

GB/T 19000 - 2008 idt ISO 9000：2005《质量管理体系　基础和术语》；

GB/T 19001 - 2008 idt ISO 9001：2008《质量管理体系　要求》；

GB/T 19004 - 2000 idt ISO 9004：2000《质量管理体系　业绩改进指南》（修订中）；

GB/T 19011 - 2003 idt ISO 19011：2002《质量和（或）环境管理体系审核指南》。

三、我国对采用国际标准的要求

1. 我国 GB/T 20000.2 - 2001《标准化工作指南》标准中规定，我国等同采用国际标准的国家标准的标识采用双编号表示法，即前面用国家标准代号（GB/T 19001 - 2008），后面用被采用的国际标准代号（ISO 9001：2008），中间用采用方式的英文小写字母连接（采用方式分等同和修改），即 GB/T 19001 - 2008 idt ISO 9001：2008。还可以将"idt"改为"/"，即 GB/T 19001 - 2008/ISO 9001：2008。

上述代号的含义是：

GB/T ——是"国家、标准、推荐性"汉语拼音的第一个字母，G（国家）、B（标准）、T（推荐性）；

19001——是我国发布该标准的顺序号；

2008 ——是我国发布该标准的年号；

idt ——是"等同"英文"identical"的缩写，表示等同采用；

ISO ——是国际标准化组织英文的缩写；

9001 ——是国际标准化组织发布该标准的顺序号；

2008 ——是国际标准化组织发布 ISO 9001 标准的年号。

2. 我国修改采用国际标准的国家标准，其标识只使用我国标准的编号。

3. 2009 年 2 月 12 日，国家认监委下发通知：要求全国各认证机构自 2009 年 11 月 15 日起，不再颁发 GB/T 19001 - 2000 标准的质量管理体系认证证书。自 2010 年 11 月 15 日起，全国各认证机构按 GB/T 19001 - 2000 标准颁发的质量管理体系认证证书均属无效。

4. 截至 2008 年 10 月 31 日，经中国合格评定国家认可委员会批准的认证机构共有 121 家，这些认证机构发放各类认证证书 40 多万张。我国各认证机构颁发的质量管理体系、环境管理体系认证证书已经得到世界上 40 多个国家和地区的互认。

第二章　ISO 9000 族标准与人民检察院规范化管理

第一节　人民检察院引入 ISO 9000 族标准概述

一、检察机关引入 ISO 9000 族的由来

ISO 9000 族标准，源于企业管理，但因其先进的管理理念、管理方法，已被广泛应用到工商业、服务业、学校、医院及政府机关等众多领域。多年来，各级检察机关为更好地践行"强化法律监督、维护公平正义"检察工作主题，不断探索构建检察院建设发展创新的新模式。2003 年 7 月，最高人民检察院检察长贾春旺在河南郑州市二七区检察院视察工作时，提出探索建立业务建设、队伍建设和信息化建设相结合的"三位一体"长效机制。在此期间，高检院政治部对全国各地的试点工作进行了调研引导和梳理归纳，其中对广州黄埔区院等 18 个院引入 ISO 9000 族国际质量管理体系规范检察业务、队伍、事务管理，认为比较符合"三位一体"机制的基本要求。ISO 9000 族标准的系统性、普遍性、过程控制、可持续发展等理论，是将其引入检察机关开展规范化管理机制建设的重要原因。2006 年高检院成立"三位一体"机制建设办公室，对试点院的经验材料、体系文件、制度汇编和工作记录进行了分析总结，系统思考和充分论证，确定了"三位一体"机制建设的目标任务，即：以业务规范化、队伍专业化和管理科学化为方向，建立"三位一体"机制的体系框架和评价机制，创建统一的规范化标准。此后，制定了《人民检察院规范化管理体系指导性标准》（以下简称《指导性标准》），也就是检察机关规范化管理的行业标准，为检察机关建立规范化管理体系提供依据。

随着高检院"执法规范化，队伍专业化，管理科学化，保障现代化"的四个体系建设目标的提出，为新时期检察工作指明了新的前进方向，为各级试点院的

规范化建设试点工作增添了新的动力，增强了信心。各级试点院紧紧围绕四个体系建设目标，深入学习和实践，对规范化管理体系的内容进一步进行了充实和完善，加快了规范化管理体系在检察工作中的整合进度，与时俱进，促进了规范化管理工作健康、协调、可持续发展。

二、《指导性标准》的主要内容

《指导性标准》是指导建立人民检察院规范化管理体系及其文件的各项标准的总称。在对 GB/T 19001 - 2000《质量管理体系 要求》标准进行转化的基础上，按照建立规范化管理体系的逻辑顺序，制定了建立和运行人民检察院规范化管理体系所必需的基本标准。该标准内容主要包括：应用基础标准、文件格式标准、流程图设计标准、岗位说明书制作标准、流程设计标准、岗位设置标准、文件制作标准、信息沟通标准、绩效评价标准、计算机软件开发标准、单位业绩考评指标设计标准、体系检查标准、管理评审标准、体系审核标准、审核人员培训标准，共 15 个标准。其各部分内容从适用范围、设计制作要求等方面作了详尽的阐述，为便于理解，又配有图解作以说明。在此基础上，高检院又编写了反贪污贿赂、反渎职侵权、侦查监督、公诉、控告申诉、民事行政检察等主要业务工作的操作文件，为规范化体系文件的建立提供了操作范本。《指导性标准》已成为各级检察院建立和实施规范化管理体系的重要指导性文件。

三、各级院的试点情况

2007 年，高检院下发通知和试点方案，在全国确定 3 个省级院、5 个市级院、35 个基层院为第一批试点单位。2008 年，高检院在第一批试点已经取得初步成效的基础上，为进一步巩固第一阶段试点工作成果，对全国检察机关规范化建设工作进行再部署，适度扩大试点范围，确定 20 家基层院为全国规范化建设第二批试点单位，东辽县人民检察院是其中的试点院之一。这些试点院按照 GB/T 19001 标准和高检院《指导性标准》的要求，以规范化建设为目标，以过程控制为主要方法，对检察业务、检察队伍、检察事务进行规范化管理和控制，建立了符合本院工作实际的规范化管理体系，严格按体系要求实施运行，并在 GB/T 19001 标准的基础上，按照 PDCA 循环模式，不断探索，扎实推进，持续改进其适宜性、充分性和有效性，试点工作取得较好成效。

四、试点工作取得的成效

通过几年来的试点，各地检察机关对引入 ISO 9000 族标准进行了有益的探索，积累了一些宝贵的经验，日益彰显出强大功能和旺盛生命力。主要成效体现在：一是通过学习、培训、实践，干警们逐渐树立起科学管理、系统管理、过程管理、持续改进等质量管理理念，规范化管理意识不断增强。二是检察业务、检察队伍和事务管理进一步规范，实现了"四清"：即通过《岗位说明书》的制定，干警岗位职责、权限更加清晰明确，实现"职责清"；通过全院制定的质量目标，各部门进行层层目标细化分解，围绕目标开展工作，实现"目标清"；通过对法律监督服务的各项操作标准、操作规程的制定，为干警依法监督、规范监督、公正监督提供了可操作的依据，实现"依据清"；通过过程控制，对完成的每一项法律监督服务工作建立和完善了相关记录证据，实现"证实清"。三是通过体系的正常运行和内外部审核，人民检察院自我改进的制约机制逐步完善，事前预测和评估自身存在的不足及办案隐患，并及时、科学地制定纠正和预防措施，使检察工作更好地服务于社会。四是干警素质明显提高，执法水平和管理水平不断提升，重学习、勤钻研、精业务、懂管理、爱岗敬业的群体形象得以树立。五是科学、规范化长效机制正逐步形成，实现了"三个转化"，即从行政手段管理检务工作向按司法程序管理检务工作转化，从年终集中检查考评向日常监督持续改进转化，从检察长负责制向所有人员各司其职对各自分管的过程负责转化。

实践证明，人民检察院按照 GB/T 19001 标准的要求建立规范化管理体系，是向传统的管理模式、管理方法的挑战，是实现"强化法律监督，维护公平正义"检察工作主题的一项创新；是进一步规范执法行为，提高执法水平，创造更加宽松、和谐的法制软环境，建设思想政治坚定、执法能力过硬、队伍素质精良、管理机制健全、检务保障有力、社会形象良好的基层检察院的助力器；是推进检察机关实现"执法规范化、队伍专业化、管理科学化、保障现代化"的有效载体，对维护社会主义民主法制、维护社会公平正义具有十分重要的意义。

第二节　与人民检察院规范化管理
有关的术语和定义

掌握有关的术语和定义是理解 ISO 9001 族标准的基础。

为使广大的检察干警在学习 ISO 9000 族标准，建立规范化管理体系时能正确地掌握相关的术语和定义，理解标准要求，更好地结合人民检察院的实际，现将与人民检察院规范化管理体系有关的术语和定义介绍如下：

一、组织

职责、权限和相互关系得到安排的一组人员及设施。如公司、企业、事业单位、国家机关、社会团体等或上述组织的部分或组合。

注 1：安排通常是有序的。

注 2：组织可以是公有的或私有的。

人民检察院就是一个组织。人民检察院内部的任何一个部门也都是一个组织。

二、顾客

接受产品的组织或个人。如消费者、受益者、采购方、零售商等。

注：顾客可以是组织内部的或外部的。

人民检察院的顾客是指接受人民检察院法律监督服务的组织或个人。通常指服务的对象。组织指公安机关、法院及其他企事业单位等；个人指举报人、控告人、申诉人、犯罪嫌疑人、被告人、被害人等，这些都是人民检察院的外部顾客。人民检察院的内部顾客是指本院内部各部门及人员间在服务和接受服务过程中，在办理案件移送过程中，接受服务方和接收案件方。如控申科受理线索后移送给反贪局，反贪局就是控申科的顾客。后勤部门为全院各科、处、室提供行政后勤服务，各科、处、室就是后勤部门的顾客。

三、相关方

与组织的业绩或成就有利益关系的个人或团体。如所有者、员工、供方、合作伙伴等。

人民检察院的相关方包括上级检察院、当地政府、人大、政协、法院、公安机关、人民群众等。

四、供方

提供产品的组织或个人。

人民检察院的供方就是向人民检察院提供与法律监督服务有关的办公物品、案件资料、举报信息和提供外包服务的组织或个人，如提供办公物品的商家；提供举报信息的举报人；提供案件资料的公安机关、法院等。如公安机关向检察院移送案卷资料，公诉科受理后依法提起公诉，公安机关就是检察院的供方。法院将判决书、裁定书反馈给检察院审查，法院即是检察院的供方。

五、产品

过程的结果。这个定义与我国"产品质量法"中产品的定义（经过加工后用于销售的产品）不同。

注1：产品可分以下4类：

（1）硬件——通常是可以分离的，其数量是可以计数的看得见、摸得着的物品，如办公桌、微机、钢笔、水杯、汽车等；

（2）软件——一般由信息组成，通过在一定的媒体（纸、光盘等）上予以体现，如计算机程序、字典、方法、知识传授等；

（3）服务——是在与供方和顾客接触的过程中完成的一项或多项活动的结果，包括运输、旅店、饭店、法律监督服务等；如律师的辩护服务包括提供咨询、收集被告人无罪、罪轻的证据、作法庭辩护、维护被告人的其他诉讼权利等；

（4）流程性材料——一般以液体、气体、粒状等状态存在，其具有连续性的特征，如原油、润滑油、涂料、饮料、冷却液等。

注2：产品还可分为有形产品和无形产品：

有形产品包括硬件、流程性材料，通常被称为货物；

无形产品包括软件、服务等。人民检察院向顾客提供的法律监督服务主要是无形产品（其中有形产品是案卷资料）。

注3：人民检察院的产品就是人民检察院提供给顾客的法律监督服务。依据《中华人民共和国宪法》和《人民检察院组织法》的规定，检察机关是国家法律监督机关，法律赋予了检察机关立案侦查（对自行受理案件）、批准逮捕（或决定逮捕）、提起公诉、侦查监督、审判监督、执行监督等项检察权。凡是与八大权利（立案监督权、批准决定逮捕权、提起公诉权、侦查监督权、刑事审判监督权、民事审判监督权、行政诉讼监督权、刑事案件侦查权）有关的法律监督服务均为人民检察院的产品。

注4：产品还可以分为预期产品和非预期产品。预期产品是人民检察院按策划的安排提供给顾客所需求的产品，如人民检察院提供给顾客的各项法律监督服务。非预期产品是指人民检察院不希望提供给顾客的服务。非预期产品通常是在人民检察院提供预期产品的同时产生的，如在提供某项法律监督服务的过程中出现干警违法违规的现象。人民检察院按 GB/T 19001 标准建立规范化管理体系关注的是预期产品。

六、质量

一组固有特性满足要求的程度。

注1：特性：可区分的特征。

特性可分以下种类：

（1）固有特性和赋予特性；

固有特性：是指某事或某物中本来就有的特性，尤其是那种永久性特性，如电视机的耗电量、办公桌的材质、外型尺寸、人的肤色等。

赋予特性：非本身固有的，而是产品形成后因不同的要求对产品人为安排设置的特性，如产品价格、保修期、办案时间等。

（2）特性可以是定性特性（公正性、文明性）或定量特性（办案时限、公诉案件的数量）。

（3）特性有以下类别：物理的（如机械的、电子的）、感官的（如视觉、听觉）、行为的（如礼貌、热情、正直）、功能的（如汽车时速，空调制冷温度）、内在的（如结构、性能、化学成分）和外在的（如外观、颜色、气味）。

（4）服务类产品的特性可分为：时间性、安全性、经济性、舒适性、文明性。

人民检察院法律监督服务的特性主要有：合法性、公正性、文明性、清廉性、及时性、安全性、保密性等。

注2：要求：包括明示的、通常隐含的或必须履行的需求或期望。

（1）明示的要求：是指以文件（如法律法规、操作标准等）或其他方式（如口头、电话）明明白白地写清楚或提出的要求，如刑法、刑事诉讼法等法律法规中规定的要求，控告、申诉人在控告、申诉书中提出的要求，或以口头面谈、电话的方式提出的要求，包括实物样品。

（2）隐含的要求：是指没有明示的，但它是与规定用途或已知的预期用途有关的要求，即大家公认的，可接受的惯例或一般做法，这些需求或期望是不言而喻的。如叫你去做饭，你不仅要做饭，还要准备菜，做菜通常隐含于做饭之内；又如人民群众要求检察干警应做好自身的监督，正人先正己，树立检察机关和检察人员可亲、可敬、可信的良好形象，承担更多的社会责任，为人民群众排忧解难等。

（3）必须履行的要求：主要指刑法、刑事诉讼法等法律法规和司法解释中规定的要求和国家颁布的强制性标准中的要求，如《人民检察院办理未成年人刑事案件的规定》中规定："讯问未成年犯罪嫌疑人应当通知其法定代理人到场，告知法定代理人依法享有的诉讼权利和应当履行的义务"。

（4）要求可以由人民检察院、人民检察院的顾客和其他相关方提出，不同顾客和相关方对人民检察院提供的法律监督服务的要求可能是不相同的。

要求还具有以下特性：

——差异性（控告、申诉人和犯罪嫌疑人对人民检察院要求不同，公安机关、法院对人民检察院的要求也不一样）；

——时间性（办案开始、办案过程中、办案结束后）；

——适用性（法律监督服务的适用性因时、因地、因人、因案件的性质而异，如刑事诉讼法对男性和女性犯罪嫌疑人办案程序的要求不同，对成年和未成年犯罪嫌疑人办案程序要求也不同）；

——动态性（办案开始、办案结束后）。

（5）要求应合理合法，如某案件控告、申诉人提出的要求超出了法律法规规定的要求就是不合法的要求，不应满足。

注3：质量不仅仅指产品质量，也可以是某项活动、过程或服务的质量，如人民检察院后勤管理部门提供的后勤服务等。

由于质量具有广义性、时效性和相对性，界定质量的好坏取决于是否满足相应的质量要求。

七、过程

将输入转化为输出的相互关联或相互作用的一组活动。

注1：人民检察院法律监督服务的主要过程见下图：

注2：任何一个过程都包含有三个要素：即输入、活动和输出，其中输入是实施法律监督服务的必要条件，包括依据、要求和资源等；活动是将输入转化为输出的动因；输出是每一项法律监督服务完成后的结果。

注3：过程之间是相互联系的。输入质量直接甚至决定输出质量，上一个过程的高质量往往决定了下一个过程的顺利和成功，前一个过程的低水平往往造成后一个过程的困难和失败，这是因为过程之间存在相互制约、相互促进、相互影响的关系。如公安机关移送的案件证据材料质量直接影响人民检察院审查起诉案件质量，证据不足的案件不符合起诉的条件。

注4：过程可大可小，一个过程可能分多个分过程或子过程（它取决于过程应用目的、性质、识别过程的原则及希望达到的结果）。

八、程序

为进行某项活动或过程所规定的途径。

注1：程序可以形成文件，也可以不形成文件，可以是口头约定或规定。

注2：当程序形成文件时，通常称为"书面程序"或"形成文件的程序"。含有程序的文件可称为"程序文件"。

注 3：程序文件可以理解为：为了使某项活动达到预定的目标，规定进行该项活动途径、方法的文件。其内容通常应规定开展某项活动或实施某一过程的目的和范围，做什么和谁来做，何时、何地及如何做，应使用什么材料和文件，以及如何对活动进行控制和记录等。

注 4：人民检察院的程序文件是依据管理手册，对规范化管理体系跨职能、跨部门的过程进行描述，对实施过程的方法、步骤做出规定，保证规范化管理体系有效运行的文件。它是管理手册具体程序化的文件，其作用仅次于管理手册，在管理手册和操作文件中起承接作用。

注 5：人民检察院规范化管理体系中程序文件的多少和详略程度可以根据人民检察院的规模、服务项目、服务内容的复杂程度和干警的素质等诸多因素确定，但至少应包括文件、记录、内审、不合格品和纠正、预防措施控制 6 个方面内容的程序文件。这些是 GB/T 19001 标准中的硬性要求。

九、纠正措施、预防措施

纠正措施是为消除已发现的不合格或其他不期望情况的原因所采取的措施。

预防措施是为消除潜在的不合格或其他潜在不期望情况的原因所采取的措施。

注 1：一个不合格可以有若干个原因。

注 2：采取纠正措施是为了防止不合格再发生，而采取预防措施是为了有效地防止不合格的发生。

注 3：纠正和纠正措施是有区别的。

为消除已发现的不合格而采取的"就事论事"的态度处理，就是"纠正"，如发现桌面上有灰尘，立即擦掉；办案人员在提审犯罪嫌疑人时，没有着检察装被指出后穿上检察装这都是纠正。纠正措施是在分析产生不合格原因的基础上，针对原因采取防止类似问题再次发生的措施。

注 4：预防措施是针对没有发生，通过信息收集、分析或调查发现可能要发生的不合格（即潜在不合格）的原因所采取的措施。

十、合格

满足要求。

注 1："要求"是指明示的、通常隐含的或必须履行的需求和期望。明示的要求通常是规定的要求，一般以书面文件的形式予以表达。隐含的要求是指组织、顾客和其他相关方的惯例或一般做法，往往是公认的并且是可接受的，所考虑的需求或期望是不言而喻的，通常不用文件明示的需求。必须履行的需求是指法律法规中明确规定的要求。详见"质量"定义的解释。

注 2：满足了"要求"的全部内容，则称为合格。如《审查决定逮捕工作操作规程》中要求"犯罪嫌疑人已被拘留的，在收案后四日内完成审查，重大、疑难、复杂案件在五日内完成审查，七日内做出是否批准逮捕的决定"。按上述要求去操作，就是合格。

十一、不合格（不符合）

未满足要求。

注 1：不合格（不符合）包括不合格品和不合格（不符合）项两大类。如果某产品的特性未满足该产品的要求，称为不合格品。如果某过程或体系未满足相关的要求，则称为不合格（不符合）项。

注 2：人民检察院提供的法律监督服务不仅要满足相关法律法规要求，还要满足服务对象明示的要求和隐含的要求及检察机关自己确定的附加要求。没有满足上述要求或未满足其中某一部分要求就是不合格。

十二、缺陷

未满足与预期或规定用途有关的要求。

注 1：区分术语缺陷和不合格是重要的，这是因为缺陷有法律内涵，特别是与法律监督服务的责任有关，因此，术语"缺陷"应慎用。

注 2：不合格与缺陷关系：

判定某项法律监督服务合格、不合格取决于其法律监督服务是否满足要求，若法律监督服务未满足服务对象、适用法律法规或人民检察院规定某一方面的要求（包括明示的、隐含的、必须履行的）则称为不合格。

判定法律监督服务是否具有缺陷主要是指法律监督服务是否满足与该项法律监督服务预期或规定用途有关的要求。凡未满足与预期或规定用途有关要求的称为缺陷。所以说缺陷是一种特殊的不合格。

缺陷的定义强调"与用途有关的要求"，也就是说，缺陷只有在使用的过程中才能发现。

第三节　八项质量管理原则与人民检察院规范化管理

八项质量管理原则是在总结世界各国多年质量管理实践经验和理论的基础上，用高度概括、易于理解的语言所表述的质量管理的最基本、最通用的一般性规律，是质量管理的理论基础。八项质量管理原则能够帮助组织的领导者系统地建立质量管理理念，正确理解 ISO 9000 族标准的内涵，提供做好质量管理工作必须遵循的准则和应具有的思想方法、工作方法、领导作风及处理内外关系的正确态度。深刻理解并认真贯彻八项质量管理原则，对人民检察院建立规范化管理体系，特别是检察院领导和从事规范化管理的工作人员均具有十分重要的意义。

一、以顾客为关注焦点

组织依存于顾客。因此，组织应当理解顾客当前和未来的需求，满足顾客要求并争取超越顾客期望。

人民检察院是为人民群众提供法律监督服务的法律监督机关。人民检察院应维护国家法律的权威，依法打击犯罪、履行诉讼监督职能，保护人民群众合法权益。保护人民群众的合法权益，包括：

1. 采取适宜方法广泛征求人民群众意见，识别人民群众有哪些要求。

2. 将人民群众要求转化为人民检察院的工作目标，将目标展开到全院相关职能和层次。

3. 监测人民群众需求的满意度。人民检察院应采取适宜的方法征求、收集人民群众的意见和建议，把人民群众满意与否作为对规范化管理体系绩效的一种测量，作为改进的动力。针对人民群众反映强烈的问题，加大工作力度，把人民群众关注的热点作为人民检察院工作的重点，体现人民愿望，适应人民需求，保护人民的合法权益，维护社会公平正义，真正使检察人员成为公平正义的守护神，在人民群众中树立可亲、可敬、可信的良好形象。

4. 在理解人民群众当前需求的同时，分析发现人民群众未来需求，千方百计地满足人民群众不断发展、变化的需求和期望，甚至超越人民群众的需求和期望，把人民群众是否满意作为检验人民检察院工作的重要标准，把提高人民群众对检察工作的满意度作为人民检察院永恒的工作追求。

二、领导作用

领导者应确保组织的目的与方向的一致。他们应当创造并保持良好的内部环境，使员工能充分参与实现组织目标的活动。

人民检察院的领导者应确保本检察院的目标和方向的一致，并营造和保持使全院干警能充分参与实现全院目标的内部环境。

人民检察院领导一般是指检察长、副检察长及其他院党组成员。他们应在全院规范化管理体系建立、实施和保持的过程中起主导地位和关键作用。如何最大限度地发挥领导作用呢？

1. 应学习、引进先进的管理理念，制定人民检察院法律监督服务富有挑战性的工作目标。

2. 围绕目标的实现，在全院建立行之有效的激励、制约机制，调动全院干警的积极性，为干警创造宽松、和谐并积极参与规范化管理各项活动的内部环境。

3. 为全院各项法律监督服务提供所需资源。

4. 采取适宜方法监测全院目标完成情况，将监测结果与目标比较，随时作出必要的调整，包括持续改进的措施，确保全院宗旨和目标的实现。

三、全员参与

各级人员都是组织之本，唯有其充分参与，才能使他们为组织的利益发挥其才干。

广大干警是人民检察院完成各项法律监督服务全部工作的根本保证。只有他们的充分参与，才能使他们的才干得到充分发挥。

人民检察院规范化管理体系的建立、实施和保持需要全院干警的参与，法律监督服务需要不同层次的人员、干警的充分参与是人民检察院"强检兴院"、履行好法律监督职责的重要条件。全员参与的关键是调动每一位干警的积极性，只有每位干警了解自身作用的重要性及在法律监督服务中的角色，明白自己应当做什么，不应当做什么，如何才能做好，其工作能力、才干才能得到充分发挥。"全员参与"与"领导作用"原则密切相关，领导作用发挥得好，全员参与的程度就高。

四、过程方法

将活动和相关资源作为过程进行管理，可以更高效地得到期望的结果。

1. "过程"的定义是指将输入转化为输出的相互关联或相互作用的一组活动。也就是说，使用资源将输入转化为输出的任何一项或一组活动均可视为一个过程。如主诉检察官使用资源，包括车辆、办案费用等（即输入），审查某一个案件，通过讯问犯罪嫌疑人、审查案件材料（即活动）、作出是否起诉决定（即输出）。这就是主诉检察官提起公诉的过程。

过程方法的定义：是指系统地识别和管理组织所应用的过程，特别是这些过程之间的相互作用。

"识别"是指识别各项检察工作所需的过程，识别包括比较、分析、验证、确认等一系列活动，只有通过识别、优化筛选，然后才能把过程确定下来。

"管理"是对过程进行策划和安排，即按 GB/T 19001 标准 4.1 中 b）、c）、

d)、e)、f) 条的要求控制这些过程。

"相互作用"是指过程间接口的连接，输入和输出的关系，即某项工作在部门之间、岗位之间如何交接？如何监控？履行哪些手续等。

过程方法管理的是一组活动，关注的是各过程之间的联系和局部功能与要求，最后达到解决好局部问题。

2. 过程方法的目的：获得持续改进的动态循环，提高过程的有效性（即取得预期结果的能力）和效率（即取得结果与所使用资源之比），使人民检察院的总体绩效得到显著提高。

3. "过程方法"实施的步骤：

（1）系统地识别过程（就是识别本院规范化管理体系所需的过程，即工作的步骤、办案的程序）。如贪污贿赂案件办理的过程为：

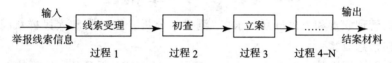

（2）确定过程中各项活动（即初查、立案过程中需要做哪些具体工作）；

（3）确定关键活动，明确这些活动职责、权限和接口（如谁负责接待，谁负责受理案件，谁负责审查案件，谁负责审批，谁负责移送等）；

（4）确定过程运行有效控制的方法和准则（包括相关法律法规、上级要求、操作标准、操作规程和流程等）；

（5）确保获得必要资源（如指定案件承办人，提供相应办案设施、经费等）；

（6）实施活动（履行每一项具体活动）；

（7）采取适宜方法对过程各阶段、环节进行监视，包括检查、批准、复议等，通过分析发现问题实施改进。

4. 以过程为基础的质量管理体系模式见下图：

此模式图说明：

（1）圆圈中的四个大过程"管理职责"、"资源管理"、"法律监督服务实现"、"测量、分析和改进"分别代表了 GB/T 19001 标准中的第 5、6、7、8 章，每个大过程包括的小过程分别在各章中加以说明。

（2）圆圈中的箭头代表四个大过程（除"法律监督服务的实现"之外，其他过程也称为间接过程或支持过程）的内在逻辑顺序。

（3）四个大过程通过四个箭头形成闭环，表明质量管理体系是按 PDCA 循环不断上升的。

（4）图中两个双向虚线箭头表明管理职责和人民群众之间存在一种互为因果

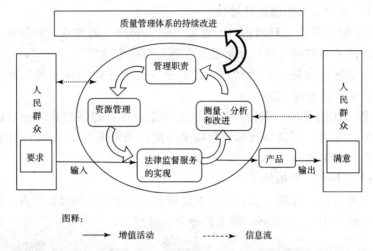

图释：

———→ 增值活动　　　------→ 信息流

的关系。管理职责和人民群众要求，"测量、分析、改进"和人民群众满意之间存在双向信息流。

（5）图中圆圈外大箭头表明质量管理是通过 PDCA 循环的方法螺旋上升的。

（6）图中实线箭头表示增值活动。

（7）标准第四章"质量管理体系"的内容隐含在整个模式图中。

通过过程方法的应用，可以系统识别人民检察院法律监督服务的所有过程，使办案过程的各环节工作得到有效控制，解决好局部问题，使全院各部门工作达到预期结果。

五、管理的系统方法

> 将相互关联的过程作为体系来看待、理解和管理，有助于组织提高实现目标的有效性和效率。

1. 管理的系统方法是将相互关联的过程作为体系来看待、理解和管理，实质就是用体系的方法去实施管理。它以系统地分析有关数据、资料或客观事实开始，确定要达到的目标，采用系统工程的原理，确定实现目标的关键活动，识别这些活动所需的过程，分析这些过程相互作用、相互影响，配置资源，采取有效措施，使这些过程有机地组合成一个系统，并在实施中管理，使之协调运行。通过各分系统的协同作用，相互促进，使总体作用大于各分系统作用之和，即 1 + 1 > 2。

2. 人民检察院建立规范化管理体系不是简单地把业务、队伍和事务管理组合在一起，而是要在完成其规范化的基础上，采用管理的系统方法实现对其结构、程序、方法的优化，使各要素之间衔接紧密，相互支撑，运转顺畅。因此，在采用管理的系统方法时要把人民检察院法律监督服务工作看做一个大系统，站在全院的高度，着眼于人民检察院整体工作和总目标，对组成系统的各过程加以识别和管理，使各个过程（部门、环节）相互协调、相互作用、相互促进，从而实现全院总目标。如全院的工作目标中规定重大错案为零，一般案件质量问题每年控制在 2% 以内。要实现这一目标，就应采用管理的系统方法，对全院各部门工作进行系统管理，各业务部门不能发生重大错案，一般案件质量问题要控制在 2% 以内，这样各业务部门工作做好了，全院的目标才能实现。

3. 过程方法和管理的系统方法两个原则有密切联系，二者研究的对象都是过程，都以过程为基础，都要求识别和管理各过程之间相互作用，通过过程和系统的改进达到提高实现目标的有效性和效率的目的。不同的是过程方法解决的是局部问题，管理的系统方法关注的是整个系统的作用和总体目标。二者的关系：过程方法是实施管理系统方法的基础。

六、持续改进

持续改进总体业绩应当是组织的永恒目标。

1. 持续改进的定义是增强满足要求的能力的循环活动。持续改进的核心是通过改进获得持续的发展，是一个不断追求卓越的循环活动，是永无止境的。持续改进应是人民检察院永恒的目标、永恒的追求和永恒的活动，是实现人民检察院可持续发展的有效方法之一。

2. 事物都在不断地变化、发展，都会经历一个由不完善到完善，直至更新的过程。变是绝对的，不变是相对的。随着社会的进步，市场经济的发展，法治的完善，顾客和其他相关方对人民检察院的需求和期望也在不断变化。因此，人民检察院为了适应新形势的需要，满足顾客需求和期望，就应把持续改进这一现代质量管理理论持之以恒地坚持下去，使全院工作不断有新的变化、新的起色和新的提高。

3. 持续改进实施的步骤：围绕人民检察院规范化管理机制建设和全院目标的实现识别改进机会→发现问题→确定改进目标→制定改进计划→实施改进→验证改进效果→总结改进经验→营造改进氛围→进入下一个 PDCA 循环（需要时），即计划（plan）、实施（do）、检查（check）和处置（action）。

七、基于事实的决策方法

> 有效决策建立在数据和信息分析的基础上。

决策是人民检察院各级领导的主要职责之一。正确的决策是建立在数据和信息分析的基础上。以事实为依据的决策可以更好地防止决策失误。

1. 所谓决策：针对预定目标，在一定的约束条件下从各种方案中选出一个最佳的方案并实施。

决策要有依据。没有正确可靠的信息，决策就成了无源之水、无本之木。正确的决策需用科学态度，在大量数据收集、汇总的基础上，通过合乎逻辑的分析（包括采用统计技术），然后作出正确判断。盲目的决策或只凭个人主观臆断的决策是不可取的。实现不了预期目标的决策就是失败的决策。

2. 人民检察院履行法律监督职能关乎公平正义，责任重大，决策必须建立在对真实、合理、有效数据和信息进行系统分析的基础上。人民检察院规范化管理体系运行过程中的大量记录、法律文书均是决策的有效依据。

3. 在对信息和数据进行科学分析时，可采用适宜的统计技术，如：统计表、调查表、排列图、柱状图、饼分图等。

4. 决策方法实施的步骤如下：

收集有关数据、信息（如初查成案率、撤案率、不起诉率、无罪判决率等）→确认其准确性、可靠性→及时准确传递→采取适宜的方法对数据、信息进行分析（总结出好的经验和做法，发现存在的不足和问题）→将信息提供给院领导或相关部门利用，为院领导或相关部门采取相应措施或制定今后工作努力的方向、目标提供决策的依据。

八、与供方互利的关系

> 组织与供方相互依存，互利的关系可增强双方创造价值的能力。

人民检察院与供方是相互依存的，互利的关系可增强双方创造价值的能力。

人民检察院的供方是为人民检察院法律监督服务提供"原材料"的组织或个人，包括与人民检察院法律监督服务过程中有配合、协作的组织或个人。如：为人民检察院提供举报材料的举报人；为侦监、公诉部门提供案件材料的公安机关；为控申、民行部门提供申诉材料的申诉人等。

由于人民检察院法律监督服务的特殊性，人民检察院离不开供方的支持，处理好与供方的关系，有助于人民检察院"强化法律监督，维护公平正义"宗旨的实现。因为：

1. 供方向人民检察院提供的有关信息，直接影响着人民检察院向顾客提供法律监督服务的质量，对人民检察院能否稳定地提供顾客满意的法律监督服务将产生重要的影响。

2. 与重要供方（如公安机关、法院）建立合作关系，共享专门的技术、信息和资源可以使资源得到充分利用，这对人民检察院和供方都是有利的。因此，人民检察院应从长远利益出发，识别并确定人民检察院重要的供方，与其共享有用的资源，通过适宜的渠道与他们保持适当的联系，在认真履行各自职责、权限的基础上，既履行监督职能，相互制约，又互相协作配合，通过相互依存的、合作共赢的关系增强各方实现创造价值的能力，为打击犯罪，维护社会稳定共同努力。

上述八项原则，阐明了人民检察院的领导者应关注的重点，包括思想方法、工作方法和领导作风以及处理各种关系的正确态度，为人民检察院的领导实施规范化管理提供了一种正确的思路，其作用远远超过了传统的管理方法、思维模式。因此，质量管理体系的八项原则是人民检察院建立规范化管理体系的理论基础和应遵循的原则。

第三章 GB/T 19001-2008 标准的理解与实施

第一节 范 围

1.1 总则

一、标准原文

> 本标准为有下列需求的组织规定了质量管理体系要求：
>
> a) 需要证实其具有稳定地提供满足顾客要求和适用的法律法规要求的产品的能力；
>
> b) 通过体系的有效应用，包括体系持续改进的过程的有效应用，以及保证符合顾客要求与适用的法律法规要求，旨在增强顾客满意。
>
> 注 1：在本标准中，术语"产品"仅适用于：
>
> a) 预期提供给顾客或顾客所要求的产品；
>
> b) 产品实现过程所产生的任何预期输出。
>
> 注 2：法律法规要求可称做法定要求。

二、有关的术语和定义

质量管理（GB/T 19000 中 3.2.8）：在质量方面指挥和控制组织的协调的活动。

三、理解与实施

1. 采用本标准目的

（1）证实人民检察院具有稳定地提供满足顾客要求和适用的法律法规要求的法律监督服务的能力；

（2）通过体系的有效应用和体系的持续改进，保证人民检察院满足顾客和适用的法律法规要求，不断增强顾客满意度。

2. 本标准中所讲的"产品"，对人民检察院而言，是预期提供给顾客或顾客所要求的各项法律监督服务和法律监督服务实现过程所产生的任何预期的结果。但不包括法律监督服务实现过程中可能会产生的一些非预期结果，如查办职务犯罪案件的过程中，出现当事人跳楼死亡的意外情况等。

1.2　应用

一、标准原文

> 本标准规定的所有要求是通用的，旨在适用于各种类型、不同规模和提供不同产品的组织。
>
> 由于组织及其产品的性质导致本标准的任何要求不适用时，可以考虑对其进行删减。
>
> 如果进行删减，应仅限于本标准第 7 章的要求，并且这样的删减不影响组织提供满足顾客要求和适用法律法规要求的产品的能力或责任，否则不能声称符合本标准。

二、有关的术语和定义

三、理解与实施

1. 本标准规定的所有要求是通用的，适用于不同类型（制造业、服务业等）、不同规模、不同产品（硬件、软件、服务或流程性材料）的组织。

人民检察院规范化管理体系的建立和实施受各种需求、目标、所提供法律监督服务、检察院的规模和结构的影响。GB/T 19001－2008 版标准只是提出了质量管理体系的通用要求，对如何满足要求未作统一规定，也没有统一任何组织管理体系的结构及体系文件的意图，不要求人民检察院规范化管理体系与标准条款一一对应。标准允许人民检察院根据其法律监督服务的特点建立具有特色的适合自己运行的规范化管理体系，对标准第七章要求不适用时，可以进行删减。除删减条款外，人民检察院规范化管理体系应覆盖人民检察院法律监督服务的全部工作，覆盖 GB/T 19001－2008 标准所有要素。

2. 本标准适合于人民检察院内部使用，也适合于人民检察院外部（包括认证机构、顾客）评定人民检察院满足顾客、法律法规和人民检察院自身要求的能力。也就是说 GB/T 19001－2008 标准可供人民检察院内部使用，也可用于人民检察院外部认证或合同目的。

3. 本标准所规定的质量管理体系要求是对人民检察院法律监督服务中依据的法律法规要求的补充，而不是代替。标准中的"注"不是强制性的，是为标准的使用者提供的理解和说明有关要求的指南。

4. 人民检察院在采用本标准时，应根据以下前提、原则、范围及要求进行删减：

（1）前提

当本标准第七章的任何要求不适用于人民检察院法律监督服务时，可以考虑对其进行删减。

（2）原则

① 不影响人民检察院提供满足顾客和适用法律法规要求的法律监督服务的能力；

② 不影响人民检察院提供满足顾客和适用法律法规要求的法律监督服务的责任。

（3）范围

删减仅限于本标准第 7 章中某个条款或某个子条款。标准中的第 4、5、6、8 章不得删减。

（4）要求

① 超出了允许删减的范围，不得声称符合本标准；

② 任何删减的细节与合理性必须在人民检察院的规范化管理手册中作以说明，或在相关的公开文件（如认证证书或其他文件）中给予明确表述。

5. 由于人民检察院法律监督服务必须严格按照国家相关法律法规规定的程序、步骤去履行，不允许违法办案。即使有新的检察业务开展，也需在法律允许的范围内或经过立法机关颁布有关法律法规后才能实施，故人民检察院法律监督服务过程中不存在法律监督服务的设计和开发。因此，人民检察院规范化管理体系中可以删去 7.3《产品的设计和开发》。

人民检察院法律监督服务的各个过程的输出（即过程的结果），如果都能够通过后续的监督和检查加以验证，则不存在某过程的结果（或某一特性）无法验证的情况，这时可以考虑删去 7.5.2《生产和服务提供过程的确认》。

如果法律监督服务的某一过程的输出不能由后续的监视和测量加以验证，使问题在服务交付后才出现时，则不能删去 7.5.2。

第二节　规范性引用文件

一、标准原文

> 下列文件中的条款通过本标准的引用而成为本标准的条款。凡是注日期的引用文件，其随后所有的修改单（不包括勘误的内容）或修订版均不适用于本标准，然而，鼓励根据本标准达成协议的各方研究是否可使用这些文件的最新版本。凡是不注日期的引用文件，其最新版本适用于本标准。
>
> GB/T 19000–2008 质量管理体系 基础和术语（ISO 9000：2005. IDT）

二、有关的术语和定义

三、理解与实施

GB/T 19001–2008 标准中只引用了 GB/T 19000–2008《质量管理体系 基础

和术语》一个标准。本条款要求人民检察院在使用 GB/T 19001-2008 标准时应注意该标准中引用标准的修订情况，尽可能使用最新版本，防止使用作废标准。人民检察院还应按《人民检察院规范化管理体系指导性标准》的要求，建立、实施和保持规范化管理体系。

第三节 术语和定义

一、标准原文

本标准采用 GB/T 19000 中所确立的术语和定义。

本标准中所出现的术语"产品"，也可指"服务"。

二、有关的术语和定义

三、理解与实施

1. GB/T 19001-2008《质量管理体系 要求》标准中全部采用 GB/T 19000 中术语和定义。

2. 根据人民检察院法律监督服务的特点，人民检察院与相关方、顾客的关系是：相关方→组织（人民检察院）→顾客（人民群众）。

3. 人民检察院规范化管理体系中的术语和定义除了采用 GB/T 19000 标准中的术语和定义外，还应包括《人民检察院规范化管理体系指导性标准》中给出的术语和定义，以及国家有关法律法规中关于检察工作统一明确的术语和定义。

4. 本标准中"产品"，不仅仅指工厂加工制造出来的产品，还包括各类服务行业提供的服务，服务也是一种产品。人民检察院的产品就是为人民群众提供的各项法律监督服务。

第四节 质量管理体系

4.1 总要求

一、标准原文

组织应按本标准的要求建立质量管理体系，将其形成文件，加以实施和保持，并持续改进其有效性。

组织应：

a) 确定质量管理体系所需的过程及其在整个组织中的应用（见1.2）；

b）确定这些过程的顺序和相互作用；

c）确定所需的准则和方法，以确保这些过程的运行和控制有效；

d）确保可以获得必要的资源和信息，以支持这些过程的运行和监视；

e）监视、测量（适用时）和分析这些过程；

f）实施必要的措施，以实现所策划的结果和对这些过程的持续改进。

组织应按本标准的要求管理这些过程。

组织如果选择将影响产品符合要求的任何过程外包，应确保对这些过程的控制。对此类外包过程控制的类型和程度应在质量管理体系中加以规定。

注 1：上述质量管理体系所需的过程包括与管理活动、资源提供、产品实现以及测量、分析和改进有关的过程。

注 2："外包过程"是为了质量管理体系的需要，由组织选择，并由外部方实施的过程。

注 3：组织确保对外包过程控制，并不免除其满足所有顾客要求和法律法规要求的责任。对外包过程控制的类型和程度可受诸如下列因素影响：

a）外包过程对组织提供满足要求的产品能力的潜在影响；

b）对外包过程控制的分担程度；

c）通过应用 7.4 实现所需控制的能力。

二、有关的术语和定义

三、理解与实施

1. 本条是针对采用本标准的人民检察院提出了从建立、实施和保持规范化管理体系，到持续改进全过程的总要求。即要求人民检察院按本标准要求建立规范化管理体系，形成文件，加以实施和保持，并持续改进其有效性。

2. 建立和实施规范化管理体系具体要求

（1）识别、确定顾客和其他相关方的需求和期望，并转化为人民检察院法律监督服务的特性。

（2）确定人民检察院的质量方针和质量目标。

（3）确定人民检察院规范化管理体系所需的全部过程，包括管理职责、资源管理、法律监督服务实现、测量、分析和改进四大过程和若干小过程。这些过程有的大，有的小；有的简单，有的复杂；有的对法律监督服务质量影响大，有的影响小（包括外包过程）。

（4）合理安排上述各过程的顺序和相互作用，确定过程输入、输出、所开展的活动及各过程之间的接口，明确职责及相互关系，注明关键、特殊过程，此项工作可采用人民检察院的组织结构图、规范化管理网络图、工作流程图等方式来表示。

如自侦案件的主要过程有：受理→初查→立案→侦查→移送起诉……

公诉案件的主要过程有：受案→审查→提起公诉→出庭公诉……

（5）确定为确保这些过程有效运作和控制所需的准则和监督、检查、评审的方法，包括表述法律监督服务特性的文件、岗位说明书、操作规程、操作标准、管理制度等。

（6）为了支持这些过程有效运行，必须针对每一个过程提供实现质量目标应投入的资源，即人、财、物和信息（资源是过程运行所必需的条件，信息是过程输入的重要组成部分之一）。

（7）规定每个过程监督、检查的方法，并应用这些适宜方法监督、检查、考核和分析这些过程，需要时测量，以便及时掌握过程运行的状况。

（8）在监督、检查和分析的基础上采取必要措施，包括消除产生不合格的原因的措施，确保人民检察院法律监督服务的各个过程符合相关要求，实现策划的结果，并通过持续改进，不断完善提高。

上述八个方面用流程表示，即：

识别顾客和相关方的要求 →转化为人民检察院法律监督服务质量特性（要求）→确定质量方针、质量目标→确定法律监督服务的过程（即受理、初查、立案、侦查……）→确定每一个过程所需的资源（办公室、人员、设施、环境等）→采取适宜方法监督和检查各过程→总结、分析→采取必要的措施实施改进。

3. 人民检察院应识别任何影响法律监督服务符合要求的外包过程，根据外包过程对本院法律监督服务质量的影响，采取适宜的方法对其实施有效的控制。

（1）外包过程：是指人民检察院在法律监督服务实现的过程中，由人民检察院外部组织承担完成的过程（工作），或委托利用外部资源或分包给外部组织完成的过程，包括人民检察院提供给顾客法律监督服务有关的直接过程或这些直接过程中的一部分，如：资产评估、笔迹鉴定、法医鉴定等。这些工作是人民检察院法律监督服务实现的组成部分，对人民检察院法律监督服务的质量有影响。

（2）控制方法：针对外包过程的特点，考虑外包可能给本院法律监督服务质量造成的风险和带来的影响，确定对其控制的类型和程度，采取适宜的控制方法、手段，提供必要资源。包括：

① 对其资质、服务能力进行审查或采取招投标等方法选择外包方；

② 在签订的外包项目协议或合同中提出要求，如质量管理体系要求、人员资格要求等；

③ 去外包方现场检查、验证，或派员监视等；

④ 向其告知法律义务及应承担的责任；

⑤ 对其完成的工作进行审查；

⑥ 需要时，可对其进行第二方审核，要求其进行第三方认证。

4. 实施说明

（1）GB/T 19001 – 2008 标准 4.1 中外包方与 7.4 采购中供方没有本质区别，外包方是 7.4 中的一种特例，7.4 主要指提供采购办公用品的供方。4.1 是指任何外委协作或技术、劳务提供的供方，统称为外包方。4.1 侧重于对这些过程的识别，7.4 侧重于对这些过程的控制。

（2）由于人民检察院对本院提供的法律监督服务承担全部责任，若法律监督服务实现的某一过程（如资产评估、笔迹鉴定等）外包给人民检察院以外的其他部门、单位完成时，此外包的过程不能删减，不能以外包作为删减理由。相反，人民检察院还应根据外包过程对本院法律监督服务能力的潜在影响和对其控制的分担程度采取适宜方法对此外包过程予以控制，在规范化管理体系中加以识别（可在手册中识别，也可以在其他相关文件中识别），对控制的类型和程度作出规定。

（3）上述某项外包工作如果是由上级院指定的专门机构去完成，本院也应负责做好对外包工作结果的接收和验证。

四、实施需提供的证实

●建立和实施的规范化管理体系及对外包过程识别和控制的证据。

4.2　文件要求

4.2.1　总则

一、标准原文

质量管理体系文件应包括：

a）形成文件的质量方针和质量目标；

b）质量手册；

c）本标准所要求的形成文件的程序和记录；

d）组织确定的为确保其过程的有效策划、运行和控制所需的文件，包括记录。

注 1：本标准出现"形成文件的程序"之处，即要求建立该程序，形成文件，并加以实施和保持。一个文件可以包括对一个或多个程序的要求。一个形成文件的程序的要求可以被包含在多个文件中。

注 2：不同组织的质量管理体系文件的多少与详略程度可以不同，取决于：

　　a）组织的规模和活动的类型；

　　b）过程及其相互作用的复杂程度；

　　c）人员的能力。

注 3：文件可采用任何形式或类型的媒介。

二、有关的术语和定义

文件（GB/T 19000 中 3.7.2）：信息及其承载媒介。媒介可以是纸张、光盘、磁带、电子软件、照片、标准样品或它们的组合。一组有意义的资料以上述媒介的方式存在时就是文件。

信息（GB/T 19000 中 3.7.1）：有意义的资料。

质量计划（GB/T 19000 中 3.7.5）：对特定的项目、产品、过程或合同，规定由谁及何时应使用哪些程序和相关资源的文件。质量计划是质量策划的结果之一，但不是一种必需的文件。当现行的管理手册、程序文件或作业指导书不能满足特定的要求时才制定，所以标准中未作硬性规定。

作业指导书：提供如何一致地完成某项活动或过程信息的文件。作业指导书应符合以下要求：

1. 作业指导书应对使用的任何材料、设备和文件进行描述；

2. 作业指导书可以是详细书面描述，也可以是流程图、图表、图片、清单或其组合，如《人民检察院规范化管理体系文件格式标准》、《人民检察院规范化管理体系流程图设计标准》、《××操作标准》、《××操作规程》等；

3. 作业指导书可形成文件，也可不形成文件。

操作规范（GB/T 19000 中 3.7.3）：阐明要求的文件。

操作标准：对一组活动或过程的操作和检查、评价的要求进行具体、详细的描述和规定的文件。

操作规程：对一组活动或过程的实施方法和步骤进行具体、详细的描述和规定的文件。

三、理解与实施

1. 建立规范化管理体系文件的目的：传递规范化管理体系运行的信息，沟通各方面意图，统一全院干警工作行为，提供规范化管理体系运行的证实，使规范化管理体系得到有效运作和实施。

2. 人民检察院规范化管理体系文件应包括：

（1）质量方针和质量目标。

（2）管理手册：对人民检察院规范化管理体系进行系统性、原则性阐述和规定的文件或向人民检察院内部和外部提供关于规范化管理体系符合性信息的文件，通常称为"一级文件"。

（3）程序文件：含有程序的文件为程序文件。通常称为"二级文件"。

程序（GB/T 19000 中 3.4.5）：为进行某项活动或过程所规定的途径。程序可以形成文件，也可以不形成文件。

GB/T 19001-2008 标准中有六处要求应编制形成文件的程序，即：4.2.3 文件控制、4.2.4 记录控制、8.2.2 内部审核、8.3 不合格品控制、8.5.2 和 8.5.3 纠正和预防措施。这六处对所有人民检察院都是强制性要求，但这六处编制几个程序文件由各人民检察院自行决定。

人民检察院还可以根据本院的实际需要增加其他内容的程序文件，如：管理评审控制程序。

（4）操作文件：是对某项具体工作进行分解，并制定出详细操作方法和标准及技术细节的文件。制定操作文件的目地是确保人民检察院各过程的有效策划、运行和控制，通常称为"三级文件"，包括操作标准、操作规程、岗位说明书和管理办法等。

标准中所使用的"规定"、"方法"、"准则"，如 7.5.2 中过程的评审和批准所规定的准则，7.4.1 中要求的供方选择、评价和重新评价的准则等处可以以文件的形式出现，也可不形成文件，但必须提供实施的客观证据（支持事物存在或其真实性数据），证实规范化管理体系得以有效实施。

（5）本标准所要求的记录，即对人民检察院实现法律监督活动全部过程及其结果提供客观证据的文件。也可以理解为为完成的活动或达到的结果提供客观证据的文件（在表格中填写了文字、数据就成了记录，因为它起到了提供所完成活动的证据的作用，没有填写文字、数据的空表称表格）。记录属于三级文件。

3. 人民检察院规范化管理体系文件可分以下三个层次：

第一层次：管理手册；

第二层次：程序文件；

第三层次：操作文件（包括操作标准、操作规程、管理办法、岗位说明书、记录等）。

4. 实施说明：

（1）文件存在的意义在于增值，文件产生以增值为目标，不能增值的文件是无效的文件，这是编制文件的前提。

（2）编写文件应抓住重点，突出关键内容，力求简明扼要、通俗易懂，避免复杂、冗长的复合句，方便操作，适合人民检察院特有的活动方式和运作需求。

（3）人民检察院规范化管理体系文件范围、数量与详略程度取决于：

① 人民检察院的规模和履行法律监督服务职能的多少；

② 法律监督服务过程及其相互作用的复杂程度、技术难度；

③ 法律法规以及顾客和其他相关方的要求等。

（4）人民检察院规范化管理体系文件引用外来文件时，应注明被引用文件的修订状态、发布实施的时间，使用时应及时跟踪其修订状态，以免因引用文件的修订而使用失效作废的文件。

（5）记录是规范化管理体系运行的证据之一，而证据不一定必须是文字记录，也可以是口头回答或其他形式（包括说的、做的、看到的实物等）。

（6）人民检察院规范化管理体系文件的类型和媒介可多种多样，但其格式应符合高检院下发的《人民检察院规范化管理体系指导性标准》的要求。

（7）行之有效的原有文件可以通过疏理、修改和补充后保留。

四、实施需提供的证实

● 符合 GB/T 19001 - 2008 标准和《人民检察院规范化管理体系指导性标准》要求的全部规范化管理体系文件。

4.2.2　质量手册

一、标准原文

> 组织应编制和保持质量手册，质量手册包括：
> a）质量管理体系的范围，包括任何删减的细节和正当的理由（见 1.2）；
> b）为质量管理体系编制的形成文件的程序或对其引用；
> c）质量管理体系过程之间的相互作用的表述。

二、有关的术语和定义

质量手册（GB/T 19000 中 3.7.4）：规定组织质量管理体系的文件。也可理解为向组织内部和外部提供关于质量管理体系符合性信息的文件。

三、理解与实施

人民检察院可以根据标准对质量手册的要求，编制和保持规范化管理体系管理手册。

1. 管理手册的作用

（1）对人民检察院规范化管理体系进行总体策划；

（2）对规范化管理体系的框架结构、组织形式、职责、权限和相互关系、资源配置、管理过程进行说明；

（3）对规范化管理体系的内在关联、目标实现、各过程控制、持续改进等提出明确要求；

（4）协调人民检察院应开展的各项活动，理顺各部门职责、权限和相互关系；

（5）为人民检察院实施规范化管理提供指南；

（6）向外部和各相关方证实人民检察院规范化管理符合标准要求。

2. 管理手册性质

（1）指令性：是人民检察院规范化管理体系的基础性、法规性文件，其内容是强制性的，必须执行；

（2）系统性：按 GB/T 19001－2008 标准和《人民检察院规范化管理体系指导性标准》的要求，结合人民检察院实际，识别、确定法律监督服务所需的过程，系统、完整、概括地描述应开展的各项法律监督服务活动；

（3）协调性：内容应协调一致，不能互相矛盾；

（4）可操作性：内容应切实可行，经努力可实现，不是现状写实；

（5）可检查性：各项要求、规定应便于检查和考核。

3. 管理手册内容

管理手册内容应包括：

（1）人民检察院规范化管理体系覆盖的范围，即：

——人民检察院法律监督服务的范围、服务项目、服务所涉及的部门、场所；

——规范化管理手册删减的细节及正当理由说明；

（2）编制的形成文件程序或对其引用。程序可包括在手册中，也可单独行文或在手册中引用；

（3）规范化管理体系中各过程相互作用和顺序的表述，如开展哪些活动，谁负责，谁实施，如何接口等。

4. 实施说明

（1）GB/T 19001－2008 标准对管理手册没有任何格式要求，手册中的内容和条款顺序不需与标准一一对应，只要内容包含，描述充分而适宜，不强求形式统一。标准鼓励人民检察院按本院工作实际和自己习惯的方式编写管理手册，其内容要有独特性、有创新，与标准要求的符合性可采用对照表方式说明。

（2）质量方针、质量目标可在手册中描述，也可以其他文件的形式单独存在。

（3）管理手册的格式应符合《人民检察院规范化管理体系指导性标准》要求，并按 GB/T 19001－2008 标准 4.2.3 要求进行控制（批准、修改、发布）。

四、实施需提供的证实

● 形成文件的，且内容和范围符合要求的管理手册。

4.2.3　文件控制

一、标准原文

> 质量管理体系所要求的文件应予以控制。记录是一种特殊类型的文件，应依据4.2.4的要求进行控制。
>
> 应编制形成文件的程序，以规定以下方面所需的控制：
>
> a）为使文件是充分与适宜的，文件发布前得到批准；
>
> b）必要时对文件进行评审与更新，并再次批准；
>
> c）确保文件的更改和现行修订状态得到识别；
>
> d）确保在使用处可获得适用文件的有关版本；
>
> e）确保文件保持清晰、易于识别；
>
> f）确保组织所确定的策划和运行质量管理体系所需的外来文件得到识别，并控制其分发；
>
> g）防止作废文件的非预期使用，如果出于某种目的而保留作废文件时，对这些文件进行适当的标识。

二、有关的术语和定义

三、理解与实施

1. 文件控制的对象

是指人民检察院为确保规范化管理体系的各个过程有效策划、运行和控制所需的文件，即规范化管理体系所要求的文件，具体指质量方针、目标、管理手册、程序文件、操作文件、记录等。

2. 文件控制的目的

确保文件中信息的准确性，达到沟通意图，统一行动的作用。

3. 文件控制的要求

（1）应编制《文件控制程序》，规定文件标识、编制、审核、批准、发放、使用、更改、再批准、作废等控制内容。

（2）建立全院《现行有效文件清单》，并适时更替。

（3）文件发布前应按规定履行批准手续，确保文件是充分与适宜的。

方法1：由审核、批准人直接在文件上签署批准意见，原件存档。

方法2：由审核、批准人在《发文签批单》相应栏目中签署意见。

（4）必要时（人民检察院机构、职责、人员、服务内容、法律法规发生变化或规范化管理体系换版，或多次修改，或现有文件不适用时），应对文件进行评审与更新，并再次批准。

（5）为识别文件的更改和现行修订状态，应在文件封面上标注发行版本和修订状态标识。版本的标识以 A、B、C……表示；修订状态的标识以 0、1、2、3……表示。文件每换版或修订一次递增一个顺序号。

（6）文件应保持清晰，为了便于识别文件，应采用编码、编号的方式对文件进行标识。

编码是识别不同文件的标记，具有唯一性。为充分考虑计算机数据检索与使用的要求，文件编码应采用《人民检察院规范化管理体系指导性标准》中规定的格式，即：检察标准汉语拼音字头／单位名称汉语拼音缩写／文件类别的汉语拼音缩写＋文件顺序号－版本号／修订状态"，如"ＪＣＢ／××ＪＣＹ／ＣＺＧ04－A／0"。

文件编码的具体含义如下：

① "ＪＣＢ" 表示检察标准；

② "××ＪＣＹ" 表示××检察院；

③ 文件类别分别为：管理手册以 "ＳＣ" 表示；程序文件以 "ＣＸ" 表示；操作文件以 "ＣＺ" 表示；其中，操作规程以 "ＣＺＧ" 表示；操作标准以 "ＣＺＢ" 表示；记录以 "ＣＺＪ＋该记录的顺序号" 表示；

④ 文件顺序号按文件类别单独进行的编号，以 01、02、03……表示；

⑤ 文件编码举例；

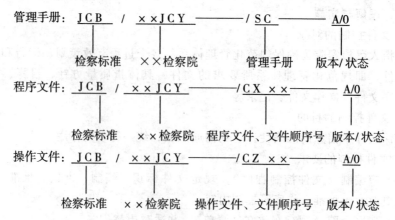

⑥ 为了区别同一文件的第一本、第二本……文件分发前应在文件的封面进行编号（即分发号）标识，编号是识别同一文件第一本、第二本……的标记，一般用 01、02、03……表示。

与规范化管理体系有关的行政文件的标识，应按《最高人民检察院公文处理办法》的规定执行。

（7）根据使用的需要确定文件的分发范围，确保各场所可获得适用文件的现行有效版本。不是每个场所都需要所有文件，文件涉及哪个部门、岗位，就发给哪个部门、岗位，不需要的部门、岗位可不发。文件分发时应履行分发登记的手续，填写《文件发放、回收、销毁记录》，由领取人签名。

（8）应采取上网查询、电话或去主管部门询问、订阅国务院公报和两院公报等适宜方法，识别确定的策划和运行规范化管理体系所需的外来文件的有效性，防止使用作废的外来文件，包括有关法律法规、上级或相关部门下发的文件，如《人民检察院举报工作规定》、《人民检察院扣押、冻结款物工作规定》等，并根据该文件涉及的使用范围分发。

（9）应防止使用作废文件，这一点对执法干警来说尤其重要。干警在编写体系文件和执法的过程中，应及时掌握法律法规的修改、更替情况，不允许使用作废的法律法规作为执法的依据。有使用期限的文件使用期满后自行销毁或存档；宣布作废的文件作废后应由归口部门收回或存档。需保留的作废文件应采取适宜的方法标识，在文件上注明。

（10）记录是一种特殊类型的文件，应依据 4.2.4 的要求进行控制。

4. 实施说明

（1）规范化管理体系涉及的部门、场所使用的文件应杜绝“应有而无”（该有的没有）、“不同版本并存”和文件之间矛盾或出现“上细下粗”的现象（即上级文件写得很详细，下级文件反而写得简略）。

（2）文件的复印、借阅、更换均应纳入文件控制的范围。

（3）在局域网可以查询到的文件，可不以纸质的方式保存，但应保存电子文档以备用。

（4）使用外来文件时不要侵犯其著作权。

（5）文件分受控和非受控两种，规范化管理体系运行的所有场所必须使用受控文件，包括管理手册、程序文件、操作文件（操作标准、操作规程、管理制度、办法等）。用于人民检察院之间交流或发给相关方介绍本院法律监督服务工作的文件为非受控文件。受控文件的控制方法由各人民检察院自行决定，只要能达到控制的目的即可，而不是盖受控章就受控，不盖受控章就失控。

（6）为了做好文件的管理，可指定文件管理的部门，明确其职责、权限，并提供必要的设备满足文件管理要求。

（7）计算机及其软件在使用前应确保其可靠性。

四、实施需提供的证实

●《现行有效文件清单》、《文件控制程序》和实施控制的证据，如《文件审批单》、《文件发放、回收、销毁记录》等。

4.2.4　记录控制

一、标准原文

　　为提供符合要求及质量管理体系有效运行的证据而建立的记录，应得到控制。

　　组织应编制形成文件的程序，以规定记录的标识、贮存、保护、检索、保留和处置所需的控制。

　　记录应保持清晰、易于识别和检索。

二、有关的术语和定义

记录（GB/T 19000 中 3.7.6）：阐明所取得的结果或提供所完成活动的证据的文件。也可以理解为完成的活动或达到的结果提供客观证据的文件。它是一种特殊的文件。

三、理解与实施

1. 记录的作用

（1）为人民检察院法律监督服务符合要求和规范化管理体系有效运行提供证据；

（2）为有追溯要求的场合实现追溯；

（3）为采取纠正和预防措施及保持、改进规范化管理体系提供信息。

2. 记录的分类与格式

（1）记录按其内容分为两类：

① 与法律监督服务有关的记录，如《询问通知书》、《接待来信来访登记表》、《检察建议书》等；

② 与规范化管理体系运行有关的记录，如《内审记录》等。

（2）记录按其来源可分为三类：

① 人民检察院根据自己工作需要建立的记录，如《外来文件登记本》、《发文审批单》等；

② 上级检察院统一规定的记录，如《人民检察院法律文书格式》一书中确定的 159 种记录，包括《立案决定书》、《逮捕决定书》、《起诉意见书》等；

③ 相关方提供的记录，如法院、公安机关随案件资料移交的记录。

3. 记录的格式

常用的记录格式有以下几种：

（1）选择式：在记录中列出可能要发生的所有状态，让使用者（填写人）从中挑选打钩，如《××满意度调查表》等；

（2）填充式：有固定的填充格式，按要求将内容补充完整，大部分表格类文书、决定书类的文书等均属此类；

（3）文字描述式：将有关事实、依据、审查经过、作出的结论以文字描述的方式记载等，如《起诉意见书》等；

（4）笔录式：以现场实录语言或发现的情形进行记录，并由现场人员予以确认的记录，如《询问笔录》、《搜查笔录》等；

（5）特殊要求形成的记录，如规范化管理体系有关的《管理评审报告》、《内审报告》、《内审记录》等。

4. 记录控制要求

（1）应编制《记录控制程序》，规定记录的标识、贮存、保护、检索、保留、处置等控制内容。

（2）建立《记录清单》，记录清单包括以下两方面：一是外部记录，即《人民检察院法律文书格式》一书中最高人民检察院统一规定的159种文书、上级文件所附文书、各软件系统电子版文书和记录、公安机关和法院移送的文书等。二是内部记录，即由本院及各部门根据工作需要自行编制设计的各种记录。

（3）记录应保持清晰，应对记录的填写、更改作出统一规定。

（4）为了便于识别各种记录，应采取适宜方法对记录进行标识。记录的标识通常采用编码和编号两种方法（也可以采用其他方法，如不同颜色）。

编码是识别不同记录的一种标记。通常采用"检察院"、"质量记录"、"部门"的汉语拼音字头和记录的顺序号组成。如：

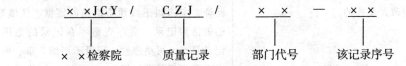

注1：上级检察院统一规定的专用记录可按上级检察院的规定标识。

注2：相关方的记录可按原单位规定标识。

注3：记录上有连续流水号的可不编号。

（5）记录应按照一定规则（分年、月或类别）进行整理、分类、编目，以便查找和检索，随案卷的记录，应根据《人民检察院诉讼档案管理办法》中的相关规定办理。

（6）记录贮存的条件应适宜，应做到防雨、防晒、防虫咬、防丢失、损坏等。

（7）应根据法律监督服务需要、记录的重要性、有关法律法规、档案管理的要求、追溯性要求、上级检察院和相关方要求对每一种记录的保存期限作出规定。随案卷存档的记录，按《关于人民检察院诉讼档案保管期限的规定》办理。

（8）对保存期满的记录按规定的要求进行处置、销毁。

（9）所有记录均应有记录人签名，包括讯问人、记录人在笔录上签名，被记录人在笔录上逐页签名或者盖章等。

（10）记录的内容应真实、完整，正确地反映法律监督服务、体系运行各项活动实施、验证（监测、把关）、评审的情况。

5. 实施说明

（1）记录中不得使用非法定计量单位。

（2）记录不用编、审、批。上级统一下发的记录，其格式应符合上级的规定（如高检院统一的文书格式）；外来记录应按相关方提供的格式；同一人民检察院自己设置的记录，其格式应规范、统一，各栏目的设置应根据需要，空格应合理。对记录的设置应事前策划，详略得当，繁简适中，记录并不是越多越好。

（3）不应把文件和记录截然分开，有时文件和记录很难区分。文件与记录的区别及关系见下表：

分类 异同	文　件	记　录
区 别	文件是信息及其承载媒体。文件是描述和控制某个事物如何去实施，起指令性、约束性作用，指导过程运作或控制活动的依据。是策划后形成的，文件可以更改，更改是受控的。	记录是阐明所取得结果或提供所完成活动的证据的文件。记录是在文件实施过程中形成的，记录一般不单独存在，而是以表格的形式以文件为载体而存在的，并配合有关文件实施，从而实现和证明可追溯性，提供验证、实施纠正或预防措施的证据。已填写的表格为记录，空白表格不在记录的范围。记录具有不可更改性，记录不用编、审、批，也不需修订状态标识。
关 系	记录是文件的组成部分，是一种特殊的文件。 记录是支持性文件。	

（4）GB/T 19001－2008 标准中共有 21 处要保留记录，见下表：

序号	条款号	对　应　的　记　录
1	5.6.1	保持管理评审的记录
2	6.2.2.	保持教育、培训、技能和经验的适当记录
3	7.1	为实现过程及其产品满足要求提供证据所需的记录
4	7.2.2	评审结果及评审所引起的措施的记录

续表

序号	条款号	对　应　的　记　录
5	7.3.2	设计和开发输入记录
6	7.3.4	设计和开发评审记录
7	7.3.5	设计和开发验证记录
8	7.3.6	设计和开发确认记录
9	7.3.7	设计和开发更改的控制记录
10	7.4.1	评价结果及评价所引起的任何必要措施的记录
11	7.5.2	生产和服务提供过程的确认，记录的要求
12	7.5.3	在有可溯性要求的场合，组织应控制并记录产品的唯一性标识
13	7.5.4	顾客财产记录
14	7.6	对照溯源到国际或国家标准……应记录校准或检定的依据
15	7.6	对以往测量结果的有效性进行评价和记录（未注明见4.2.4）
16	7.6	校准和验证结果的记录
17	8.2.2	保持审核及审核结果的记录
18	8.2.4	应保持符合接收准则的实施需提供证实。
19	8.3	应保持不合格性质以及随后所采取的任何措施的记录
20	8.5.2	记录所采取措施的结果
21	8.5.3	记录所采取措施的结果

四、实施需提供的证实

● 记录控制程序、记录清单、各种记录及对记录控制的证实。

第五节　管理职责

5.1　管理承诺

一、标准原文

　　最高管理者应通过以下活动，对其建立、实施质量管理体系并持续改进其有效性的承诺提供证据：

a）向组织传达满足顾客和法律法规要求的重要性；

b）制定质量方针；

c）确保质量目标的制定；

d）进行管理评审；

e）确保资源的获得。

二、有关的术语和定义

最高管理者（GB/T 19000 中 3.2.7）：在最高层指挥和控制组织的一个人或一组人（如果指一组人，则应突出最高位置个人）。

三、理解与实施

本条强调的是在规范化管理体系建立、实施和保持的过程中的领导作用，是八项管理原则中"领导作用"的具体体现。检察长应通过以下活动为建立、实施本院规范化管理体系并持续改进其有效性的承诺提供证据，即：

1. 向全院干警传达满足顾客和法律法规要求的重要性，增强全体干警的顾客意识和法律意识。传达不应停留在会议等形式上，还应从法律监督服务有关要求的确定（7.2.1）、顾客沟通（7.2.3）、顾客满意（8.2.1）等条款落实。

2. 制定人民检察院质量方针，确定质量目标，将质量目标在相关部门、层次上展开并考核。

3. 需要时，采取适宜方法对本院规范化管理体系的适宜性、充分性和有效性进行管理评审，识别改进机会，如召开管理评审会议等。

4. 为建立、实施本院规范化管理体系，持续改进其有效性提供必要资源。

四、实施需提供的证实

● 与本条款有关的会议纪要、管理评审报告、质量方针、质量目标展开及考核等文件、资料。

5.2　以顾客为关注焦点

一、标准原文

最高管理者应以增强顾客满意为目的，确保顾客的要求得到确定并予以满足（见 7.2.1 和 8.2.1）。

二、有关的术语和定义

三、理解与实施

1. 人民检察院的顾客是接受本院法律监督服务的组织和个人，统称为人民群众。

2. 人民检察院是依据我国宪法的规定，为人民群众提供法律监督服务的专门机关，离开了人民群众，服务也就无从谈起。以人民群众为关注的焦点，是人民检察院建立、实施和保持规范化管理体系的出发点和落脚点。人民检察院应想顾客之所想，急顾客之所急，一切以人民群众满意为目的，持续满足人民群众要求，并力争超越人民群众的期望。

3. 以顾客（人民群众）为关注的焦点，包括：

（1）识别人民检察院的顾客有哪些；

（2）识别顾客有哪些要求；

（3）对顾客的要求进行确定、评审，将顾客要求转化为本院法律监督服务要求，并在全院内沟通这些要求，在质量方针和质量目标中反映对顾客的承诺和人民检察院的追求；

（4）通过法律监督服务实现的策划和法律监督服务的提供使顾客的要求予以满足；

（5）采取调研、听取人大代表和政协委员的意见、建议等多种形式征求收集顾客的满意度，通过不断改进，增强顾客满意度。

4. 实施说明

（1）确定顾客要求时应注意以下几点：

① 顾客的要求是变化的（随着时间、环境……不同而不同）；

② 不同顾客（如举报人、被害人、犯罪嫌疑人等），其要求不一样。

（2）我国宪法赋予了人民检察院法律监督服务的各项职能，且服务的实现具有强制性规定。因此，满足人民群众的要求，主要是通过满足法律法规要求来实现的。特别是当前，人民检察院要围绕服务经济社会发展的大局，针对人民群众反映强烈的问题，牢固树立执法为民的思想，把人民群众最关心、最直接、最现实的利益问题作为检察工作的出发点，突出重点，加大工作力度，适应党和人民的需要，切实维护社会公平正义，坚决纠正人民群众反映强烈的执法不严、司法不公的问题。

四、实施需提供的证实

● 以人民群众为关注焦点的做法，如服务社会主义新农村建设、"法治进乡村、法治进社区、法治进校园、法治进企业"活动的证实等。

● 人民群众满意度调查表，人大代表、政协委员、人民监督员意见、建议等。

5.3　质量方针

一、标准原文

最高管理者应确保质量方针：

a）与组织的宗旨相适应；

b）包括对满足要求和持续改进质量管理体系有效性的承诺；

c）提供制定和评审质量目标的框架；

d）在组织内得到沟通和理解；

e）在持续适宜性方面得到评审。

二、有关的术语和定义

质量方针（GB/T 19000 中 3.2.4）：由组织的最高管理者正式发布的关于质量方面的全部意图和方向。质量方针是人民检察院服务宗旨中有关质量内容的具体化和细化，为人民检察院制定和评审质量目标提供框架和基础。方针是方向，目标是落实展开。

三、理解与实施

人民检察院的质量方针应由检察长批准发布。质量方针是实施和改进人民检察院规范化管理体系的动力。检察长必须对本院质量方针的制定和实现负责。

1. 人民检察院制定质量方针的主要依据

（1）人民检察院的职责及发展方向；

（2）人民群众和相关方的要求和期望；

（3）上级要求；

（4）人民检察院现状及存在差距。

2. 制定质量方针的要求

（1）应以"八项质量管理原则"为基础，结合本院的实际情况，在充分调研、讨论、论证的基础上制定。

（2）应与人民检察院"强化法律监督，维护公平正义"的宗旨和法律监督服务的要求相适应，体现人民检察院法律监督服务质量方面的追求。如：依法监督、公正清廉、从严治检、服务大局等。

（3）包括对满足要求的承诺和向顾客提供满意法律监督服务的决心，要求包括：

① 明示的（以书面形式规定或口头、电话方式提出的）；

② 通常隐含的（包括公认的、必须履行的、不言而喻的）；

③ 与法律监督服务有关的法律法规要求（刑法、刑事诉讼法等要求）；

④ 本院确定的任何附加要求，如：争当人民满意的检察官，争创先进人民检察院等。

（4）包括对持续改进规范化管理体系有效性的承诺。由于人民检察院内、外部环境在变化，人民群众要求也在不断变化，人民检察院只有持续改进工作，不断地强化管理，才能适应环境的变化，实现顾客满意。因此，质量方针的内容应包括持续改进规范化管理体系有效性的承诺。"强化法律监督、维护公平正义、服务和谐社会、实现人民满意"的质量方针体现了上述承诺。

（5）质量方针是评价规范化管理体系有效性的基础，应采用易于理解的语言表达，其内容不能抽象、空洞、不切实际，口号式的提法欠妥，既要符合实际，又要有前瞻性。

3. 为制定和评审质量目标提供框架

质量方针指出了人民检察院的质量方向，而质量目标是质量方针的展开、落实。质量方针能否得到落实应通过质量目标的实现来体现，所以质量方针应为质量目标的制定和评审提供一个总体框架，为在哪些方面确定质量目标，在哪些相关职能和层次上建立质量目标给出一个大体轮廓。

4. 质量方针的宣贯沟通

为了确保质量方针的实现，检察长应在全院范围内采取不同形式进行宣贯，使全院干警都能够理解质量方针的内涵，意识到自己所从事工作的相关性和重要性，以及做好本职工作和实现全院质量方针的关系，从而激励大家自觉地为实现全院质量方针做贡献。

5. 质量方针的评审和改进

由于人民检察院的内外部条件和环境会不断变化，顾客群体和顾客的要求也会发生变化，这些变化可能会导致人民检察院的宗旨和方向的改变。因此，检察长应对本院的质量方针持续的适宜性进行评审，需要时刻修改。质量方针的评审可与管理评审同时进行，也可根据具体情况不定期地进行。通过评审，确保质量方针能适应人民检察院宗旨，适应不断变化的内外部条件和环境，满足顾客要求，使规范化管理体系有效性得到持续改进。

6. 实施说明

质量方针应按标准4.2.3的要求进行控制，可独立形成文件，也可作为管理手册中的一部分。

四、实施需提供的证实

● 内容满足要求且形成文件的质量方针。

● 质量方针的批准及持续适宜性方面得到评审的证据。

附：东辽县人民检察院质量方针

规范检察行为　服务东辽发展
公正效率统一　追求人民满意

质量方针含义：

● "规范检察行为"，是社会主义法治理念的根本要求，反映了检察机关法律监督属性，体现了监督者也要接受监督的社会呼声和自律精神，是检察机关提高法律监督服务质量，满足人民群众司法期待的根本途径。

● "服务东辽发展"，是本院提供法律监督服务的根本宗旨，本院履行职能的全部活动就是要为东辽的全面、协调和可持续发展创造公平、和谐、稳定的社会环境。

● "公正效率统一"，即公正兼顾效率，是人民检察院作为法律监督机关在履行职责过程中的价值追求，体现了法律监督服务质与量的有机统一。

● "追求人民满意"，是检察事业可持续发展的根本动力和智慧源泉，是检察事业成败得失的根本标准，也是我们按照高检院提出的执法规范化、队伍专业化、保障现代化、管理科学化建设目标持续改进规范化管理体系，不断提升法律监督能力和水平的客观要求。

5.4　策划

5.4.1　质量目标

一、标准原文

> 最高管理者应确保在组织的相关职能和层次上建立质量目标，质量目标包括满足产品要求所需的内容［见 7.1a)］。质量目标应是可测量的，并与质量方针保持一致。

二、有关的术语和定义

质量目标（GB/T 19000 中 3.2.5）：在质量方面所追求的目的。所谓追求是指用积极的行动来争取达到某种目的。显然，质量目标应是经过努力才能实现的。

注 1：质量目标通常依据人民检察院的质量方针制定。

注 2：人民检察院的相关职能和层次应分别建立质量目标。

三、理解与实施

1. 质量目标形式

（1）根据某一时期的需要一次性确定，如 2010 年跨入省先进检察院行列。

（2）制定动态目标，分阶段实现，根据实际情况调整，或上升或下降。

2. 制定质量目标的要求

（1）制定质量目标并展开是检察长的职责；

（2）制定质量目标应以质量方针为基础，与其保持一致，在质量方针给定的框架内展开细化；

（3）应包括满足法律监督服务要求的有关内容和所需的具体指标。如人民群众满意率、干警违法违纪、办案安全事故控制和其他体现检察工作质量的具体指标（批捕率、起诉率、不诉率、抗诉率）等；

（4）质量目标应具有先进性和可实现性。制定的目标必须是经过一段时间的努力可以实现的，目标应高于目前已达到的水平，不能建立在通过自身努力实现不了的水平上，可行时应由上级制定下级目标；

（5）应确保在全院相关职能和层次上建立质量目标（不是所有职能部门）；

（6）质量目标应尽可能量化，便于检查和考核。如果某项院目标实在不能量化，可以在相关部门或岗位上量化。定性的质量目标如果能够进行评价，也是符合要求的。

3. 制定质量目标应考虑的因素

（1）人民检察院内外部环境；

（2）顾客的需求和期望；

（3）法律监督服务的特点和以往的绩效；

（4）上级要求；

（5）达到目标的可能性（实现目标需要投入）；

（6）管理评审的结果；

（7）本院质量方针和干警的素质等。

4. 实施说明

（1）制定哪些质量目标，在哪些职能和层次上展开、落实，由人民检察院自己决定。

（2）质量目标可单独行文，也可作为管理手册中一部分，但应按文件控制的规定履行批准手续。

（3）质量目标确定后应实施有效管理，落实归口管理的部门，制定相应的考核办法（包括考核时间、考核人、计算公式及奖惩办法等），并考核兑现。

（4）质量目标完成情况应提交管理评审，必要时可改变目标项目或调整目标值，确保目标实现。

四、实施需提供的证实

● 在相关职能和层次上建立的形成文件且内容符合要求的，可测量的质量目标。质量目标完成情况的相关证据。

附：东辽县人民检察院质量目标

质 量 目 标

● 保持省"十佳检察院"工作水平，争创全国精神文明建设先进单位；

● 干警严重违法违纪为零，外部合理投诉控制在 2% 以内；

● 重大错案为零，一般案件质量问题控制在 2% 以内；

● 在岗业务培训合格率≥98%；

● 人民群众满意率 90% 以上。

5.4.2 质量管理体系策划

一、标准原文

> 最高管理者应确保：
>
> a）对质量管理体系进行策划，以满足质量目标以及 4.1 的要求；
>
> b）在对质量管理体系的变更进行策划和实施时，保持质量管理体系的完整性。

二、有关的术语和定义

策划：现代汉语词典中的解释是筹划、谋划。辞海中解释是计划、打算。以上两种解释说明策划是一项活动，如写文章之前"构思"，某项工作（活动）开展之前的想法、打算和安排等。

质量策划（GB/T 19000 中 3.2.9）：质量管理的一部分，致力于制定质量目标并规定必要的运行过程和相关资源以实现质量目标。

注：编制质量计划是质量策划的一部分。

三、理解与实施

1. 质量管理体系策划

质量管理体系策划是对质量方面指挥和控制组织的管理体系进行计划或谋划，通过制定质量目标，并规定质量管理体系必要的运行过程和相关资源，以实现其质量目标的活动。

人民检察院规范化管理体系的策划是一项战略性的决策，检察长对本院规范化管理体系的策划负责。

2. 策划对象

人民检察院规范化管理体系，包括规范化管理体系运行过程中的变更。

3. 策划目的

(1) 确保人民检察院质量目标实现；

(2) 满足 GB/T 19001 标准 4.1 要求；

(3) 当体系发生变更时，保持规范化管理体系的完整性。

4. 策划的内容

(1) 设定目标；

(2) 识别、确定需控制的过程；

(3) 制定控制准则、方法；

(4) 确定所需资源；

(5) 实施监测的要求和持续改进。

5. 策划时机

(1) 建立规范化管理体系的初始阶段，应对人民检察院规范化管理体系进行全面、系统的策划，以满足标准中 4.1 的要求；

(2) 建立规范化管理体系并运行后，策划的重点应是对规范化管理体系的持续改进；

(3) 当规范化管理体系发生变更时，应对变更进行策划，包括调整质量目标，人员职责、权限，改变机构设置和法律监督服务实现过程、顺序等。需要时还可以推翻旧的体系，建立新的体系。

6. 策划时应考虑的因素

(1) 人民检察院的战略目标；

(2) 顾客和其他相关方需求和期望；

(3) 法律监督服务的符合性和各过程现状；

(4) 规范化管理体系要求；

(5) 过去经验教训和绩效；

(6) 已发现的改进机会；

(7) 相关法律法规要求。

7. 策划的方法

策划的方法可多种多样，可以是检察长工作会议、检委会会议或党组会会议，也可以是其他适宜的方式。

8. 策划的结果

人民检察院规范化管理体系策划后结果的形式可以多种多样，可以是管理手册、程序文件、操作标准、操作规程、管理制度、办法等；也可以是××工作安排的文件，如《××检察院规范化管理体系建立实施方案》；还可以是××会议记录、纪要等。

9. 实施说明

（1）检察长组织的策划是涉及全院范围内规范化管理体系的策划，如对检察院组织机构的设置进行调整时，应由检察长主持召开党组会或检察长办公会，与其他院领导协商，对调整后的职责重新明确，人员变动作出决定等，并做好会议记录，需要时可以形成文件，使全院规范化管理体系在调整变化时也能保持正常运行。

（2）凡具有分质量目标的部门，部门负责人应以满足本部门的分目标为目的，对本部门所涉及的那一部分规范化管理体系进行策划。

（3）人民检察院规范化管理体系不同时期的策划见下表：

时　间		策划的目的及内容	策划形成的结果
建立规范化管理体系初期		建立符合要求的规范化管理体系，满足标准和上级要求。	形成的规范化管理体系的所有文件。
建立规范化管理体系后	正常运行时	开展经常性的持续改进活动，保持规范化管理体系正常运行。	与改进相关的文件或活动。
	体系发生变化时	针对变化进行策划，采取相应措施，如改变机构设置，调整目标及人员职责、权限等，保持体系完整性。	与调整、变化有关的文件或活动。
	体系不能满足特定的法律监督服务活动时	针对特定的活动要求进行策划，确保满足特定的活动。	××专项工作的安排或计划。
	其他特殊情况（标准换版或法律法规、顾客要求等发生变化）	针对特殊情况进行策划，以满足特殊要求。	与特殊情况有关的文件，需要时可以更替或换版原有文件，建立新的文件。

四、实施需提供的证实

● 与策划有关的文件及相关证实。

5.5　职责、权限与沟通

5.5.1　职责和权限

一、标准原文

> 最高管理者应确保组织内的职责、权限得到规定和沟通。

二、有关的术语和定义

三、理解与实施

1. 检察长应确保全院各部门和各岗位的职责和权限得到规定和沟通

我国宪法把检察机关规定为国家法律监督机关，依法履行对直接受理的刑事案件侦查权、批准逮捕、提起公诉、侦查监督、审判监督、民事行政诉讼监督、控告申诉监督和执行监督。这是法律赋予检察机关的检察权。检察长要确保：

（1）机构、岗位人员的安排得以确定；

（2）各部门、各岗位职责、权限以及相互关系（接口）得到明确；

（3）职责、权限得到沟通（沟通方式包括会议、培训、发文等）。

2. 实施说明

（1）职责应明确、具体，不能含糊、笼统或范围不清或相互矛盾；职责与权限应统一，不能有职责无权限。职责可以包括应承担的工作、履行权限及造成过失应负的责任。各岗位的职责和权限可与标准 6.2.2 条要求的"必要能力"一起在《××岗位说明书》中规定。

（2）在明确部门、岗位相互关系时，既要防止职责对接不上，出现空当，又要防止机构和人员职权交叉、重复。良好的相互关系应该使全院各部门、岗位的职责和权限形成一个整体，既分工明确，又能协作配合，既没有空间也不重复，大家都围绕着全院共同目标做工作。

（3）各部门、岗位的职责和权限可以单独形成文件，也可以纳入管理手册中，或以《××岗位说明书》的形式表述。

（4）部门的职责和权限不应与部门内某岗位职责和权限相混淆。部门的职责应与管理手册中职能展开分配表相一致。

（5）对一些特定的人员（如内审员），应以文件的形式对其职责和权限进行授权。

四、实施需提供的证实

● 有关职责与权限得到规定的证据，如部门、岗位职责、《××岗位说明书》、主办检察官责任制等。

● 有关各职能和层次间职责、权限沟通的证据。

5.5.2　管理者代表

一、标准原文

> 最高管理者应在本组织的管理层中指定一名成员，无论该成员在其他方面的职责如何，使其具有以下方面的职责和权限：
>
> a）确保质量管理体系所需的过程得到建立、实施和保持；
>
> b）向最高管理者报告质量管理体系的绩效和任何改进的需求；
>
> c）确保在整个组织内提高满足顾客要求的意识。
>
> 注：管理者代表的职责可包括就质量管理体系有关事宜的外部方进行联络。

二、有关的术语和定义

绩效："绩"指业绩，"效"指效率。绩效即员工符合组织目标的结果，员工在产生结果过程中的行为效果。

三、理解与实施

1. 管理者代表是人民检察院管理层中的一名成员，代表检察长全面负责本院规范化管理体系建立、实施和保持的工作。

2. 管理者代表由检察长指定，指定可以是口头的，也可以是书面的，一般情况下是在管理手册中任命。不管什么方式，全院干警必须知道负责本院规范化管理体系的管理者代表是谁。

3. 管理者代表的职责和权限：

（1）确保人民检察院的规范化管理体系所需的过程得到建立、实施和保持；

（2）向检察长报告本院规范化管理体系绩效，以及有关规范化管理体系所需改进的建议；

（3）通过各种活动不断增强全院干警满足人民群众要求的意识；

（4）负责与本院规范化管理体系有关事宜的外部联络。

4. 实施说明：

管理者代表无论其他方面职责如何，不得影响其上述职责、权限的履行。

四、实施需提供的证实

● 指定管理者代表和其履行职责的证据。

5.5.3　内部沟通

一、标准原文

> 最高管理者应确保在组织内建立适当的沟通过程，并确保对质量管理体系的有效性进行沟通。

二、有关的术语和定义

沟通：是指将某一信息或意思传递给客体或对象，以期望其作出相应反应的过程。

三、理解与实施

1. 沟通目的：促进人民检察院内各职能和层次间信息交流、传递，统一要求，协调行动。沟通可以增进相互理解，沟通可构建和谐的人际关系，沟通可以促进过程结果的实现。因此，检察长应在本院内建立适当的沟通过程。

2. 沟通内容：规范化管理体系运行的有关信息，包括法律监督服务的符合性、过程结果、质量方针、质量目标完成情况等，重点是规范化管理体系的有效性。

3. 沟通方式：沟通的方式可灵活多样，如会议、发文、报告、网络、电话、面谈等。

4. 沟通范围：人民检察院内不同部门和层次。

四、实施需提供的证实

● 所建立的沟通过程和沟通实施的信息。

5.6　管理评审

5.6.1　总则

一、标准原文

> 最高管理者应按策划的时间间隔评审质量管理体系，以确保其持续的适宜性、充分性和有效性。评审应包括评价改进的机会和质量管理体系变更的需要，包括质量方针和质量目标变更的需求。
>
> 应保持管理评审的记录（见4.2.4）。

二、有关的术语和定义

评审（GB/T 19000中3.8.7）：为确定主题事项达到规定目标的适宜性、充分性和有效性所进行的活动。

管理评审：是指组织的最高管理者为确保质量管理体系达到规定目标的适宜性、充分性和有效性，而对质量管理体系所进行的系统评价。

三、理解与实施

1. 评审目的：确保人民检察院规范化管理体系持续的适宜性、充分性和有效性，包括识别规范化管理体系改进的机会和变更的需要，质量方针和目标制定的适宜性。

2. 评审主持人：检察长。

3. 评审时间：应依据规范化管理体系运行的效果，以往管理评审发现的问题的纠正情况和内外部环境变化等，确定评审时间，一般每年至少一次，间隔不超过 12 个月，下列特殊情况可随时进行：

① 适用的法律法规及其他要求发生重大变化；

② 人民检察院机构、职责进行重大调整；

③ 连续出现重大质量问题或人民群众有重大投诉；

④ 规范化管理体系出现严重不合格时；

⑤ 其他情况。

4. 评审方式：评审活动应适合人民检察院的实际，形式可多样，可以是不同形式的会议，可以单独进行，也可以结合其他活动一起进行。由检察长主持，各部门负责人参加，一般采取先汇报后讨论，最后由检察长针对需要解决的问题作出决策的方式进行。

5. 评审内容包括：

（1）规范化管理体系持续的适宜性、充分性、有效性；

（2）通过管理评审识别规范化管理体系改进机会及变更需要，包括质量方针、质量目标变更的需求。

6. 应保存管理评审记录。

四、实施需提供的证实

● 管理评审的记录。

5.6.2　评审输入

一、标准原文

管理评审的输入应包括以下方面的信息：

a）审核结果；

b）顾客反馈；

c）过程的绩效和产品的符合性；

d）预防措施和纠正措施的状况；

e）以往管理评审的跟踪措施；

f）可能影响质量管理体系的变更；

g）改进的建议。

二、有关的术语和定义

三、理解与实施

管理评审输入应包括以下内容：

（1）内外部审核的结果；

（2）人民群众意见（包括满意、抱怨和投诉，没有意见不等于顾客满意）；

（3）法律监督服务各过程的绩效和法律监督服务的符合性；

（4）纠正、预防措施实施的情况，特别是对法律监督服务质量有重大影响的改进活动；

（5）以往管理评审作出决定的实施情况及效果；

（6）可能影响规范化管理体系的各种变化；

（7）来自各方面改进的建议等。

四、实施需提供的证实

● 符合管理评审输入要求的信息。

5.6.3　评审输出

一、标准原文

> 管理评审的输出应包括与以下方面有关的任何决定和措施：
>
> a）质量管理体系有效性及其过程有效性的改进；
>
> b）与顾客要求有关的产品的改进；
>
> c）资源需求。

二、有关的术语和定义

三、理解与实施

1. 管理评审报告

管理评审会议结束后，应根据会议记录形成管理评审报告，报告应包括以下内容：

（1）对规范化管理体系及其过程的有效性评价意见（包括过程是否适宜、展开是否充分、运行是否有效、目标是否完成、顾客是否满意等）及改进的决定和措施；

（2）对与顾客要求有关的法律监督服务改进的决定和措施；

（3）人民检察院规范化管理体系运行和改进所需资源的适宜性评价意见或因资源不足采取的决定和措施；

（4）对规范化管理体系适宜性、充分性和有效性的现状作出基本评价。

2. 实施说明

（1）管理评审报告的编写应慎重，应突出重点和大事。

（2）改进的决定和措施包括质量方针、质量目标的调整，机构、职责的变更，人员的变动，新的过程的建立，规范化管理体系文件的修改和资源的配置等。

（3）定期、全面的管理评审的输入应包括标准规定的全部内容，而针对某一个或几个问题召开的管理评审会议的输入可涉及相关信息，并作出相应的决定和措施。

（4）并不是每一次管理评审都需要作出改进的决定和措施，而是要根据评审的输入和评审过程的实际情况确定。

（5）标准中没有要求建立管理评审控制程序，但应有召开管理评审会议的证据和管理评审报告中改进的决定和措施落实的相关证实。

四、实施需提供的证实

● 管理评审报告及采取改进决定或措施实施的证实。

第六节　资源管理

6.1　资源提供

一、标准原文

> 组织应确定并提供以下方面所需的资源：
> a）实施、保持质量管理体系并持续改进其有效性；
> b）通过满足顾客要求，增强顾客满意。

二、有关的术语和定义

资源：指人员、基础设施、工作环境、信息、自然资源和财务资源等六方面。

三、理解与实施

1. 确定并提供资源的目的：

（1）实施、保持规范化管理体系，并持续改进其有效性；

（2）通过满足顾客要求，增强顾客满意。

2. 人民检察院应根据本院实际和法律监督服务的特点，顾客需求等因素识别与法律监督服务有关的资源需求，提供所需资源，包括人员、设施、环境、信息和资金等。

3. 实施说明：

（1）资源包括：

——有形资源，如办公室、警车等；

——无形资源，如知识、技术等。

（2）不同服务对资源的需求也不同。如人民检察院执法办案需要助检员以上的检察官承担，法警大队要有体魄健康的法警。

（3）高资源的投入并不表明资源高水平，资源的配置应从人民检察院实际出发，根据需要，以满足要求为宜。

（4）资源提供应是动态的。由于人民检察院执法的环境在不断变化，顾客的要求也在变化，为确保规范化管理体系适应这种变化，人民检察院应及时识别变化对资源的需求，适时更新、调整、补充新的资源，并对其进行有效控制。

四、实施需提供的证实

● 适宜的资源。

6.2　人力资源

6.2.1　总则

一、标准原文

> 基于适当的教育、培训、技能和经验，从事影响产品要求符合性工作的人员应是能够胜任的。
>
> 注：在质量管理体系中承担任何任务的人员都可能直接或间接地影响产品要求符合性。

二、有关的术语和定义

能力（GB/T 19000 中 3.1.5）：组织、体系或过程实现产品并使其满足要求的本领（指组织、体系、过程能力）。

能力（GB/T 19000 中 3.1.6）：经证实的应用知识和技能的本领（指人员能力）。

能力（GB/T 19000 中 3.9.14）：（审核）经证实的个人素质以及经证实的应用知识和技能的本领（审核员能力）。

教育：是指人接受教育的程度。

培训：是针对不同工作岗位的专门教育，是人的专业能力短期内提升的最有效的途径。

技能：是人的实际操作能力，包括技术、方法、技巧等。

经验：是指人在某一业务领域的经历要求，是实践能力的·项重要的评价因素。

三、理解与实施

1. 人力资源的重要性

人民检察院的法律监督服务工作需要全院干警的共同参与和努力才能实现。全院干警都可能直接或间接地影响人民检察院法律监督服务要求的符合性。因为：

（1）法律监督服务质量取决于办案的每个过程质量，过程质量取决于工作质量，工作质量取决于每个干警的质量，即干警的个人素质、能力；

（2）在提供法律监督服务的过程中，设备靠人来操作，证据靠人来收集，程序靠人来执行，环境靠人来治理，服务靠人来实现，这一切都离不开人。

人民检察院人力资源工作的目的就是要确保从事影响法律监督服务符合性工作的人员（包括特殊工作或外雇人员）是胜任的。

2. 以人为本，做好人力资源的开发利用

人民检察院规范化管理的核心是人。在人民检察院规范化管理体系的建立、实施和保持的过程中，各级领导应树立以人为本的思想，尊重干警的权利，维护干警的利益，解决干警的困难，做到尊重人、关心人、培养人、使用人。通过这些活动把干警的积极性调动起来，使他们的才智得到充分发挥，胜任本职工作，这对实现人民检察院质量方针、质量目标将起着重要的作用。

四、实施需提供的证实

● 胜任法律监督服务工作的人员。

6.2.2　能力、培训和意识

一、标准原文

组织应：

a）确定从事影响产品要求符合性工作的人员所需的能力；

b）适用时，提供培训或采取其他措施以获得所需的能力；

c）评价所采取措施的有效性；

d）确保组织的人员认识到所从事活动的相关性和重要性，以及如何为实现质量目标作出贡献；

e）保持教育、培训、技能和经验的适当记录（见4.2.4）。

二、有关的术语和定义

三、理解与实施

1. 确定能力时应考虑的因素

人民检察院应针对不同部门、不同岗位、不同专业、不同职责和不同的法律监督服务，确定从事影响法律监督服务符合性工作的人员所需的能力，确定能力时应考虑以下因素：

（1）岗位职责、权限和工作性质；

（2）法律法规要求，如《公务员法》要求公务员必须具有大专以上学历，《检察官法》要求检察官必须具有本科以上的学历；

（3）法律监督活动的难易程度和执法的特殊要求，如从事法律监督服务的人民检察官必须接受过法学专业知识的培训或经全国统一司法考试合格；

（4）上级要求；

（5）人民检察院发展的需要。

2. 应针对不同岗位人员对法律监督服务影响的重要程度，从教育、培训、技能和经验四个方面来确定岗位人员能力：

（1）受教育程度（学历）：指从事该岗位工作需具备的最低学历；

（2）接受专业知识的培训：指从事该岗位工作需具备的专业知识；

（3）技能：指从事岗位工作具备的技术、方法、技巧；

（4）经验：工作经历（是判断工作经验重要方面）。

人民检察院可通过制定《××岗位说明书》的方式将从事影响法律监督服务符合性工作的人员所需的能力列入其中，作为选择、任用和考评各岗位人员的依据。

3. 能力的评价、考核

确定各岗位人员所需的能力后，应根据能力要求选调合适人员任职，同时对现有人员是否满足所需的能力进行评价、考核（可与部门、岗位的绩效考核相结合）。评价、考核的方法可包括：

（1）入院前了解干警以往能力；

（2）考试，包括笔试和面试；

（3）考核：工作绩效考核、办案能力考核、特定项目操作考核、技能竞赛等；

（4）问卷调查或向主管领导、同事了解。

4. 通过评价、考核识别培训需求

（1）识别培训的需求应考虑以下因素：

① 岗位所需能力；

② 干警满足要求的现状；

③ 人民检察院发展的需要。

（2）识别的时机：上岗前、年终总结时、上级有要求时、或出现办案质量问题，或经考核不及格时。

5. 有针对性培训或采取其他措施

通过识别发现某岗位的干警不能满足岗位所需能力时，应根据人员的具体情况，选择适用的方法，对其采取有针对性的培训或其他措施，使其获得所需能力，胜任本职工作，包括：

（1）制定培训计划，经批准后实施。

培训应针对不同对象（新录用人员、不同的岗位人员等）培训不同的内容，如内审知识、法律专业知识和技能培训等。

（2）采取其他措施，包括内部调整、免职、换岗、待岗、试用、招聘、解聘、外包等，必要时也可以公开选拔，竞争上岗。

6. 对培训或采取其他措施的效果进行评价

培训结束或采取其他措施后，应对培训或采取其他措施的有效性进行评价，包括：

（1）评价时间：定期，不定期、培训结束或采取其他措施后；

（2）评价方法：笔试、面试、实际操作考核、提问、答辩等；

（3）评价内容包括：

——教材适宜性、教师水平、教学管理情况（如场地设施、课堂纪律等）；

——学习收获，考试成绩；

——办案能力，分析问题能力和创新能力；

——培训后的工作绩效，办案的效果、效率；

——采取其他措施后的变化等。

7. 再培训或其他措施

通过评价，如果发现培训或采取其他措施后仍未满足岗位所需的能力时，应考虑再培训或采取新的措施，即进入下一个 PDCA 循环。

8. 培训目标

通过培训，使干警能够站在更高层次上认识检察工作的重要性，认识到自己所从事的工作对相关部门、岗位的工作和全院工作的影响，对满足顾客要求和法律法规要求的重要性以及不能满足产生的后果，把干警的思想统一到全院所确定的总目标上来，不断增强干警服务意识、团队意识，增强爱岗敬业精神，激励干警积极为实现人民检察院质量方针和质量目标做贡献。

9. 保持教育、培训、技能和经验的适当记录。

10. 实施说明

（1）确定所需的能力的人员范围：是指从事影响法律监督服务要求符合性工作的人员，不包括此范围以外的人员。

（2）并不是每个岗位的能力都必须从教育、培训、技能和经验四方面确定，应根据每个岗位的实际需要考虑。

（3）所需的能力是指从事本岗位工作必须具备的基本要求，如警车司机不能是色盲，从事检验的法医视力应良好等。确定所需能力不是越高越好，盲目地扩大能力范围或提高能力要求是不可取的，能力应以不影响法律监督服务要求的符合性为前提，相适应为宜。如检察院财务人员不一定要求要通过司法考试获得法律职业资格，只要具备岗位所需的财务知识和一定的法律知识即可。

东辽县人民检察院还把检察文化建设的内容列入培训中，对干警进行检察理念、价值观念和行为方式的引导，使培训工作开展得有声有色，效果明显。

四、实施需提供的证实

● 确定的从事影响法律监督服务要求符合性工作的人员所需的能力的证实，如《××岗位说明书》及有关人员的教育、培训、技能和经验的相关证实。

● 培训或采取其他措施的实施及效果评价证实。

● 干警的质量意识、工作能力、工作态度及如何为实现全院质量方针、质量目标作出贡献的认识。

6.3 基础设施

一、标准原文

> 组织应确定、提供并维护为达到符合产品要求所需的基础设施。适用时，基础设施包括：
>
> a) 建筑物、工作场所和相关的设施；
>
> b) 过程设备（硬件和软件）；
>
> c) 支持性服务（如运输、通讯或信息系统）。

二、有关的术语和定义

基础设施（GB/T 19000中3.3.3）：组织运行所必须的设施、设备和服务的体系。

三、理解与实施

基础设施是人民检察院规范化管理体系有效运行的物质保证。人民检察院应确定、提供并维护为达到符合法律监督服务要求所需的基础设施。

1. 基础设施的范围

人民检察院基础设施可包括：

（1）建筑物，如办公室、活动场所和相关的设施（仓库、停车场和水、电、气等）；

（2）办公用设备、工具，如枪械具、摄像机、打印机、复印机、办公用品等；

（3）支持性服务，如车辆、通讯工具和局域网、信息系统等。

2. 基础设施的确定、提供应根据人民检察院的质量目标、业绩和基础设施的现状及其可用性、安全性、保密性、上级要求、工作性质等情况综合考虑。有的需打报告申请上级院下拨，有的可自行安排解决。

3. 无论从何种途径获得的设施都需要根据其重要性、用途和使用情况，做好验收、下发、使用、维护等管理工作。

4. 实施说明

应建立全院基础设施台账，包括固定资产台账，制定设施管理制度或办法，对重要设施编制维护保养计划并实施（如局域网的维护管理等）。

四、实施需提供的证实

● 确定、提供的所需基础设施，并对其进行维护管理的证实。

6.4　工作环境

一、标准原文

> 组织应确定和管理为达到产品符合要求所需的工作环境。
>
> 注：术语"工作环境"是指工作时所处的条件，包括物理的、环境的和其他因素，如噪声、温度、湿度、照明或天气等。

二、有关的术语和定义

工作环境（GB/T 19000 标准中 3.3.4）：工作时所处的一组条件。

三、理解与实施

1. 工作环境

本条所指工作环境是指为使法律监督服务符合要求所需的工作环境，控制的重点是影响法律监督服务符合性要求的环境因素，包括：

（1）物理的、社会的、心理的和环境的因素；

（2）其他因素：如气候（热、冷、风、雨、雪）、温度、湿度、光线、卫生等。

2. 工作环境的影响

工作环境的好坏对干警的工作质量有直接的影响。必要的工作环境是确保法律监督服务符合性的支持条件。人民检察院首先应识别法律监督服务符合要求的环境因素有哪些，然后分析确定哪些环境因素容易影响法律监督服务符合性，最后针对这些影响因素采取相应措施进行有效的控制，避免因工作环境不符合要求而影响干警的情绪，影响办案工作的顺利进行。

东辽县人民检察院重视发挥文化育检的积极功能，创新思维，在实践的基础上提出了"健康生活、快乐工作、风清气正、昂扬奋进"的工作、生活理念，努力改善干警办公环境和文化设施配置，创设载体，搭建平台，组织干警开展多种形式的检察文化活动，引导全院干警在和谐的工作环境中工作、生活，激发了队伍的内在活力。

四、实施需提供的证实

● 符合要求的工作环境和影响因素得到控制的证据。

第七节　产品实现

7.1　产品实现的策划

一、标准原文

　　组织应策划和开发产品实现所需的过程。产品实现的策划应与质量管理体系其他过程的要求相一致（见4.1）。

　　在对产品实现进行策划时，组织应确定以下方面的适当内容：

　　a）产品的质量目标和要求；

　　b）针对产品确定过程、文件和资源的需求；

　　c）产品所要求的验证、确认、监视、测量、检验和试验活动，以及产品接收准则；

　　d）为实现过程及其产品满足要求提供证据所需的记录（见4.2.4）。

　　策划的输出形式应适合于组织的运作方式。

　　注1：对应用于特定产品、项目或合同的质量管理体系的过程（包括产品实现过程）和资源作出规定的文件可称之为质量计划。

　　注2：组织也可将7.3的要求应用于产品实现过程的开发。

二、有关的术语和定义
三、理解与实施

　　产品实现的策划是指人民检察院针对本院每一项法律监督服务的实现进行合理策划，确定恰当的服务目标，确定服务实现过程、文件和资源的需求，确定所需的监督、检查及接收准则和所需记录的活动。人民检察院法律监督服务实现的策划也可以称之为检务活动的策划，它是保证法律监督服务符合性要求的重要控制手段，直接关系着人民检察院能否向顾客（人民群众）提供合格的法律监督服务。

　　1. 策划对象

　　人民检察院规范化管理体系覆盖的每一项具体的法律监督服务，如反贪工作、公诉工作、侦查监督工作、控告申诉工作等。

　　2. 策划时机

　　（1）法律监督服务提供之前；

　　（2）开展特殊服务项目前。

3. 策划应确定的内容

策划时，应确定以下方面适当内容：

（1）确定每一项法律监督服务的质量目标和要求。此项工作可结合上级院、相关部门对本院或本部门的工作要求和业务考核的内容来确定，包括识别法律监督服务特性，确定其质量目标和要求，同时应注意满足顾客和相关法律法规要求。

（2）针对法律监督服务特点识别、确定法律监督服务实现所需的过程和子过程，识别、确定关键、特殊和需确认的过程，包括外包的过程。

（3）确定法律监督服务每个过程所需文件，可以结合相关法律法规或上级要求确定。

（4）确定过程所需资源，包括干警的安排、使用的设施、工具和所需经费等，如到看守所提押犯罪嫌疑人必须配备车辆，而且至少应有两名干警在场。

（5）确定法律监督服务实现的每个过程所需的监督、检查和确认活动（如科长审核、检察长批准等）。包括：

——对关键过程实施监控，如在讯问犯罪嫌疑人时要进行同步录音录像，监视执法人员的行为；

——对重要过程进行审查，如在审查批准或决定逮捕工作时，承办检察官要审阅案卷资料、核实相关证据等；

——对办案过程中一些重要的环节（如案卷移交）提出特殊的控制要求，如检察院对外移送案卷资料应由接收方在《送达回证》上签字等。这些要求可体现在相关的操作文件中。

（6）确定法律监督服务接收的准则。接收准则是指某过程、活动符合要求的条件和结果应达到的要求，是判断某项法律监督服务是否合格的依据，也是评定其符合性的依据。可以是相关的法律法规，也可以是上级院或相关方的要求，这些要求可以直接引用，也可以列入本院相关的文件中。如提起公诉的案件要求：事实清楚、证据确实充分。

（7）确定所需的记录。记录应依据法律法规要求、上级的要求和工作实际需要来确定，包括记录的格式和内容。这些记录应为该项法律监督服务满足要求提供证实。

4. 对策划结果的要求（策划输出）

（1）由于人民检察院属于法律监督机关，行使法律监督的职权。我国的法律法规体系已经建立，并在不断完善。因此，人民检察院在对某一项法律监督服务的实现进行策划时，必须符合相关法律法规的要求，不允许违法办案，不允许与相关法律法规或上级要求相抵触。

（2）对每一项法律监督服务实现进行的策划是人民检察院规范化管理体系策划的一部分。策划形成的文件应与人民检察院规范化管理体系的其他过程的要求相一致。

（3）策划的结果可以因法律监督服务特点、服务实现过程及其相互作用的复杂程度、提供法律监督服务的成熟程度、干警的能力等不同而异。

（4）策划的结果应适合于本院运作。策划形成的文件中可以直接引用相关法律法规、上级要求或本院规范化管理体系中有关的内容。策划后可以形成书面文件，如：检察长会议纪要、××检察工作安排等。单一、局部或小范围服务的策划也可以是口头安排。

5. 实施说明

（1）策划应针对不同情况：

① 有的人民检察院已经建立了规范化管理体系并有效运行，该院对原来开展的每项法律监督服务实现的策划早以完成，策划的结果已经在规范化管理体系文件中得以体现。这时的法律监督服务实现的策划重点应是法律监督服务目标及资源的调整和过程的完善、改进。

② 原有的服务实现策划的文件因人民检察院内外部环境变化，使其部分内容不适用时，应及时针对变化的情况进行新的调整或更改。

③ 开展新的法律监督服务活动时（如职务犯罪预防科开展的农村职务犯罪预防），若新的法律监督服务活动与过去的法律监督服务项目没有太大差异，可以执行原有的策划文件。如果新的法律监督服务项目与原有的法律监督服务项目差异很大，或有特殊要求，即特定的法律监督服务项目时，应进行相应的策划。这种针对特定的服务规定由谁及何时应使用哪些程序和相关资源的文件，通常称之为"质量计划"。如××案件侦查计划，开展农村职务犯罪预防活动方案等。

（2）编制计划或方案时应注意以下几点：

① 根据计划或方案的目的、范围不同，制定不同性质的计划或方案。如：

——专用性：专门针对某一特定案件、项目；

——一次性：只使用一次，用完作废。

② 计划或方案的格式无统一规定，可与规范化管理体系其他文件的格式相同，也可以是其他习惯适用的格式；可单独编写，也可以是其他文件的组成部分。

③ 计划或方案的内容可引用相关法律法规或人民检察院规范化管理体系中适用部分或特定过程的活动内容；可由若干部分组成，也可针对某一过程或活动所涉及的职责、权限重新分配。

④ 若某一新的法律监督服务活动单一，办案的成熟度高或原有规范化管理

体系要求能够保证该项法律监督服务实现，可不编计划或方案。

⑤ 相同的法律监督服务活动，如原有的计划或方案可以包容时，不必对每个法律监督服务活动编制计划或方案。

⑥ 编制计划或方案应注意保持与其他相关文件的一致性，需要时可修改原文件，但应按规定履行批准手续。

⑦ 计划或方案的内容必须符合相关法律法规的规定，其要求一般应等于或高于人民检察院规范化管理体系文件要求。

⑧ 计划或方案繁简程度取决于法律监督服务复杂程度，应尽可能简明，便于操作。

⑨ 计划或方案应作为受控文件管理。

（3）策划和计划或方案的区别：

策　　划	计划或方案（质量计划）
是一项活动，是事前谋划、打算、安排，是确定目标及所需过程、文件和资源的活动。	是策划的结果，是针对某一服务实现策划形成的一份或一组文件，但不是 GB/T 19001 标准中必需要求的文件。

四、实施需提供的证实

● 对每项法律监督服务实现策划的结果，如××案件侦查计划或方案、检察长会议纪要、××工作流程或工作进度安排等。

7.2　与顾客有关的过程

7.2.1　与产品有关的要求的确定

一、标准原文

组织应确定：

a）顾客规定的要求，包括对交付及交付后活动的要求；

b）顾客虽然没有明示，但规定用途或已知的预期用途所必需的要求；

c）适用于产品的法律法规要求；

d）组织认为必要的任何附加要求。

注：交付后活动包括诸如保证条款规定的措施、合同义务（例如，维护服务）、附加服务（例如，回收或最终处置）等。

二、有关的术语和定义
三、理解与实施

1. 法律监督服务的要求

　　"强化法律监督、维护公平正义"是党对检察工作的基本要求。为中国特色社会主义事业的发展、进步创造良好的法治环境，维护社会和谐稳定，依法打击侵犯人民权益的违法犯罪行为，切实化解社会矛盾等，是广大人民群众对检察机关的殷切企盼。因此对人民检察院提供的法律监督服务的要求主要包括：

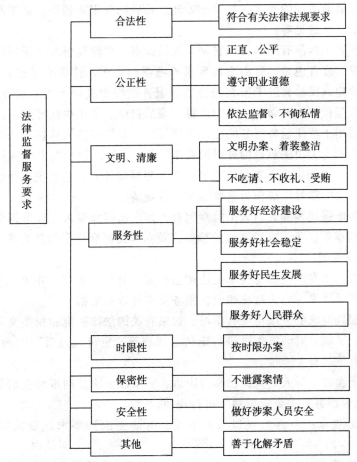

　　2. 要求的分类

　　对人民检察院提供的法律监督服务的要求，按 GB/T 19001 标准可以归入以下四类：

　　（1）顾客明确提出的要求，包括对交付及交付后活动的要求。这类要求也称"明示的要求"。如：

　　① 各级国家机关、其他相关方或本院以书面形式或口头方式明确提出的要求，这类要求包括适用的法律法规、上级规定、本院操作文件等；

②　当事人以书面（举报信）、口头（当面或电话中）、或通过网络等方式提出的要求；

③　人大代表、政协委员对检察工作的意见或建议等。

这些要求包括对办案过程、办案质量提出的要求，还应包括对办案前、办案结束后应开展的活动的要求。如检务公开、开展职务犯罪预防、办案结束后走访当事人，征求其意见等；

（2）顾客虽然没有明示，但它是与人民检察院法律监督服务预期结果有关的必须的要求，或者说是不言而喻的要求或习惯的做法，这类要求也称隐含要求。如当事人希望人民检察院干警在法律监督服务过程中提供无偿的法律咨询指导，人民群众希望检察人员做好自身的监督，廉洁自律、公正执法等要求；

（3）适用于法律监督服务的法律法规要求：是指检察人员在执法过程中依据的法律法规和有关司法解释中规定的要求。如：《人民检察院办理未成年人刑事案件的规定》中规定：审查批准逮捕未成年犯罪嫌疑人，应当把是否已满十四周岁、十六周岁的临界年龄作为重要事实予以查清；

（4）为增强顾客满意，人民检察院自行作出的附加要求，如争创全省（或全国）先进检察院、争当人民满意的检察官及向人民群众作出的其他承诺等。

3. 实施说明

（1）人民检察院应确定与本院法律监督服务有关的要求，并转化为本院法律监督服务质量要求，作为对法律监督服务要求评审的依据。

（2）识别要求的方法主要有学习、收集有关的法律法规和相关文件，接待受理时询问、了解，对涉案人员进行走访、调查等，也可通过听取当地人大代表、政协委员意见等有关途径。

（3）下面以申诉人到人民检察院申诉，要求改变法院刑事判决结果为例，对"与法律监督服务有关要求识别"进行说明。

①　明示要求：申诉人（口头、书面、电话提出）要求改变法院刑事判决结果；

②　隐含要求：当事人对相关法律法规不清楚，希望受理人员免费提供咨询；

③　与申诉有关法律法规要求：最高人民检察院下发的《人民检察院复查刑事申诉案件的规定》等；

④　附加要求：检察院作出的承诺。

（4）由于顾客的要求是变化的，识别顾客的要求时应采取动态的做法，满足顾客要求也应该是动态的。

（5）如果顾客提出的要求与我国现行法律法规的要求相违背，人民检察院不应接受，有关干警应做好宣传教育工作。

（6）应注意相关的法律法规修改、废止情况，及时补充完善体系文件，确保执法人员依据新的法律法规要求执法。

四、实施需提供的证实

● 识别、确定的与法律监督服务有关的各种要求的证据。

7.2.2 与产品有关的要求的评审

一、标准原文

> 组织应评审与产品有关的要求。评审应在组织向顾客作出提供产品的承诺（如：提交标书、接受合同或订单及接受合同或订单的更改）之前进行，并应确保：
>
> a）产品要求已得到规定；
> b）与以前表述不一致的合同或订单的要求已得到解决；
> c）组织有能力满足规定的要求。
>
> 评审结果及评审所引起的措施的记录应予保持（见4.2.4）。
>
> 若顾客没有提供形成文件的要求，组织在接受顾客要求前应对顾客要求进行确认。
>
> 若产品要求发生变更，组织应确保相关文件得到修改，并确保相关人员知道已变更的要求。
>
> 注：在某些情况中，如网上销售，对每一个订单进行正式的评审可能是不实际的，作为替代方法，可对有关的产品信息，如产品目录、产品广告内容等进行评审。

二、有关的术语和定义
三、理解与实施

1. 评审对象

评审对象包括：

（1）当事人口头或书面要求（控告信、申诉状或口头叙述等）；

（2）人大代表、政协委员的提案和建议；

（3）当地政府、相关方（公安机关、法院等）对人民检察院法律监督服务工作要求；

（4）人民检察院认为必要的任何附加要求。

2. 评审内容

上述要求是否合法，是否符合有关规定，是否属本院职权范围内，本院是否有能力满足要求。如某案件法院判决后，当事人在判决后五日内就去检察院申诉。此做法不符合"法院判决生效（十日）后才能申诉"的法律要求。

3. 评审时间

在人民检察院向顾客作出提供法律监督服务的承诺之前进行，具体为：

（1）受理案件时；

（2）与控告申诉人沟通登记前；

（3）回复人大代表、政协委员建议、要求之前；

（4）与相关方沟通之前；

（5）本院确定的任何附加要求在向人民群众公开承诺之前。

4. 评审方法

结合人民检察院的工作实际，采取适宜方式，可繁可简，以达到目的为原则。

（1）对人民群众提出的明示要求，可由接待人员、内勤或有关领导在案件受理登记前，依据有关文件的规定，对受理的案件采取了解、询问、审查、研究、与有关部门沟通等方式识别，确认其是否属本院管辖范围内，是否符合相关法律规定，然后决定是否受理、登记。这个识别、确认的过程就是评审。有的评审可能是受理人员在头脑中一瞬间就完成了。受理人员对符合受理条件的，办理受理登记手续；对不符合法律规定的做好解释；对不属于本院职权范围内的案件及时移交给相关部门；对管辖不明、难以归口处理的举报线索由控申部门初查后再处理。对当事人的合理诉求因客观原因无法满足，也无其他处理措施的，做好解释工作。如控申科承办检察官根据《人民检察院举报工作规定》受理来信来访，根据内容进行审查，作出是否受理的决定，是一种适宜的评审方式。

（2）对隐含要求，可由相关执法人员在法律监督服务提供之前，或在对顾客要求承诺之前采取识别、思考、斟酌、确认等方式评审。

（3）本院确定的其他任何附加要求，可在公布之前采取检委会、党组会、检察长办公会或院务会讨论的方式评审。

（4）其他评审方式，如普通案件由承办检察官提出意见，科长审核、主管检察长决定；重大疑难案件通过检察委员会讨论决定等。

5. 评审要求

（1）对法律监督服务的要求已作出明确规定，可体现在《受理案件操作规程》等操作文件中。

（2）确保准确地理解顾客的要求，包括明示和隐含要求。

（3）双方表述不一致的要求已得到解决且达成共识。

（4）通过评审，确保人民检察院有能力满足规定的要求，防止人民检察院的工作失信于民。

6. 评审记录

　　评审的结果及评审中所引起的后续措施必须予以记录。如侦查监督科对公安机关或本院移送的逮捕案件，由内勤收案审查（评审），提出受理意见，填写《受案登记表》。

　　7. 顾客口头（电话）表述的要求，也应在接受顾客要求前采取适宜方法给予准确理解和确认。

　　8. 当顾客因某特殊原因对法律监督服务要求发生变更时（如先控告后撤诉），人民检察院应在接受变更前由有关人员采取适宜的方法对变更的要求进行评审，并将变更的信息及时传递到有关职能部门，以确保相关文件得到更改，相关人员知道已变更的要求。

　　9. 实施说明

　　国家颁布的法律法规、司法解释和上级检察院、本院或重要的相关方下发的与本院法律监督服务有关的要求或国家发布的强制性规定，不需要评审，必须认真执行。

　　四、实施需提供的证实

　　● 评审或评审引起的措施记录，如《来信来访登记表》等。

　　● 顾客的要求发生变更时，相关文件得到更改，相关人员知道变更要求的证实。

　　7.2.3　顾客沟通

　　一、标准原文

　　组织应对以下有关方面确定并实施与顾客沟通的有效安排：

　　a）产品信息；

　　b）问询、合同或订单的处理，包括对其修改；

　　c）顾客反馈，包括顾客抱怨。

　　二、有关的术语和定义

　　三、理解与实施

　　1. 沟通的目的

　　通过与服务对象进行全过程的沟通，可以更充分、准确地了解服务对象对人民检察院法律监督服务的要求，以利于人民检察院规范化管理体系持续改进。同时也保障人民群众对检察工作的知情权、参与权、监督权，维护自身的合法权益。

　　2. 沟通的时间

　　法律监督服务提供前、法律监督服务提供过程中和法律监督服务（办案）结束后三个阶段。

3. 沟通的对象

顾客（人民群众或服务对象）。

4. 沟通的内容

（1）服务提供之前，采取检务公开、媒体宣传、法制讲座等方式，介绍本院工作性质，职责、权限和服务项目，告知当事人的权利和义务，同时收集、征询顾客关于本院法律监督服务的要求。

（2）服务提供过程中，及时与当事人沟通案件进展情况，继续了解案情，收集证据，介绍有关的法律法规要求等。

（3）办案结束以后，采取召开座谈会，发征求意见函、回访等多种形式收集服务对象对办案质量、服务态度和执法水平的意见和抱怨、投诉等。

5. 实施说明

（1）沟通方式可多种多样，如电话、面谈、调查、询问、走访、设举报信箱、宣传栏或下发人民满意度测评表等，包括：

① 在人大、政协会议期间征求人大代表、政协委员意见；

② 配合法制宣传"四走进"等活动同时进行。

（2）沟通的频次由人民检察院自行掌握，达到目的即可。

（3）沟通时应掌握沟通的方式方法，应善于化解矛盾，防止矛盾激化，准确、及时地讲解法律知识。

（4）认真分析利用顾客的信息，及时处理顾客抱怨，努力实施规范化管理体系持续改进。

（5）沟通要有一定资源。

四、实施需提供的证实

● 与顾客进行沟通的证实。

7.3　设计和开发

人民检察院必须严格按国家发布的法律法规履行法律监督职能，不允许违法办案，因此，不存在法律监督服务的设计和开发，故删减。

7.4　采购

一、标准原文

7.4.1　采购过程

组织应确保采购的产品符合规定的采购要求。对供方及采购产品的控制类型和程度应取决于采购产品对随后的产品实现或最终产品的影响。

组织应根据供方按组织的要求提供产品的能力评价和选择供方。应制定选择、评价和重新评价的准则。评价结果及评价所引起的任何必要措施的记录应予保持（见 4.2.4）。

7.4.2　采购信息

采购信息应表述拟采购的产品，适当时包括：

a）产品、程序、过程和设备的批准要求；

b）人员资格的要求；

c）质量管理体系的要求。

在与供方沟通前，组织应确保所规定的采购要求是充分与适宜的。

7.4.3　采购产品的验证

组织应确定并实施检验或其他必要的活动，以确保采购的产品满足规定的采购要求。

当组织或其顾客拟在供方的现场实施验证时，组织应在采购信息中对拟采用的验证安排和产品放行的方法作出规定。

二、有关的术语和定义

信息（GB/T 19000 中 3.7.1）：有意义的数据（"数据"英文为"DATA"，在科技领域译为数据，在其他场合译为资料）。

采购信息：表述采购产品的采购要求的文件，如合同、订单、技术协议、询价单、采购计划等。

验证（GB/T 19000 中 3.8.4）：通过提供客观证据对规定要求已得到满足的认定。

客观证据（GB/T 19000 中 3.8.1）：支持事物存在或其真实性的数据。客观证据可通过观察、测量、试验或其他手段获得。

三、理解与实施

1．控制的目的

确保采购的物品、外包项目符合规定的要求，降低采购成本和服务的风险。

2．控制的对象

一是与办公、办案有关的采购物品（包括各种记录、法律文书、纸张等）；二是与办案有关的对外委托服务项目，如勘验检查、资产评估、笔迹鉴定等。

3．控制的原则

人民检察院对上述对象控制的类型和程度应取决于采购物品和外包项目对人民检察院法律监督服务质量的影响，即：

（1）对人民检察院法律监督服务质量有直接、间接影响或没有影响；

（2）影响的特性及重要程度（是否影响法律监督服务的重要特性）。

4. 控制的方法

（1）采购物品控制

由于人民检察院的采购通常由政府采购，本院只采购零星、急用、小批量的办公用品或低值易耗品，这些物品与人民检察院提供的法律监督服务质量没有直接影响。因此检察院后勤部门在采购上述物品时可按照 GB/T 19001 标准的控制原则，采取以下一种或几种适宜的方法控制：

① 货比三家；

② 现场检查；

③ 到货验收；

④ 试用；

⑤ 不合格拒收、退货、换货；

⑥ 签订采购合同、协议，明确供货的具体质量要求；

⑦ 编制采购计划，计划实施前报主管领导批准，少量、急用的办公用品的采购可经部门负责人口头或电话同意后实施；

⑧ 需要时，也可以按 GB/T 19001 标准 7.4.2 条向供方提出其他适当要求；

⑨ 制定选择、评价、重新评价的准则，从质量、价格、服务等方面对供方进行评价，确定合格供方。

（2）外包方的控制

根据承担外包服务项目的供方按本院要求提供合格服务的能力，采取适宜方式进行选择、评价和控制，包括：

① 明确其应承担的法律责任；

② 审查其是否具备相应的外包能力，有否与其能力相一致的资格证明；

③ 签订外包合同或者协议，如委托鉴定书等，明确其对承包项目的具体质量要求、验收的条件等，合同或协议实施前报主管领导审查批准；

④ 接收外包项目时，按合同规定验收、确认；

⑤ 按 GB/T 19001 标准 7.4.2 条提出其他适当要求。

5. 实施说明

委托上级检察机关的服务项目，可以免除以上控制。

四、实施需提供的证实

● 合格的采购物品和对承包方控制的证据。

7.5　生产和服务提供

7.5.1　生产和服务提供的控制

一、标准原文

> 　　组织应策划并在受控条件下进行生产和服务提供。适用时，受控条件应包括：
> 　　a）获得表述产品特性的信息；
> 　　b）必要时，获得作业指导书；
> 　　c）使用适宜的设备；
> 　　d）获得和使用监视和测量设备；
> 　　e）实施监视和测量；
> 　　f）实施产品放行、交付和交付后活动。

二、有关的术语和定义

三、理解与实施

1. 控制范围：是指人民检察院法律监督服务提供的全部过程，即从线索或案件受理到整个线索或案件审查结束的全过程。

2. 策划目的：在法律监督服务实现策划（7.1）的基础上，针对每一个具体的法律监督服务提供过程的控制作出安排，确保人民检察院在受控条件下进行法律监督服务提供。

3. 适用时，受控条件应包括：

（1）采取收文、上网查询、购买、编制下发等适宜的方法为人民检察院法律监督服务提供的各部门、岗位获得国家、上级或本院制定、发布的表述与本部门、本岗位法律监督服务特性的信息的文件，使各岗位执法人员及时掌握自己所提供的法律监督服务有哪些服务的特性和要求，为严格依法行使检察权提供服务依据。含有这方面信息的文件包括：

① 国家颁发的法律法规；

② 相关的司法解释；

③ 上级或有关部门关于法律监督服务（案件办理）的有关规定，如中央提出的宽严相济刑事司法政策等；

④ 本院制定的《××操作标准》、《××操作规程》。

（2）如果××岗位工作人员确实需要，或没有作业指导书就有可能影响法律监督服务质量时（如执法干警刚从学院毕业没有实践经验，对法律监督服务程序不熟悉，或从事特殊关键工作，或操作人员变动频繁），应为该岗位编制作业指导书，如《××操作标准》、《××操作规程》、《××工作流程》等。

编制作业指导书的目的，是指导人民检察院有关岗位的干警正确地依法履行检察、监督，减少因种种原因造成的工作失误。

（3）为干警依法办案提供适宜的设备。包括：办公室、警械具、车辆、通讯、录音录像设施等。这些设备的配置应满足人民检察院法律监督服务的要求。

（4）根据法律监督服务的需要，特别是有关法律法规作出明确规定时，为法律监督服务提供的有关过程或人员配置与要求相一致的监视和测量装置，如同步录音录像设施、案件管理系统软件等。

（5）根据法律法规和相关文件的规定，采取适宜方法对法律监督服务提供的各过程进行监视和测量（即监督和审查），特别要监督和审查那些至关重要的法律监督服务的过程，如线索受理、讯问犯罪嫌疑人、审查逮捕、审查起诉过程等。

人民检察院法律监督服务过程中实施监督和审查的习惯做法有：上级对下级工作的检查，各级领导对各种法律文书、案卷资料的审查、复核、批准，纪检监察对执法办案活动的监督，案件管理部门动态监督，检委会讨论等。如对自侦案件采取"一案三卡"，即廉洁自律卡、办案告知卡、回访监督卡的形式监督，即是一种行之有效的监视方法。

（6）根据不同法律监督服务的特点，有关法律法规的规定和相关方的要求，对法律监督服务（包括案卷资料）从上一工作环节、部门转入（移交）下一工作环节、部门（即放行）、办案结束向当事人或相关方反馈办案结果（即交付）和办案结束后应开展的活动作出适当的控制安排，包括放行、交付应符合的条件、方式、时间、地点等。如××线索受理后符合什么条件方可转入初查，初查结束以后符合什么条件，履行什么手续后可以立案，符合什么条件才能结案，结案后还要做哪些工作等。

例如：起诉案件应事实清楚，证据确实、充分，适用法律正确，诉讼程序合法，这就是对起诉这一环节放行活动的控制。又如，在对外移送案卷或文书时应填写《送达回证》，由接收人在《送达回证》上签字，这就是对交付活动的控制。

4. 实施说明

（1）上述受控条件，不是对所有人民检察院的硬性规定，而是指"适用时"。这就需要人民检察院针对本院法律监督服务的特点和法律监督服务提供的实际情况进行策划，制定出切实可行的受控条件。

（2）作业指导书详略程度和数量与法律监督服务重要性及干警的素质、活动复杂的程度有关。

（3）监视装置应符合 GB/T 19001 标准 7.6 条的要求，配备也应适宜，以确保监测过程符合策划的监测要求为目的。

四、实施需提供的证实

● 法律监督服务的各岗位、现场得到的表述法律监督服务特性的信息，如电子版或书面形式的法律法规等。

● 必要的作业指导书，如××操作标准、××操作规程、××工作流程等。

● 适宜的工作设备及对其维护。

● 适宜的监测设备和实施监视、测量的证实。

● 对放行、交付和交付后活动的策划和实施的证实。

7.5.2　生产和服务提供过程的确认

一、标准原文

> 当生产和服务提供过程的输出不能由后续的监视或测量加以验证，使问题在产品使用后或服务交付后才显现时，组织应对任何这样的过程实施确认。
>
> 确认应证实这些过程实现所策划的结果的能力。
>
> 组织应对这些过程作出安排，适用时包括：
>
> a）为过程的评审和批准所规定的准则；
>
> b）设备的认可和人员资格的鉴定；
>
> c）特定的方法和程序的使用；
>
> d）记录的要求（见 4.2.4）；
>
> e）再确认。

二、有关的术语和定义

确认（GB/T 19000 中 3.8.5）：通过提供客观证据对特定的预期用途或应用要求已得到满足的认定。

注：确认使用的条件可以是实际的或是模拟的。

缺陷（GB/T 19000 中 3.6.3）：未满足与预期或规定用途有关的要求。

注：区分缺陷和不合格的概念是重要的，这是因为其中有法律内涵，特别是在与产品责任问题有关的方面。因此，使用术语"缺陷"应慎用。

特殊过程：（GB/T 19000 中 3.4.1）：对形成的产品是否合格不易或不能经济（投入的经费高昂）地进行验证的过程，通常称之为"特殊过程"。

需确认过程：（GB/T 19001-2008 中 7.5.2）：过程的输出不能由后续的监视或测量加以验证，使问题在产品使用后或服务交付后才显现时。

注：从以上定义可以看出特殊过程和需确认的过程是两回事，前者是不易或不能经济地验证，后者是不能验证，二者不能混为一谈。

三、理解与实施

1. 确认的目的：证实过程有实现策划结果的能力或过程已经满足要求（识别需确认的过程不要扩大，也不要缩小）。

2. 如需确认，适用时，应包括标准中 a） - e） 的内容。

3. 实施说明

（1）本条是对需确认的过程实施确认的要求。经识别，人民检察院法律监督服务的所有过程的输出（即过程的结果）都能够通过后续的监督和检查加以验证，不存在某过程的输出或过程输出的某一特性无法验证的情况。

（2）人民检察院法律监督服务存在服务交付后问题才显现的过程。例如讯问犯罪嫌疑人过程中出现的安全问题，人民检察院提起公诉案件经人民法院审理出现需由人民检察院撤回、变更、追加起诉等情形，按本条款要求，人民检察院应对这样的过程进行确认。但需要说明的是人民检察院提供的服务是在我国法律体系框架内提供的强制性服务。对每项服务过程的程序、步骤、方法和人员、时限、记录等要求已经在国家颁布的相关法律法规和有关文件中作出了明确规定，各人民检察院也是严格按这些规定实施的，也就是说对这样的过程进行确认的工作早以完成。故人民检察院建立规范化管理体系时可以考虑对此条款删减。

四、实施需提供的证实

对识别的需确认的过程实施确认的有关证实。

7.5.3 标识和可追溯性

一、标准原文

> 适当时，组织应在产品实现的全过程中使用适宜的方法识别产品。
>
> 组织应在产品实现的全过程中，针对监视和测量要求识别产品的状态。
>
> 在有可追溯性要求的场合，组织应控制产品的唯一性标识，并保持记录（见 4.2.4）。
>
> 注：在某些行业，技术状态管理是保持标识和可追溯性的一种方法。

二、有关的术语和定义

产品标识：识别产品或其特性的标志或标记。

我国《产品质量法》中产品标识的定义是：在产品或其包装上用于识别产品或其特征、特性所做的各种表示的统称，如标签、标牌、标记等。

状态标识：识别产品状态（合格、不合格、已批、待批、待办等）的标志或标记。

可追溯性（GB/T 19000 中 3.5.4）：追溯所考虑对象的历史、应用情况或所处场所能力。也可以说，对某个物项或某项活动的历史情况、应用情况及所处场所进行追溯的能力。

三、理解与实施

1. 标识目的

（1）防止不同采购物品、不同办案过程的法律监督服务混淆或误用；

（2）防止不同检验状态下的采购物品、法律监督服务混淆和相关案卷资料误用；

（3）需要时可实现追溯。

2. 标识对象

（1）采购物品；

（2）不同的法律监督服务（包括案卷资料）；

（3）执法人员。

3. 采购物品标识

（1）下列情况应采取适宜方法对采购物品进行产品标识：

① 可能会引起采购物品混淆或误用时；

② 有追溯要求时，如：

——不合格品；

——合同、法律法规有要求；

——重要采购物品。

采购物品标识可采用文字、标记（标牌、标签、涂色、符号）、区域、记录等方式。

（2）下列情况不需要对采购物品进行产品标识：

① 物品本身就附有标牌，可以清楚地识别其名称、种类时；

② 外形、颜色等特性完全可以区别时，如一个是圆的、一个是方的或一个是白色、一个是黑色等；

③ 不标识也不会产生混淆；

④ 不标识也可实现追溯。

（3）如果监视或测量对采购物品的检验状态有识别要求时，应对采购物品的检验状态进行标识。标识的方法可采用合格证、入库验收单或规定入库的均为合格品，不合格不入库等方式。

4. 法律监督服务的标识

按照我国有关法律法规的规定和最高人民检察院的要求，各人民检察院受理的各种法律监督服务涉及的文书、案卷资料均应进行标识。

（1）法律监督服务的标识一般采用"××检××字（××××）年××号"的形式标识。它是每项服务唯一的标记，在法律监督服务过程中是保持不变的，如同人的姓名、物品的条码。

（2）对外移送的法律文书，如逮捕决定书等，采用编号并加盖本院印章的方式标识。

（3）法律监督服务的检验状态标识可理解为每项法律监督服务的办理状态和办理过程合格与否的状态标识。办理状态的标识可按待办案件、受理案件、在办案件和办结案件方式分类标识。对办理过程合格与否的状态可以在相关的法律文书上盖院印章，由相关人员用碳素笔或蓝黑墨水笔、汉王笔（指电子文书签批笔）在相关法律文书记录上履行审查、批准后签署意见（同意、不同意或其他意见），需要时简要地注明其理由的方式进行标识。

5. 执法人员标识

采取统一着装并佩戴相关标记的方式标识。

6. 可追溯性

（1）根据《人民检察院诉讼档案管理办法》关于档案保管期限的规定，对每一项法律监督服务的案卷资料按规定存档，以便需要时实现追溯。

（2）采购物品可根据采购计划单、入库验收单实现追溯。

7. 实施说明

（1）标识的方法多种多样，使用哪种方法方便就用哪种，不要生搬硬套，适合操作，简便易行，达到控制目的即可。

（2）两种标识的区别

项　目	产品标识	检验状态标识
目的	防止不同采购物品、不同性质案卷资料混淆、误用，需要时可实现追溯。	识别采购物品、案卷资料不同监视、测量状态，防止不同监视、测量状态采购物品、案卷资料混淆、误用。
标识的可变性	保持不变，具有唯一性。	随着监视、测量的结果变化而变化，上一过程是合格的，下一过程可能是不合格的。
必要性及方法	需要时，采用适宜方法标识，可识别时不标识。	采用适宜方法标识，不同状态必须标识。

（3）标识管理

① 应对标识的设定、改变、转移和保护作出统一规定，指定专人负责，防止涂改、标错；

② 因某种原因将原标识破坏或消失，必须及时恢复。

（4）可追溯性的作用

① 出现质量问题或需要时可及时追溯到采购或办案的部门、人员、时间，以便采取措施；

② 缩小因质量问题引起处置范围，节约成本；

③ 为内、外部人员（公安机关、法院、人民群众）对法律监督服务质量产生怀疑时提供证据；

④ 满足相关法律法规要求。

四、实施需提供的证实

● 产品标识的规定和实施证实。

● 检验状态标识的规定和实施证实。

● 可追溯性的规定及实施证实。

7.5.4　顾客财产

一、标准原文

> 组织应爱护在组织控制下或组织使用的顾客财产。组织应识别、验证、保护和维护供其使用或构成产品一部分的顾客财产。如果顾客财产发生丢失、损坏或发现不适用的情况，组织应向顾客报告，并保持记录（见4.2.4）。
>
> 注：顾客财产可包括知识产权和个人信息。

二、有关的术语和定义

顾客财产：是指那些属于顾客所有的，由顾客提供给组织使用或构成顾客产品一部分的原材料、设施和信息资料等。

三、理解与实施

1. 顾客财产控制的目的

确保在人民检察院使用或控制下的顾客财产不受损失。

2. 顾客财产范围

（1）扣押、冻结、调取的与法律监督服务有关的当事人的款物（未确定为赃款赃物前）；

（2）人民检察院在提供法律监督服务过程中使用的当事人提供的资料、信息，如举报信、申诉书、其他书面材料、照片、录音录像资料等（指立案之前）；

（3）人民检察院干警在履行公务（如搜查）时涉及的当事人的财物；

（4）在人民检察院控制下的其他顾客财产，如公安机关、法院等相关方移送检察院的案卷资料，既属法律文书、办案卷宗，也属顾客（公安机关、法院）财产；

（5）顾客的知识产权和个人信息。

3. 顾客财产管理

（1）应采取适宜方法识别、标识，必要时拍照固定物证；

（2）按照有关的法律程序履行扣押、冻结、调取等，填写《扣押物品文件清单》或《退还、返还、扣押（调取）物品文件清单》等；

（3）贮存期间要做好物品的防护、检查、标识、验收、登记、保管、保密，重要的财物（如现金、精密仪器、食品等）还应采取相应的特殊措施；

（4）发生丢失、损坏情况应立即向上级报告，并做好记录；

（5）移交、接收时，按法律规定履行法律移送、接收手续等。

4. 实施说明

（1）顾客财产的所有权属于顾客。

（2）不要把供方财产和顾客财产混淆。

（3）经法定程序认定为赃款赃物的不属顾客财产。

四、实施需提供的证实

● 识别的顾客财产及对其扣押、接收、保管、查封、调取、处理的证实。

● 发生丢失、损坏及处理的记录。

7.5.5　产品防护

一、标准原文

> 　　组织应在产品内部处理和交付到预定的地点期间对其提供防护，以保持符合要求。适用时，这种防护应包括标识、搬运、包装、贮存和保护。防护也应适用于产品的组成部分。

二、有关的术语和定义

三、理解与实施

1. 防护的对象

由于人民检察院工作的特殊性，提供的是法律监督服务，因此，防护对象包括以下方面：

（1）法律文书、案卷资料；

（2）当事人（举报人、犯罪嫌疑人等）；

（3）执法干警。

2. 防护期间

是指案件受理至案件办结全过程。人民检察院在这个期间应对防护对象的符合性、安全性、保密性等采取适宜方法进行防护，包括标识、明确交接的手续、整理装订、贮存、归档和采取其他特殊的措施等。

3. 防护的目的

法律文书、案卷资料在办案过程中或移交给公安机关、法院等部门的过程中损坏、丢失、交接不清或误用；确保当事人、执法干警人身安全，不出现意外情况。

4. 防护措施

防护措施可包括：

（1）建立并保持适当标识，包括保持原有的标识，根据需要设置新的标识；

（2）采用适宜的交接方式，如接收人收到后在《送达回证》上签名；

（3）按照档案管理的要求对案卷资料进行整理装订、贮存和归档；

（4）为案卷资料的贮存提供必要环境条件和设施，如防水、防潮、防蛀、防晒、防丢失等；

（5）对证据进行适当的分类、登记，采取适当措施防止泄密、损坏、丢失；

（6）对自侦案件制定安全预案，按有关法律法规的规定，采取适宜的、确保执法过程中涉案人员安全的措施；

（7）按有关法律法规的规定，采取适宜的、确保执法过程中干警自身安全的措施；

（8）按有关规定落实办案过程保密工作措施。

5. 实施说明

（1）涉及知识产权的，使用时不得侵犯其著作权。

（2）采购物品和顾客财产的防护见7.4和7.5.4。

四、实施需提供的证实

● 现场观察到的适当的防护措施的证实。

7.6　监视和测量设备的控制

一、标准原文

> 组织应确定需实施的监视和测量以及所需的监视和测量设备，为产品符合确定的要求提供证据。
>
> 组织应建立过程，以确保监视和测量活动可行并以与监视和测量的要求相一致的方式实施。
>
> 为确保结果有效，必要时，测量设备应：
>
> a）对照能溯源到国际或国家标准的测量标准，按照规定的时间间隔或在使用前进行校准和（或）检定（验证）。当不存在上述标准时，应记录校准或检定（验证）的依据（见4.2.4）；
>
> b）必要时进行调整或再调整；
>
> c）具有标识，以确定其校准状态；

d）防止可能使测量结果失效的调整；

e）在搬运、维护和贮存期间防止损坏或失效。

此外，当发现设备不符合要求时，组织应对以往测量结果的有效性进行评价和记录。组织应对该设备和任何受影响的产品采取适当的措施。

校准和检定（验证）结果的记录应予保持（见 4.2.4）。

当计算机软件用于规定要求的监视和测量时，应确认其满足预期用途的能力。确认应在初次使用前进行，并在必要时予以重新确认。

注：确认计算机软件满足预期用途能力的典型方法包括验证和保持其适用性的配置管理。

二、有关的术语和定义

监视：从旁注视、观察实际状态，以便发现有关信息的活动。

测量：利用仪器，通过与标准单位或已知大小的物体的比较，以确定某物的大小、数量或程度的活动。

测量设备（GB/T 19000 中 3.10.4）：为实现测量过程所必须的测量仪器、软件、测量标准、标准物质或辅助设备或它们的组合。

三、理解与实施

1. 监测设备控制目的和范围

（1）目的：确保监测设备完好，测量结果有效，为法律监督服务符合确定的要求提供证据；

（2）范围：为法律监督服务符合确定的要求提供证据所需的监视和测量设备，包括本院的、顾客提供的、外租、外借的等。

2. 监视和测量设备区别

（1）监视设备：用于注视、观察过程的实际状态的设备，即用于监视人民检察院法律监督服务过程中某过程实际状态的设备，如讯问现场同步录音录像设备，办公大楼内重要场地设置的探头、办案时限提示大屏幕、综合信息管理系统软件等。

（2）测量设备：用于量化地确定检测特性量值符合情况的设备，如在办理土地纠纷的案件时，测量土地使用的 GPS 卫星定位仪；传讯犯罪嫌疑人时，用于计算传讯、扣留时间使用的手表或时钟；处理纠纷和核实犯罪事实时，使用的其他测量工具等。

二者的区别：前者用于监视状态，为实际状态提供证实；后者用于测量量值，为符合情况提供实际数据。二者区别的依据是设备的功能，而不是设备本身；同一种设备使用功能和用途不一样，归类也不一样。

3. 控制要求

（1）人民检察院应根据法律监督服务的需要，特别是上级有要求时，根据需实施的监视和测量活动确定所需的监视和测量设备，确保监视和测量活动可行，并以与监视和测量的要求相一致的方式实施。

（2）要求有关责任部门做好监测设备的采购、配置、验收、使用、检定、维护、报废、更新等管理工作，培训专业操作人员，提供设备使用适宜的工作环境，确保监测设备完好。

（3）为确保测量设备的测量结果准确有效，必要时，对测量设备进行下列控制：

① 首次使用前检查其使用功能、特性是否满足要求；

② 按国家计量法的规定，将设备送检；

③ 长期停放启用前，或拆迁搬动、修理后，或受到外界影响后（如碰、砸、振动、受磁场干扰、损坏等），或对其功能产生怀疑，或显示不正常，或发现所测数据不准时，应对其进行检定或校准；

④ 制定适宜的管理办法，防止可能使测量结果失效的调整；

⑤ 发现设备不符合要求时，及时向有关领导汇报，并采取修理，更换等措施。

4. 实施说明

（1）符合确定的要求是指顾客提出的要求、与规定用途或已知的预期用途所必需要求、与法律监督服务有关的法律法规的要求、上级要求或本院自行规定的要求。

（2）不用于证实上述要求的监测设备不在此范围内，如办公大楼内用于计量电量用的电度表等。

（3）由于人民检察院法律监督服务过程中使用的监视和测量设备很少，使用的概率也很小。因此，人民检察院对上述设备的控制，可参照 GB/T 19001 标准的要求，结合本院实际，采取适宜方法进行，原则是通过控制能为本院法律监督服务符合确定的要求提供证据即可。

四、实施需提供的证实

● 与监视和测量活动相一致的设备配置的信息。

● 对测量设备进行控制的证实。

第八节　测量、分析和改进

8.1　总则

一、标准原文

> 组织应策划并实施以下方面所需的监视、测量、分析和改进过程：
>
> a）证实产品要求的符合性；
>
> b）确保质量管理体系的符合性；
>
> c）持续改进质量管理体系的有效性。
>
> 这应包括对统计技术在内的适用方法及其应用程度的确定。

二、有关的术语和定义

三、理解与实施

1. 策划目的

证实法律监督服务要求（检务活动）的符合性，确保规范化管理体系的符合性和持续改进规范化管理体系的有效性。

2. 策划监视、测量、分析和改进的内容

（1）顾客满意率；

（2）规范化管理体系运行的符合性；

（3）法律监督服务各过程的能力；

（4）法律监督服务的特性的符合性；

（5）不合格采购物品、不合格法律监督服务；

（6）对相关数据进行统计分析；

（7）需采取的纠正和预防措施及实施。

3. 策划应包括适用的统计技术应用。

四、实施需提供的证实

● 策划结果和相关统计技术应用的证实。

8.2　监视和测量

8.2.1　顾客满意

一、标准原文

> 作为对质量管理体系绩效的一种测量，组织应监视顾客关于组织是否已

满足其要求的感受的相关信息，并确定获取和利用这种信息的方法。

注：监视顾客感受可以包括从诸如顾客满意度调查、来自顾客的关于交付产品质量方面数据、用户意见调查、流失业务分析、顾客赞扬、索赔和经销商报告之类的来源获得输入。

二、有关的术语和定义

顾客满意（GB/T 19000 中 3.1.4）：顾客对其要求已被满足的程度的感受。

注 1：顾客抱怨是一种满意程度低的最常见的表达方式，但没有抱怨并不一定表明顾客很满意。

注 2：即使规定的顾客要求符合顾客的愿望并得到满足，也不一定确保顾客很满意。

三、理解与实施

1. 监测顾客满意的目的

21 世纪是质量的世纪，人们消费观念和需求的变化改变了人们的质量观念，质量已经由原来的合格转变为顾客满意。据统计，一个顾客满意，他将把满意的感受平均告诉 5 个人，而一位顾客不满意，他把不满意的感受平均告诉 16 个人。不满意传播的范围远远大于满意的传播范围。也就是我们平时所讲的"好事不出门，坏事传千里"。这说明要使顾客满意并不是一件容易的事情。

为了正确地履行宪法赋予人民检察院的职能，人民检察院的一切工作都应始于顾客要求，终于顾客满意，以顾客为关注的焦点，把顾客满意的思想灌输到每个干警头脑里，落实在每个干警的行动中，把不断追求人民群众满意作为人民检察院发展的永恒主题。所以，人民检察院应监测顾客有关本院是否已满足其要求感受的信息，并确定获取和利用这些信息的方法，作为对本院规范化管理体系绩效的一种有效证实。

2. 顾客满意度具有以下特性：

客观性：顾客接受了服务后，其满意与否就客观存在。

动态性：顾客满意的程度是随着顾客所处环境、客观条件和经济文化的发展变化而变化，且总趋势是不断上升。

主观性：满意与否是顾客主观的一种心理状态。

隐含性：顾客满意与否隐含在顾客的意识之中，没意见不等于满意。

复杂性：工作做得再好也不可能保证顾客 100% 满意。

3. 顾客满意度的监测

（1）确定顾客满意或不满意的因素。

　　顾客对人民检察院提供的法律监督服务的要求包括：合法性、公正性、安全性、保密性、廉洁、文明和服务态度等。顾客满意或不满意的因素可从以上几个方面确定。

　　满意、不满意是人民检察院对顾客需求是否得到满足的一种界定尺度。

　　满意是顾客在需求得到满足时所表现的一种积极的情绪反映，体现在一是受到良好接待和服务，包括服务态度热情周到，清廉文明。二是顾客心理上得到了满足，自己的要求、愿望得到实现，心理平衡，心情舒畅。

　　不满意是顾客的需求未得到满足所表现的一种消极情绪反映。

　　（2）确定顾客满意程度的定量或定性指标。

　　顾客满意的指标是用来测量顾客满意程度的一组项目或因素。如办案的合法性、法律咨询的针对性或及时性、服务态度等。然后根据每一项目或因素的重要性的不同排序，并按重要性的不同分别给出分值（注意：各项分值之和应为 1、10 或 100，这样便于计算）。

　　（3）划分顾客满意程度的等级。一般情况下，顾客满意程度分五个等级，即很满意、满意、较满意、不满意、很不满意。

　　确定每个等级的分值范围或分值，分值可根据顾客对法律监督服务属性需求的侧重程度及对顾客满意的影响程度进行加权（正常情况下，上述五个等级的分值分别为 10、8、6、3、0 分）。

　　（4）收集顾客满意信息。

　　① 收集顾客信息可采取以下方法：走访、发征求意见函、座谈、问卷、电话、个案跟踪、征求人大代表、政协委员意见等。

　　② 收集的内容包括：

　　——顾客对本院法律监督服务的意见；

　　——顾客需求变化；

　　——其他。

　　（5）对顾客满意程度进行统计、分析和利用。

　　通过对信息的收集、分析（包括统计技术应用），形成顾客满意度的调查报告，提交管理评审，或传递给有关部门，或供院领导决策时参考。

　　上述工作可通过制定《顾客满意度调查作业指导书》或《顾客满意度测评控制程序》的方法来规范。

　　4. 实施说明

　　顾客满意率和顾客满意度是两个不同的概念，虽然都是对规范化管理体系绩效的一种测量，但其计算的方法和反映的内涵完全不同。

四、实施需提供的证实

● 顾客满意与不满意方面的信息及信息分析利用的证实。

8.2.2　内部审核

一、标准原文

组织应按策划的时间间隔进行内部审核，以确定质量管理体系是否：

a) 符合策划的安排 (见 7.1)、本标准的要求以及组织所确定的质量管理体系的要求；

b) 得到有效实施与保持。

组织应策划审核方案，策划时应考虑拟审核的过程和区域的状况和重要性以及以往审核的结果。应规定审核的准则、范围、频次和方法。审核员的选择和审核的实施应确保审核过程的客观性和公正性。审核员不应审核自己的工作。

应编制形成文件的程序，以规定审核的策划、实施、形成记录以及报告结果的职责和要求。

应保持审核及其结果的记录 (见 4.2.4)。

负责受审区域的管理者应确保及时采取必要的纠正和纠正措施，以消除所发现的不合格及其原因。后续活动应包括对所采取措施的验证和验证结果的报告 (见 8.5.2)。

注：作为指南，参见 GB/T 19011。

二、有关的术语和定义

审核 (GB/T 19000 中 3.9.1)：为获得审核证据并对其进行客观的评价，以确定满足审核准则的程度所进行的系统的、独立的并形成文件的过程。

审核方案 (GB/T 19000 中 3.9.2)：针对特定的时间段所策划，并具有特定目的的一组 (一次或多次) 审核。

审核准则 (GB/T 19000 中 3.9.3)：一组方针、程序或要求。

审核证据 (GB/T 19000 中 3.9.4)：与审核准则有关的并且能够证实的记录、事实陈述或其他信息。

三、理解与实施

1. 内审控制要求

(1) 编制《内部审核控制程序》，将审核的策划、实施、形成记录以及报告审核结果的职责和要求在该程序中作出规定。

(2) 编制年度审核方案。审核方案的内容包括审核目的、准则、范围、频次 (审核时间间隔不得超过 12 个月)、方法、参加人员及审核日程安排。编制审核方案时，应考虑拟审核的过程、不同区域的状况和重要性以及以往审核结果等因素。

（3）按审核方案的时间安排进行内审，包括指定审核组长和内审员，组长编制审核计划内，内审员按审核计划编写检查表（提纲），实施现场审核。

（4）为确保审核过程的客观性和公正性，审核应由人民检察院检察长授权且与被审核工作无直接责任的内审员交叉进行。审核员不能自己审自己。

（5）保持审核及其结果的记录。

（6）审核中发现问题（不合格），应由受审核部门负责人及时采取必要的纠正和纠正措施并实施，以消除所发现的不合格及其原因，由内审员对所采取的措施的有效性进行验证。

（7）审核组长负责将审核结果形成报告。

2. 实施说明

（1）对标准中 5.6 管理评审的审核可以列入审核计划内，待管理评审活动结束后进行（因为有时内审时，管理评审活动还未进行）。

（2）人民检察院每年至少要对规范化管理体系所有的过程审核一次，特殊情况应增加审核频次或随时进行。

（3）年度审核方案应覆盖人民检察院规范化管理体系涉及的所有部门、场所，覆盖人民检察院规范化管理体系所有的服务项目，覆盖 GB/T 19001 - 2008 标准所有条款（删减的除外）。

四、实施需提供的证实

● 内部审核控制程序、年度审核方案、审核计划、审核记录、不符合项报告、审核报告、纠正、预防措施实施单。

8.2.3　过程的监视和测量

一、标准原文

> 　组织应采用适宜的方法对质量管理体系过程进行监视，并在适用时进行测量。这些方法应证实过程实现所策划的结果的能力。当未能达到所策划的结果时，应采取适当的纠正和纠正措施。
>
> 　　注：当确定适宜的方法时，建议组织根据每个过程对产品要求的符合性和质量管理体系有效性的影响，考虑监视和测量的类型与程度。

二、有关的术语和定义

能力（GB/T 19000 中 3.1.5）组织、体系或过程实现产品并使其满足要求的本领。也可理解为过程在稳定工作状态下实现产品并使其满足要求的本领。

三、理解与实施

人民检察院建立规范化管理体系的目的是规范检察行为，实现顾客满意。人民检察院规范化管理体系有若干个过程，只有这些过程都具备了实现策划结果的能力，才能确保人民检察院满足顾客要求。一个过程做不好都将直接或间接影响人民检察院最终目标的实现。因此，应采取适宜的方法对人民检察院规范化管理体系的过程进行监视，并在适用时进行测量。检查过程能力是否满足本院对过程的要求以实现对过程的改进。

1. 通过对过程进行监测达到：

（1）评价过程绩效；

（2）证实过程实现所策划结果的能力以实现对过程的改进；

（3）当未能达到策划的结果时，应采取适当的纠正和纠正措施，确保过程有效。

2. 监视和测量的对象

人民检察院规范化管理体系的所有过程，其中应重点关注以下过程：

（1）法律监督服务实现的过程；

（2）特殊、关键的过程；

（3）对法律监督服务和规范化管理体系运行质量有直接和重要影响的过程（因为这些过程是日常大量且重复动作较多的过程，涉及影响因素复杂，容易发生变异）。

3. 监视和测量的内容

需提醒注意的是，过程监视和测量的目的是证实过程实现策划（预期）结果的能力，而不是过程的输出（即过程的结果）；是过程能力的确认，而不是过程控制。能力可包括：

（1）管理过程能力：管理者水平、工作效率等；

（2）服务过程能力：设备能力、采购能力、服务人员素质等；

（3）支持过程能力：监视能力、处理应急突发问题能力、统计技术应用能力、资源保证能力、实施纠正预防措施能力等。

4. 监视和测量的方法

（1）确定监测方法的原则：在确定监视和测量方法时，应根据每个过程对法律监督服务要求的符合性和规范化管理体系有效性的影响，考虑对每个过程进行监视和测量的适宜类型和程度。

（2）人民检察院应采用适宜的方法对过程进行监视，并在适用时进行测量。但对所有过程进行监视和测量是不经济的，也是不现实的。因此，在实施监测前应对每一过程需不需要监测，能不能监测，在什么地点监测，采取什么方法监测，特别是监测的经济性、可行性、必要性和应用的价值进行识别和安排（即策划），确定监视、测量、既监视又测量等适宜的监测途径（包括统计技术应用）。

例如，管理过程和支持过程人为因素较多，一般采用监视的方法；而法律监督服务实现的其他过程涉及设备、技术、材料、环境等客观因素多，可采取逐级逐过程监视，适用时进行测量的方法。

（3）常用的监测的方法：日常工作质量检查，过程能力审核，目标完成情况考核，案卷资料检查，干警自查，个案跟踪，科长复查、审核，院领导决定、批准，纪检、案管中心专门检查，设置监视装置（网上全程动态监测）、举报信箱，进行年度总结，顾客意见调查，征求人大代表、政协委员意见等。

（4）以下情况应考虑测量：

① 监视后发现问题较大时；

② 监视设备失控时；

③ 测量可行时；

④ 不测量难以澄清事实时（如土地面积纠纷、未成年人骨龄的确认）；

⑤ 有特殊要求时（顾客、上级主管部门或其他相关方有要求时），如高检院文件规定，讯问犯罪嫌疑人的现场，必须采用同步录音录像的方式监视。

5. 分析、评价和利用

通过监测可以收集和掌握人民检察院法律监督服务过程中的大量信息。信息只有通过分析、利用才能产生增值。人民检察院应通过过程监测结果的分析，证实本院所有法律监督服务的过程具有实现策划结果的能力。若发现某一过程未达到策划的结果时，应采取必要的纠正和纠正措施，消除产生不合格的原因，确保过程实现所策划的结果。

在分析的过程中，可采用适宜的统计技术。

6. 实施说明

监测应是动态的，不同时期有不同重点。同时应兼顾顾客、各相关方需求和期望。

四、实施需提供的证实

● 对规范化管理体系各过程实施监测的结果及采取纠正和纠正措施的证实。

8.2.4　产品的监视和测量

一、标准原文

> 组织应对产品的特性进行监视和测量，以验证产品要求已得到满足。这种监视和测量应依据所策划的安排（见 7.1）在产品实现过程的适当阶段进行。应保持符合接收准则的证据。

> 记录应指明有权放行产品以交付给顾客的人员（见4.2.4）。
>
> 除非得到有关授权人员的批准，适用时得到顾客的批准，否则在策划的安排（见7.1）已圆满完成之前，不应向顾客放行产品和交付服务。

二、有关的术语和定义

产品特性：产品特有的性质，能够与其他的对象区分开的特征。

三、理解与实施

1. 监视和测量的目的

验证人民检察院提供的各项法律监督服务符合要求，确保人民检察院依法正确地行使宪法赋予的监督权利，使不合格的服务及时得到纠正和处置，杜绝不合格服务发生或将不合格消灭在萌芽中。

2. 监视和测量的对象

人民检察院产品的监测和测量主要是对法律监督服务特性的监视和测量，即办案的合法性、公正性、清廉文明性、安全性、保密性等。

3. 监视和测量的方法

由于法律监督服务的特殊性，对上述特性采取的监测方法主要是监视（即监督、检查）：

（1）人大及人大代表的监督。因为人民检察院的检察长必须由同级人民代表大会选举产生，检察院的工作应对同级人民代表大会负责，接受人大及代表监督，向人大报告工作，受理人大及代表对检察工作的批评、意见和建议，接受人大代表调查、视察、检查和评议等；

（2）政协及政协委员的监督。检察机关和检察人员在行使检察权的过程中要自觉接受政协的民主监督，认真听取和研究政协及委员提出的意见、批评和建议；

（3）人民监督员的外部监督。人民监督员对职务犯罪案件中的"三类案件"、"五种情形"进行监督，对检察工作提出意见和建议；

（4）人民群众的监督。因为检察权源于人民，又必须服务于人民，应保障人民群众对检察工作的知情权和监督权，通过检务公开，让人民群众全面、便捷地了解检察工作，方便人民群众举报、申诉和进行监督，使检察权在阳光下行使；

（5）按照法律法规和有关文件的规定实施的纪检监察监督，如按《检察人员执法过错责任追究条例》的规定对检察人员执法办案活动进行监督。

4. 策划监视和测量时应考虑的内容

（1）依据法律法规和相关要求，确定监测哪些法律监督服务的特性；

（2）确定在什么地点（办案环节、过程）、时间、由谁采取什么方法监测，监测什么内容、填何记录等。一般按法律监督服务实现过程的顺序，确定适宜的监测位置（办案的某一阶段），如办理的审查起诉案件需经科长审核，主管检察长批准，对重大疑难案件或不起诉案件需由检察长或检察委员会决定；

（3）确定所需的设备、软件和工具，所使用的文件和接收准则；

（4）确定监测频次、时间、使用的统计技术；

（5）对监测人员要求（专职、兼职或授权）。

上述内容可反映在人民检察院规范化管理体系相应文件中，如《审查批准逮捕工作操作规程》中规定：承办检察官对公安机关提请逮捕案件进行审查，提出批捕意见；科长审核，签署批捕意见；主管检察长作出批准决定等。这些监视就是人民检察院针对公安机关提请逮捕案件依法履行批准逮捕监督这项法律监督服务活动的监视。

5. 实施监视和测量

对人民检察院法律监督服务特性的监视和测量，应依据有关法律法规的规定和相关的策划安排，在法律监督服务实现过程的适当阶段进行。因为，对人民检察院法律监督服务的监视和测量很多已经在相关的法律法规中作出了明确规定。除了法律法规中规定监视或测量外，各级人民检察院还可以结合上级院和相关方要求，本院的实际，针对本院提供的各项法律监督服务开展以下一些行之有效的监测活动：

（1）办案前对办案人员进行廉政办案纪律教育；

（2）建立办案情况通报责任制；

（3）办案结束后，发办案征求意见卡；

（4）走访或召开涉案人员座谈会；

（5）实行检务公开，向涉案单位、人员告知有关法律法规规定的权利、义务，告知本院举报电话和办案人员应遵守的纪律；

（6）案件终结后，开展廉政总结、回访或个案评议；

（7）实行执法过错责任追究制；

（8）对大要案或典型案件，实行个案监督；

（9）成立案件管理办公室（或案件管理中心），指定专职人员通过案件管理系统软件对案件质量动态监督；

（10）为执法干警建立执法档案；

（11）选派人民监督员，对职务犯罪案件进行外部监督；

（12）设置电子大屏幕，对办案全过程进行动态监督，发现超期羁押、超时办案及时预警提示。

6. 保存证据

　　人民检察院应保存本院完成的各项法律监督服务符合接收准则（即要求）的证据，包括各种法律文书、案卷等（符合接收准则的证据可以是一份记录，也可以是在策划安排中规定的其他方式，如照片、录音、录像等），并由具有资格，经过授权并在自身职责范围内行使权力的人员在相关的法律文书（如逮捕决定书、起诉意见书等）上签名。

　　7. 特殊要求

　　由于人民检察院法律监督服务的特殊性，人民检察院必须依据有关法律法规的规定履行每一项法律监督服务，不允许违法办案，也不允许办案过程中上一个工作环节（过程或活动）的监视和测量未依法履行完毕而进入下一个工作环节。必须是在完成了每一项法律监督服务所规定的各个阶段的监视和测量后，且结果表明此项法律监督服务的要求已符合有关规定，方可向下一个部门移交本部门提供（包括案卷资料）的法律监督服务或结案。否则，未按规定的要求完成各项监视和测量之前，不应向顾客提供或移交法律监督服务或结案。这一点与某些生产产品的组织，产品在组织内控制时允许紧急放行、例外放行是有区别的。

　　8. 实施说明

　　（1）7.5.1.e)、8.2.3 和 8.2.4 的区别：

序号	项　目	7.5.1.e)	8.2.3	8.2.4
1	监测对象	法律监督服务提供的过程。	规范化管理体系的所有过程，重点是影响法律监督服务要求的符合性和规范化管理体系的有效性的过程。	法律监督服务的特性。
2	监测目的	识别服务提供过程出现的与要求的偏离或偏差，以便及时采取措施，确保过程受控。	证实过程实现策划的结果的能力，评价过程业绩，保持和改进过程能力。	验证每一项法律监督服务要求，确保人民检察院正确地行使宪法赋予的监督权利。
3	监测内容	要求的符合性。	过程在稳定工作状态下实现其满足策划要求的能力。	每一项法律监督服务的特性（如：合法性、及时性等）。

续表

序号	项　目	7.5.1. e)	8.2.3	8.2.4
4	监测方法	采用适宜方法监视，适用时进行测量。	采用适宜方法监视，适用时测量。	依据策划安排，在法律监督服务实现过程的适当阶段进行，包括审查、复核、批准、询问、提出意见、集体讨论或其他必要的活动等。
5	异常情况处理	发现偏离要求时，及时采取相应措施。	当发现某项法律监督服务未达到策划的结果时，应采取适当的纠正和纠正措施。	在策划的监测未圆满完成之前，不应将法律监督服务工作转入下一个部门或结案，发现违纪及时处理。

注1：8.2.3 的监测比 7.5.1. e) 的范围广一些。

注2：服务行业以上三个条款密切相关，有时所提供的证实是同一份证据，所不同的是目的不一样。

（2）由于采购物品的特性对法律监督服务质量无直接影响，对采购物品的监视和测量可以由实施采购的人员按标准 7.4 的要求采取适宜的方法控制即可。

四、实施需提供的证实

● 对采购物品和各项法律监督服务的特性实施监视或测量的证据。

8.3　不合格品控制

一、标准原文

　　组织应确保不符合产品要求的产品得到识别和控制，以防止其非预期的使用或交付。应编制形成文件的程序，以规定不合格品控制以及不合格品处置的有关职责和权限。

　　适用时，组织应通过下列一种或几种途径处置不合格品：

　　a）采取措施，消除已发现的不合格；

　　b）经有关授权人员批准，适用时经顾客批准，让步使用、放行或接收不合格品；

　　c）采取措施，防止其原预期的使用或应用；

　　d）当在交付或开始使用后发现产品不合格时，组织应采取与不合格的影响或潜在影响的程度相适应的措施。

在不合格品得到纠正之后应对其再次进行验证，以证实符合要求。

应保持不合格的性质的记录以及随后所采取的任何措施的记录，包括所批准的让步的记录（4.2.4）。

二、有关的术语和定义

合格（GB/T 19000 中 3.6.1）：满足要求。

不合格（不符合）（GB/T 19000 中 3.6.2）：未满足要求。

注 1：不合格按种类可分：不合格品和不合格项。

不合格品：对产品而言；

不合格（不符合）项：对过程、活动或体系而言。

注 2："不合格"是指没有满足产品要求的产品、过程、活动或体系，这里的产品要求不同于习惯的"产品标准"上的要求，而是本标准 7.2.1 中明确指出的产品要求。

注 3：不合格按性质可分：一般不合格和严重不合格。

一般不合格：是指偶发的、孤立的，造成的经济损失不大和影响较轻微的不合格。

严重不合格：是指多次发生，带有倾向性、普遍性，造成经济损失较大或影响较坏的不合格。

返工（GB/T 19000 中 3.6.7）：为使不合格产品符合要求而对其采取的措施。返工是纠正的一种。如办案人员叙写的法律文书（起诉书）不符合要求，可重新叙写即返工。

退回（退货）：将不符合要求的案卷资料退回给原单位。如人民检察院公诉科、侦监科收到公安机关移交的案卷，经审查发现不符合要求（主要犯罪事实不清、证据不足）可以依法退回公安机关补充侦查（此种情况可以视为企业采购的原材料不合格退货）。又如人民检察院提起公诉的案件，人民法院审理认为不符合刑诉法或刑事诉讼规则有关规定情形的，可以由人民检察院撤回起诉或追加、变更起诉。（此种情况可视为企业销售给顾客的产品，顾客认为不合格要求退货）。

报废（GB/T 19000 中 3.6.10）：为避免不合格产品原有的预期用途而对其所采取的措施。如回收、销毁。

终止服务：发现提供了不合格服务，立即停止。

复议（复核）：为了澄清或确认某一事实，对同一事实进行的再次讨论、研究。如人民检察院对公安机关移送的案件所作的不批准逮捕的决定、不起诉的决定，公安机关认为有错误时，可以向人民检察院提出复议，并且可以提请上级人民检察院复核。

三、理解与实施

1. 应编制《不合格品控制程序》，规定不合格品控制及处置有关的职责和权限。

2. 不合格品控制的目的

确保不符合要求的采购物品、法律监督服务、外包项目、案卷资料得到识别和控制，防止其非预期使用、移交或结案，防止因不合格服务给人民检察院带来不良影响，确保检察人员严格执法，依法办案，维护司法公正。

3. 不合格品范围和种类

（1）不合格品的范围：是指由人民检察院接收、内部使用、转移或控制下的不合格品。

（2）不合格品的种类，包括：

① 不符合要求的采购物品；

② 不符合要求的案卷资料；

③ 不符合要求的过程、活动或体系；

④ 不符合要求的法律监督服务。

其中主要是控制不符合要求的法律监督服务。

（3）不符合要求的法律监督服务是指：检察人员在执法办案的活动中故意违反法律或有关规定，或者工作严重不负责任，导致案件实体错误、程序违法以及造成其他严重后果或恶劣影响的行为。包括：

① 超越办案管辖范围办案；

② 违反办案程序办案；

③ 打骂、刑讯逼供犯罪嫌疑人；

④ 徇私舞弊、滥用职权、失职、渎职；

⑤ 违反高检院《六条规定》、《九条卡死》和《廉洁从检十项纪律》等；

⑥ 违反两个"条例"的违法违纪行为；

⑦ 其他违法违纪行为。

4. 不合格品控制和处置

（1）控制包括：一是及时正确地识别不合格品并对其进行适当的控制。其中，识别是指通过监视和测量发现不合格品并对其进行标识、记录，可行时隔离；控制是指对不合格品采取评审、处置、再次验证等措施。二是防止不合格品非预期使用或交付。非预期使用或交付可以理解为不是预先确定的使用或交付，或预先未曾期待的使用或交付，或没有按事先想象的要求使用或交付。如因检察人员的过错造成公安机关、法院执法错误。

（2）人民检察院应针对不合格（不符合项）的影响或潜在影响的程度采取下列一种或几种途径（即相适应的措施）处置不合格品（项）：

① 不合格采购物品，因其对法律监服务质量无直接影响，可由采购人员采取拒收、退货、换货等。

② 不合格案卷资料，可由办案人员采取拒收、退回、收回、复议、重新制作（包括整理、补充、填写）等。

③ 不合格外包项目由委托责任部门采取拒收、返工、报废、重新外包或索赔等。

④ 人民检察院规范化管理体系运行过程中出现的不符合项按 GB/T 19001 标准中 8.2.2 内部审核的要求执行。

⑤ 不合格的法律监督服务的处置可包括：

——终止服务；

——在适当的范围内赔礼道歉；

——对当事人进行批评教育，诫免谈话，通报批评，组织处理；

——执行《人民检察院监察工作条例》、《检察人员纪律处分条例》、《检察人员执法过错责任追究条例》；

——进行复查、复议、复核、补充侦查或纠正等；

——按《中华人民共和国赔偿法》的规定赔偿。

注 1：不合格影响是指不合格造成的直接结果及间接影响、潜在的影响。

注 2：潜在的影响是指不合格事实、程度、重要性及其原因在事后所带来的风险。

5. 不合格品得到纠正后应采取适宜方法对其再次验证，以证实符合要求（即符合原来规定、符合预期使用要求）。

6. 有关部门应按档案管理的要求，保存不合格性质（一般、严重）及随后采取任何措施的记录，为分析原因，制定纠正、纠正措施和需要时追溯提供依据。

7. 实施说明

（1）人民检察院提供的法律监督服务，其行业特点及属性决定了其不能提供不合格服务。人民检察院提供的服务（即作出的决定及移交给相关方案卷资料）已经是经过层层把关、领导批准的合格品。但人民检察院提供的法律监督服务是一种社会产品中的特殊产品，即司法产品，不同于其他服务行业产品，其服务质量受各种因素的影响，在交付后也避免不了会出现一些问题。

（2）交付后出现问题的情形如：当事人不服人民检察院作出的决定提出申诉的，公安机关对人民检察院作出的决定有异议提出复议的，或人民法院对人民检察院提起公诉的案件提出不同意见等。出现上述问题的原因是复杂的、多方面的，不能简单地用合格或不合格来界定。

（3）针对上述情况，要具体问题具体分析，依照相关规定，通过复查、复议、撤回、变更起诉等程序，作出相应的处理：

——经审查证实检察机关作出的决定是正确的，应维持原决定；

——经审查证实作出的决定确有错误，说明该项服务未满足与预期或规定用途有关的要求，或未满足其中某个特定的要求，即存在缺陷，是一种特定范围内的不合格，要依法纠正；

——经审查证实确属 8.3 不合格品情形的，要依据不合格品控制程序办理。

（4）上述情况虽是在服务交付后才显现，但对这样的过程不需按 7.5.2 要求确认，因为人民检察院对这样的过程已经在相应的法律法规和规范化管理体系文件中规定（即确认在先）。

四、实施需提供的证实

● 不合格品控制程序和以对不合格品控制的证实。

8.4　数据分析

一、标准原文

组织应确定、收集和分析适当的数据，以证实质量管理体系的适宜性和有效性，并评价在何处可以持续改进质量管理体系的有效性。这应包括来自监视和测量的结果以及其他有关来源的数据。

数据分析应提供以下有关方面的信息：

a）顾客满意（见 8.2.1）；

b）与产品要求的符合性（见 8.2.4）；

c）过程和产品的特性及趋势，包括采取预防措施的机会（见 8.2.3 和 8.2.4）；

d）供方（见 7.4）。

二、有关的术语和定义

分析：详细了解某个事物的要素或结构的内容以及它们之间的关系。

三、理解与实施

1. 数据分析的目的：证实人民检察院规范化管理体系的适宜性和有效性，识别改进的机会。

2. 确定应收集的数据。根据人民检察院法律监督服务的特点和上级院的要求（上报统计表），结合各部门业务，确定应收集数据的种类，如当地社会年度发案率、自侦案件完成率、有罪判决率、办案事故和顾客满意度等。

3. 确定收集数据的责任部门，收集时间，传递渠道和数据整理、分析、汇总、报告的方法。

4. 数据分析可包括以下三个步骤：

（1）描述：对收集数据进行整理、归纳、统计、作图和特性值计算；

（2）分析：通过样本分析归纳出其中的规律；

（3）推测：依据分析出的规律对总体状况进行推断和预测。适用时，可采用适宜的统计技术。

5. 数据分析应提供以下方面的信息：

（1）有关顾客满意或不满意的信息；

（2）有关法律监督服务要求的符合性；

（3）有关规范化管理体系过程和法律监督服务特性的实际状况及变化趋势，包括采取预防措施的机会；

（4）有关供方、相关方业绩和相互关系的信息（公安机关、法院既是人民检察院的供方，又是人民检察院的相关方）。

6. 实施说明

（1）数据来源包括监视和测量的结果以及其他有关途径，如人民检察院质量目标完成情况，顾客反馈及投诉，政府或上级部门检查的结果及反馈，供方和相关方提供的数据等。

（2）有关部门应充分利用数据分析结果（可作为管理评审输入内容之一），用以证实本院规范化管理体系的适宜性和有效性，并寻求持续改进的机会。

（3）开展数据分析时，可采用以下统计技术：

调查表、统计表、分层法、水平对比法、因果图、流程图、树图、控制图、直方图、排列图、散布图等。

四、实施需提供的证实

● 确定所收集的数据及对其分析、提供、利用的信息（包括统计技术）。

8.5 改进

8.5.1 持续改进

一、标准原文

组织应利用质量方针、质量目标、审核结果、数据分析、纠正措施和预防措施以及管理评审，持续改进质量管理体系的有效性。

二、有关的术语和定义

改进：提高产品性能，改善产品特性，提高产品实现过程有效性和效率所开展的活动。

持续改进（GB/T 19000 中 3.2.13）：增强满足要求的能力的循环活动。

有效性（GB/T 19000 中 3.2.14）：完成策划的活动并得到策划结果的程度。

效率（GB/T 19000 中 3.2.15）：得到的结果与所使用的资源之间的关系。

有效性是所做的事情的正确程度。效率是投入与产出的比值。

三、理解与实施

人民检察院开展规范化管理，规范化是手段，管理才是核心，管理的真正价值就在于推动改进。真正的优秀者是那些能够敏锐地发现不足，并且能够主动改进的人。如果发现不了问题，不能主动地改进，这样的组织就将失去活力、失去存在的意义。

1. 持续改进是为了满足顾客日益增长的要求和期望的能力的循环活动。持续改进要求主动寻求改进机会，而不是等出了问题后才去改进。持续强调以一系列彼此衔接的步骤进行改进的过程，如识别改进机会，发现问题，确定改进目标，制定改进措施或计划，实施改进，验证改进效果，总结改进经验，营造改进氛围，进入下一个 PDCA 循环（需要时）。

2. 人民检察院的规范化管理是在一定的内外环境下进行的，从外部看，要适应不断变化的外部环境；从内部看，要适应检察工作发展变化的要求。因此，应把持续改进作为人民检察院规范化管理的一项重要工作来抓。人民检察院应通过下列活动持续改进规范化管理体系的有效性：

（1）制定人民检察院质量方针，体现持续改进的承诺；

（2）确立人民检察院质量目标，明确质量方面努力的方向；

（3）通过数据分析和内外审，不断寻求改进机会；

（4）实施纠正、预防措施，消除产生不合格和潜在不合格的原因，防止不合格发生；

（5）组织管理评审，评价改进效果，即改进给人民检察院或顾客、其他相关方带来了什么利益；

（6）确立新的奋斗目标。

3. 持续改进活动从内容上不但要求要达到策划的结果，而且还要考虑达到同样结果所使用的资源。在策划改进时应考虑以下问题：

（1）规范化管理体系各过程的结构和运行是否最佳？能否采取其他方式使过程的结果更好？

（2）达到同样的过程结果，在资源的消耗和效率的提高方面还有什么潜力可挖？

4. 实施说明

本条的基本要求已经融于 GB/T 19001 标准的其他条款中。本条实施需提供的证实可在有关条款的审核时收集，通过综合分析后判断是否满足标准要求。

四、实施需提供的证实

● 与质量方针、质量目标、数据分析、内部审核、纠正预防措施、管理评审有关的持续改进的事例。

8.5.2　纠正措施

一、标准原文

> 组织应采取措施，以消除不合格的原因，防止不合格的再发生。纠正措施应与所遇到不合格的影响程度相适应。
>
> 应编制形成文件的程序，以规定以下方面的要求：
>
> a）评审不合格（包括顾客抱怨）；
>
> b）确定不合格的原因；
>
> c）评价确保不合格不再发生的措施的需求；
>
> d）确定和实施所需措施；
>
> e）记录所采取措施的结果（见4.2.4）；
>
> f）评审所采取的纠正措施的有效性。

二、有关的术语和定义

纠正措施（GB/T 19000 中 3.6.5）：为消除已发现的不合格或其他不期望情况的原因所采取的措施。

纠正（GB/T 19000 中 3.6.6）：为消除已发现的不合格所采取的措施。

三、理解与实施

1. 制定纠正措施目的：防止不合格再发生。

2. 应编制《纠正措施控制程序》。

3. 制定纠正措施的信息来源：

（1）顾客抱怨；

（2）顾客满意程度的结果；

（3）规范化管理体系的记录；

（4）过程和法律监督服务监测的结果；

（5）自我评定结果；

（6）数据分析输入；

·（7）不合格报告；

（8）内审报告；

（9）管理评审报告。

4. 下列情况应制定纠正措施：

（1）经常发生或带区域性、系统性、倾向性、普遍性或对规范化管理体系运行效果有重大影响的不合格；

（2）采购或签订了影响法律监督服务的物品或外包合同；

（3）法律监督服务质量出现重大问题时；

（4）顾客对本院法律监督服务有严重投诉时；

（5）内审、外审和管理评审发现的不合格；

（6）其他不符合质量方针、质量目标及规范化管理体系文件要求的情况。

5. 制定纠正措施的步骤

（1）对已发现的不合格进行评审（评审应依据不合格涉及的范围、严重性和数量等），分析不合格造成的经济损失，对规范化管理体系运行的影响，特别是对人民检察院带来的不良影响（包括潜在影响），决定是否采取纠正措施；

（2）通过评审分析，确定不合格原因（原因分析应全面，应找出关键的影响因素，找到主要原因）。可行时，不合格原因应在确定和采取纠正或纠正措施之前验证（可采用适宜的统计技术）；

（3）评价确保不合格不再发生的措施，即依据不合格的影响程度来综合权衡风险、利益后决定所需的措施（评价：即衡量人或事物所起的作用和价值）。

制定纠正措施一般是要投入的。对于部门内部可实施的纠正措施，经部门负责人评审就可实施。但对一些重大的、跨部门的、涉及面广的、涉及体系文件更改的、或需要较大投入的措施，应采取适宜的方法进行评价，评价内容包括：

① 措施是否针对不合格原因制定；

② 所采取的措施与所遇到的不合格的影响或潜在影响的程度是否相适应；

③ 措施实施是否可行，包括时间、人员、经济条件等；

④ 措施的实施是否会带来负面影响；

⑤ 措施实施的经济性。

（4）评价人包括涉及措施实施的责任部门的负责人，或管理部门的负责人，或上级领导。

（5）受审核方有能力实施的措施，由受审核方负责人评价。受审核方无能力实施的措施，可由有关部门负责人或上级领导评价。

（6）不能按期完成或非一个部门能解决的措施应将问题升级，请管理者代表或检察长协调。

6. 实施说明

（1）纠正、纠正措施可同时采用，也可分开用。

（2）纠正不同于纠正措施，纠正是治标，纠正措施是治本。

（3）标准不要求对所发现的每一项不合格或不期望的异常情况都要采取纠正措施，而是要根据不合格的性质、严重程度、影响的大小、带来的风险、包括投入的经费、要付出的代价、顾客和其他相关方满意的程度进行分析、评价，综合权衡后决策。即使不制定纠正措施也应分析查找原因，发现改进的重点。

（4）确定和实施所需措施，包括：

① 规定实施的部门、人员和期限；

② 经责任部门领导批准。

（5）记录所采取措施的结果，包括不合格事实、原因、采取的措施、措施实施过程和结果。

（6）评审所采取纠正措施的有效性，主要是指纠正措施是否按计划实施、完成，是否达到预期的目的，是否将不合格原因消除，能否防止不合格再发生。

（7）通过纠正措施的实施形成的富有成效的改进可作永久性更改，并纳入相关体系文件中。

（8）对实施效果不明显的措施，可能是原因没找准，或措施没针对性，或实施力度不够等，应进一步分析、查找原因，采取新的措施。

（9）纠正措施实施情况应提交管理评审。

四、实施需提供的证实

● 制定的纠正措施控制程序及纠正措施实施的信息。

8.5.3　预防措施

一、标准原文

> 组织应确定措施，以消除潜在不合格的原因，防止不合格的发生。预防措施应与潜在问题的影响程度相适应。
>
> 应编制形成文件的程序，以规定以下方面的要求：
>
> a）确定潜在不合格及其原因；
>
> b）评价防止不合格发生的措施的需求；
>
> c）确定和实施所需的措施；
>
> d）记录所采取措施的结果（见4.2.4）；
>
> e）评审所采取的预防措施有效性。

二、有关的术语和定义

预防措施（GB/T 19000 中 3.6.4）：为消除潜在不合格或其他潜在不期望情

况的原因所采取的措施。

三、理解与实施

1. 制定预防措施的目的：防止不合格或不期望的情况发生。

2. 应编制《预防措施控制程序》。

3. 制定预防措施的步骤

（1）应利用适当的信息发现潜在不合格，信息包括：采购物品的质量状况，法律监督服务要求的符合性，规范化管理体系或法律监督服务各过程的监视和测量的结果，内审和管理评审、纠正预防措施实施效果，数据分析结果，当地社会状况的调查，顾客需求和期望，人大代表、政协委员意见等。

（2）通过信息收集、分析，确定潜在不合格及其原因。

（3）在考虑风险、利益、经济性的基础上采取与潜在问题的影响程度相适应的预防措施。

（4）确定实施所需的措施，明确各项措施的职责和落实完成部门、时间。

（5）记录所采取措施的结果。

（6）评审所采取预防措施的有效性，即采取预防措施后，是否将潜在不合格原因消除，是否能达到防止不合格发生的目的。达到了目的说明采取的预防措施有效，否则应采取新的预防措施。

4. 实施说明

（1）对富有成效的预施措施可作永久性更改，并纳入相关体系文件中。

（2）对实施效果不明显的措施应进一步分析原因，继续采取措施。

（3）一个过程的纠正措施可能是整个法律监督服务的预防措施，上一个部门制定的预防措施，可能是下一个部门的纠正措施。分清纠正、预防措施不是主要的，重要的是要发现问题，在问题发生之前采取措施，有效地防止不合格发生，而不在于判定是否是纠正措施或预防措施。

人民检察院在队伍管理、业务管理和事务管理各个环节都应把预防作为基本的管理手段来实施。在人民检察院规范化管理体系中体现这一思想。通过预防、监督和改进，可以有效地防止违法违纪问题和不期望的情况发生。

（4）持续改进与纠正、预防措施的关系：

① 持续改进：是增强满足要求的能力的循环活动。即不满足于现状，不断地寻求改进，不断地推进改进，如在顾客满意的基础上提高顾客满意的程度。

② 纠正、预防措施是围绕不合格或潜在不合格所开展的活动。采取纠正、预防措施的目的是为了消除不合格。

③ 持续改进、纠正和预防措施三者共同点：

——都是重要的改进活动；

——都需要通过信息的收集、分析，寻求改进机会；

——都是持续循环往复的过程。

四、实施需提供的证实

● 制定的预防措施控制程序及预防措施实施的证实。

第四章　人民检察院规范化管理体系
的建立和运行

第一节　规范化管理体系的建立

本章第 1 - 4 节内容将重点围绕东辽县人民检察院规范化管理体系建立、实施的过程及主要做法，予以介绍。

一、建立人民检察院规范化管理体系的指导思想

以邓小平理论和"三个代表"重要思想为指导，认真贯彻落实科学发展观，紧紧围绕"强化法律监督，维护公平正义"检察工作主题和总体要求，依据 GB/T 19001《质量管理体系 要求》和《人民检察院规范化管理体系指导性标准》，以实现高检院提出的"执法规范化、队伍专业化、管理科学化和保障现代化"为目标，按照合法、统一、完整和适用的原则建立规范化管理体系，全面规范检察业务、检察队伍和检察事务的管理，探索并构建推动基层检察院建设创新发展的科学管理机制。

二、建立规范化管理体系的原则

根据人民检察院的宪法地位、法律监督性质、司法属性和工作特点，人民检察院建立规范化管理体系应遵循合法、统一、完整和适用的原则。

合法原则：是指人民检察院规范化管理体系的内容必须严格依法制定，各职能部门的职责、工作程序、适用法律及使用的记录等都必须符合法律法规要求，不得违背宪法或与法律法规、上级院要求相抵触。这是人民检察院建立规范化管理体系必须遵循的前提。

统一原则：是指人民检察院规范化管理体系各种文件的结构、格式和表述的内容应按照高检院《指导性标准》中文件制作标准的要求统一制定。同一个人民检察院的同类规范化管理体系文件其格式应保持一致。

完整原则：是指人民检察院规范化管理体系涉及的范围和内容应覆盖人民检察院所有的法律监督服务，包括业务管理、队伍管理和事务管理的所有活动。

适用原则：是指规范化管理体系文件所涵盖的内容应紧密结合检察工作和当地实际，包括管理水平、人员素质、资源环境等，适用于人民检察院法律监督服务，保留成熟的经验和好的做法，摒弃不适宜的，力求简明清晰，通俗易懂，逻辑性强，便于操作，且具有一定的前瞻性。

三、建立规范化管理体系的过程

建立人民检察院规范化管理体系是一项系统工程，涉及人民检察院业务、队伍、事务方方面面的工作，范围广、内容多、线条杂。因此，应有计划地分步分阶段实施。东辽县人民检察院规范化管理体系的建立经过了如下过程：

1. 全员动员，统一思想

2008 年 7 月，东辽县人民检察院被高检院确定为全国检察机关规范化管理机制第二批试点院 20 家之一。在体系建立前，东辽县院几次召开党组会和中层干部会，旨在首先统一领导班子和中层干部的思想认识，解决怕困难、怕麻烦、怕影响业务工作等思想倾向，在领导层面上使大家感到应竭尽全力承担好试点工作任务。而后，院里召开了全院干警动员大会，检察长态度鲜明地表达了"硬仗选我，战则必胜！"的决心，要求全院干警展示出"亮剑"精神，不惧困难，勇往直前，有效地统一全院干警的思想认识，增强了全院做好此项工作的自觉性。

2. 健全机构，加强领导

（1）成立院规范化管理机制建设试点工作领导小组，检察长任组长，成员由班子其他成员及全体中层干部组成，办事机构设在政治处。

（2）由检察长指定一名年富力强并参加过高检院规范化管理培训的副检察长（兼政治处主任）为管理者代表（以下简称为管代），兼任规范化管理办公室（以下简称为管办）主任，按 GB/T 19001 标准中 5.5.2 要求，授权赋责，全面负责全院规范化管理的具体工作。

（3）将院案件管理办公室主任抽调出来兼职为管办副主任，同时抽调懂检察业务、有一定管理能力、经验和材料功底的 5 名干警组成了管办，下设在政治处，协助管代负责规范化管理体系的建立、实施和保持，并承担体系运行过程中的指导、协调、服务、监督等相关职能工作。

3. 学习标准，培训骨干

为了保证规范化管理体系的顺利建立、实施，东辽县人民检察院聘请质量管理方面的咨询专家对全院干警进行 ISO 9000 族标准培训。由咨询专家结合人民检察院法律监督服务的实际，宣贯 GB/T 19001《质量管理体系 要求》标准和高检院制定的《人民检察院规范化管理体系指导性标准》主要精髓，详细地讲解标准要求，针对人民检察院的法律监督服务的特殊性，介绍满足要求的具体做法。全员培训结束，又重点对中层干部和各部门内勤人员等 25 人进行了专门培训和闭卷考试，考试合格后，由检察长正式授权为本院内审员。通过培训，全院干警对 ISO 9000 族标准的内容有了初步的了解，形成了一支以内审员为主的骨干队伍。

4. 统筹安排，周密策划

按 GB/T 19001 标准和高检院《指导性标准》的要求，本院结合实际，对全院规范化管理体系建立、实施和保持工作进行了策划，制定了《东辽县人民检察院规范化管理机制试点工作实施方案》，对体系建立和运行的推进作出总体安排。即：

（1）识别全院规范化管理体系所需的过程及其相互作用，明确过程的顺序、接口及检查、监督要求等。包括规范检察业务、检察队伍、检察事务所涉及的所有部门和过程，这是建立规范化管理体系的基础。

（2）明确全院各部门的职能，将各过程分别落实主管、配合、实施的部门，明确各部门职责、权限和相互关系，使各部门人员都清楚本部门负责的主要工作、涉及的相关部门、如何接口及应承担的职责，形成了全院科学配置的《规范化管理职能分配表》。

（3）制定院质量方针。质量方针体现着组织总的质量宗旨和方向。东辽县人民检察院制定的质量方针几经修改，最后形成的质量方针是：规范检察行为、服务东辽发展、公正效率统一、追求人民满意。这一质量方针体现了东辽县院党组集体智慧的结晶。

（4）制定院质量目标。围绕质量方针，结合上级院要求及东辽县发展的实际，制定了全院质量目标。与此同时，各部门依据本部门职责，对全院质量目标进行展开分解，形成本部门质量目标。科学的质量目标，激发了全院干警的斗志，使其成为全院发展的源动力。

5. 分工负责，编写文件

坚持时间服从质量，形式服从效果的原则，按照策划的内容，确定编写体系文件的人员，明确其任务、分工与完成时限，使他们集中精力全力投入体系文件编写的工作中。

（1）对适用的法律法规和上级下发的相关文件进行全面收集，对其有效性进行确认，对更替、作废的法律法规及时清理，形成全院《有效文件清单》。

（2）对本院原有规章制度进行梳理、转换，保留适用的、合并相同的、修改不足的、删去作废的。

（3）确定规范化管理办公室人员负责《管理手册》、《程序文件》的起草和编写工作。

（4）由各职能部门科长及业务骨干负责编写本科室、部门的操作文件，包括操作标准、操作规程、流程图、管理办法、岗位说明书及相关记录。

（5）由规范化管理办公室人员，按照高检院《指导性标准》要求，对全院体系文件的格式进行把关。

6. 反复修改，严格审批

体系文件编写的质量将直接影响着全院规范化管理体系运行的效果。东辽县院把《八项质量管理原则》之一的"持续改进原则"应用到规范化管理体系文件起草、编制、审批的全过程。

（1）组织中层以上领导对全院规范化管理体系纲领性文件——《管理手册》和起承上启下作用的《程序文件》初稿，反复进行商讨、研究，与此同时对各部门编写操作文件的合法性、适宜性、充分性组织相关人员反复修改完善。管办在此过程中，承担全院的指导、协调、服务职能。

（2）全院规范化管理体系文件定稿后，按《文件控制程序》的要求履行审批手续。为防止审批流于形式，各级领导在审批时，都以认真负责的态度对待每一份审批文件，把重点放在"审"字上，不走过场。重点审查文件是否符合GB/T 19001标准要求，是否符合高检院《指导性标准》要求，是否符合本院法律监督服务适用的法律法规要求，是否适合于本院操作。文件审查修改后，审批人员在文件审批单上签字，报院管办备查。

（3）院规范化管理办公室收到各部门经审批上报的三级文件后，重点对各过程之间接口和有无遗漏过程等问题进行再次审查，发现问题及时与有关部门沟通解决。

7. 发布文件，组织实施

2009年8月19日，经检察长批准，召开全院体系文件发布会，体系文件正式发布，全院规范化管理休系转入试运行。

附：东辽县人民检察院体系建立流程图

规范化管理体系建立工作流程图

序号	步　骤	负责人	主要内容和要求	参加人
	开始			
1	全员动员 统一思想	检察长	召开全院干警动员大会，统一思想。	全体 干警
2	健全机构 加强领导	检察长	1. 成立院规范化管理领导小组； 2. 任命管理者代表； 3. 成立院规范化管理办公室。	有关 人员
3	学习标准 培训骨干	管理者 代表	请咨询专家对全院干警进行ISO 9000族标准系统培训。	全体 干警
4	统筹安排 周密策划	院领导 小组	制定规范化管理体系工作实施方案。	管办
5	分工负责 编写文件	管理者 代表	1. 确定规范化管理办公室人员编写管理手册、程序文件； 2. 确定各部门人员编写本部门操作文件。	各部门
6	反复修改 严格审批	各分管 领导	1. 学习讨论一、二、三级文件，反复修改完善； 2. 按《文件控制程序》要求，履行文件审批程序。	全院 干警
7	发布文件 组织实施	检察长	召开体系文件发布会，组织体系试运行。	全院 干警
	结束			

第二节 规范化管理体系文件

一、体系文件的含义

体系文件，是指人民检察院规范化管理体系形成的文件，简称"体系文件"。它是对人民检察院规范化管理体系进行总体描述，对其结构、各部门职能和工作程序等内容作出规定，且相互联系、相互作用的一整套文件。

体系文件是人民检察院规范化管理体系的载体，是建立、实施和保持规范化管理体系的依据，也是人民检察院内部达成共识，统一行动，协调一致的依据。

二、制作体系文件的目的

将人民检察院规范化管理体系形成文件，可以实现以下目的：

1. 系统、完整地描述人民检察院规范化管理。

2. 为人民检察院建立、实施和保持规范化管理体系提供一致性信息。

3. 证实人民检察院具有稳定地提供满足顾客和适用的法律法规要求的法律监督服务的能力。

4. 向人民检察院的顾客和其他相关方提供其服务满足要求的证据。

三、体系文件的构成

人民检察院规范化管理体系的文件一般分三个层次（也称三级），即一级文件是管理手册，二级文件是程序文件，三级文件是操作文件（包括操作标准、操作规程、岗位说明书、工作流程图、管理制度或管理办法和记录等）。人民检察院规范化管理体系文件的关系，见下图：

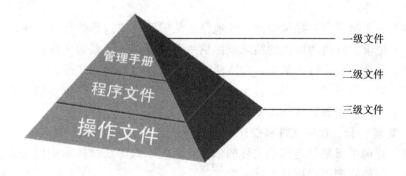

上图可以理解为：

1. 三角形表示这些文件是相互关联、相互作用的一个系统，构成完整的规范化管理体系文件；

2. 三个层次表明程序文件支撑管理手册，操作文件支撑程序文件。还表明程序文件可以引用操作文件，而操作文件可以包含在程序文件中；

3. 一级文件数量最少，在三角形的顶峰，属纲领性文件；三级文件数量最多，在三角形的下方，表明是最基础、且操作性最强的文件；二级文件在中间，它比一级文件多，比三级文件少，在一、三级文件中起承上启下的作用。

四、文件的定义及相互关系

1. 管理手册：是对人民检察院规范化管理体系进行系统性、原则性阐述和规定的文件，是向人民检察院内部和外部提供关于规范化管理体系的符合性信息的文件。是对规范化管理体系运行具有全面指导性作用的纲领性文件。通常称为"一级文件"。

2. 程序文件：是依据管理手册，对规范化管理体系中跨职能、跨部门的活动（过程）进行描述的文件，也可以说是针对跨职能、跨部门的活动（过程）具体描述由谁负责、谁来做、做什么、何时做、按什么途径（步骤）做等内容，具有较强可操作性的文件。通常称为"二级文件"。

3. 操作文件：是对规范化管理的某项具体工作进行分解，并制定出详细操作方法和标准，用于描述和指导具体工作细节的文件。通常称为"三级文件"。

常用的三级文件包括：

（1）操作规范：阐明要求的文件；

（2）操作标准：对一组活动或过程的操作和检查、评价的要求进行具体、详细的描述和规定的文件；

（3）操作规程：对一组活动或过程的实施方法和步骤进行具体、详细的描述和规定的文件；

（4）作业指导书：提供如何一致地完成某项活动或过程信息的文件；

（5）记录：阐明所取得的结果或提供所完成活动的证据的文件；

（6）管理办法：针对某事、物或活动的管理作出规定的文件；

（7）岗位说明书：对岗位人员的资格条件、工作性质、任务、职责、权限及工作方法等，以书面形式作出要求和说明的文件。

4. 管理手册、程序文件和操作文件的关系与区别：

（1）管理手册是制定其他文件的依据，相当于我国法律体系中的宪法，同一人民检察院的管理手册应具有唯一性。

（2）程序文件是管理手册的支持性文件，是对管理手册中某项活动（或过程）的进一步说明，指导操作文件实施起承上启下作用的文件，其效力仅次于管理手册。

（3）管理手册可用于内部，需要时也可提供给外部作为证实用。而程序文件、操作文件只限于内部使用。

（4）管理手册和程序文件有一定的结构和格式，而操作文件的格式可多种多样，如流程图、图表等，其内容只要求与工作的顺序和步骤相一致。

（5）程序文件一般涉及的范围较广（跨职能、跨部门），而操作文件是对某一项具体活动或过程作出的规定，是程序文件的具体化。

五、规范化管理体系文件的结构和格式

人民检察院规范化管理体系文件的结构和格式应符合最高人民检察院制定的下列标准的要求，即：

《人民检察院规范化管理体系文件格式标准》；

《人民检察院规范化管理体系文件制作标准》；

《人民检察院规范化管理体系岗位说明书制作标准》；

《人民检察院规范化管理体系流程图设计标准》等。

注：同一人民检察院同类规范化管理体系文件的结构和格式应保持一致。

附1：东辽县人民检察院管理手册封面样式

附2：东辽县人民检察院文件控制程序

附3：东辽县人民检察院复查刑事申诉案件工作操作规程

附4：东辽县人民检察院拘留工作操作标准

附5：东辽县人民检察院政治处宣教科科长岗位说明书

附 1：东辽县人民检察院管理手册封面样式

东辽县人民检察院规范化管理体系文件

管 理 手 册

JCB/DLJCY/SC – B/0

编　　制：东辽县人民检察院政治处
审　　核：东辽县人民检察院管理者代表　　齐立平
批　　准：东辽县人民检察院检察长　　　　郭静波
分发号：

2009 – 3 – 15 发布　　　　　　　　　　　　　2009 – 3 – 15 实施

东辽县人民检察院发布

附2：东辽县人民检察院文件控制程序

文件控制程序

JCB/DLJCY/CX01 – B/0

1 目的

对本院规范化管理体系所要求文件的编制、标识、批准、发放、使用、保存、更新、回收、作废、销毁等予以控制，确保在使用处能获得有效的文件，防止误用失效或作废的文件。

2 适用范围

本程序规定了文件的编制、标识、批准、发放、使用、保存、更新、回收、作废等控制的要求。

本程序适用于本院规范化管理体系有关的文件（含外来文件）的控制。

3 职责和权限

3.1 检察长负责批准管理手册及其他特别指定的文件。

3.2 管理者代表负责审核管理手册、批准程序文件。

3.3 主管副检察长负责批准相关第三层次文件。

3.4 各部门负责人负责审核有关程序文件、第三层次文件。

3.5 政治处负责编制、保持本程序，负责编制《管理手册》、《程序文件》，负责规范化体系内部文件的标识、分发、评审、更新、修改、回收、作废、销毁，负责建立《有效文件清单》（内部）。

3.6 计财科负责规范化管理体系文件的归档、留存。

3.7 办公室负责外来文件登记、识别、传阅、分发、保存、归档，负责建立《有效文件清单》（外部）。

3.8 各部门负责本部门文件的编制、发放、评审、修改、保存等工作，建立本部门《有效文件清单》，并根据实际，随时更新《有效文件清单》。

4 活动或过程的描述

4.1 文件分类

4.1.1 第一层次文件：管理手册。

4.1.2 第二层次文件：程序文件。

4.1.3 第三层次文件：操作文件。包括操作规程、操作标准、管理办法和记录等。

4.1.4 按文件来源分外部文件和内部文件。外部文件包括：上级人民检察院和中共吉林省委、辽源市委、东辽县委、东辽县人大等当地党政机关、部门发放的有关文件，国家法律法规、立法解释、司法解释等。内部文件指本院制定的文件。

4.2 文件标识

本院文件采用编码和编号的方式标识，编码是识别不同文件的标记，编号（即分发号）是识别同一文件第一本、第二本……的标记。具体标识方法见下表：

文 件		编 码	编 码 的 含 义
管理手册		JCB/DLJCY/SC－A/0	JCB："检察标准"汉语拼音大写 DLJCY："东辽县人民检察院"汉语拼音大写 SC："管理手册"汉语拼音大写 A/0：版次/状态
程序文件		JCB/DLJCY/CX××－A/0	CX："程序文件"汉语拼音大写 ××：该文件顺序号（以下该符号均为此含义）
操作文件	操作规程	JCB/DLJCY/CZG（ ）××－A/0	CZG："操作规程"汉语拼音大写 （）：填写部门代号（以下与此同）
	操作标准	JCB/DLJCY/CZB（ ）××－A/0	CZB："操作标准"汉语拼音大写
	操作记录	DLJCY－CZJ－××	CZJ："操作记录"汉语拼音大写
	岗位说明书	DLJCY－GW（ ）××－A/0	GW："岗位说明书"汉语拼音大写
	管理制度管理办法	DLJCY－GZ（ ）××－A/0 或 DLJCY－GB（ ）××－A/0	GZ："管理制度"汉语拼音大写 或 GB："管理办法"汉语拼音大写
版　次		A、B、C……	A、B……：分别表示第 1 版、第 2 版、……
状　态		0、1、2、3……	0 表示未经修订，1 表示第一次修订，……

注 1：本院原有文件、有特别规定的文件，如法律文书的标识等，按原规定执行。

注2：部门代号为，DZ：党组、BG：办公室，ZZ：政治处，GB：干部科，XJ：宣教科，JJ：纪检组，JC：监察科，ZJ：侦查监督科，GS：公诉科，FT：反贪局，FD：反渎职侵权局、JS：监所检察科、MX：民事行政检察科、KS：控告申诉检察科、JC：计划财务装备科、AG：案件管理办公室、JW：检委会办公室、JD：人民监督员办公室、FJ：法警大队、YF：职务犯罪预防、检察长：JCZ。

注3. 使用期限比较短的即时性文件，如会议通知、管理评审报告、内审报告等，可不按上述要求标识。

4.3 文件的编制和审核、批准见下表

文件名称	编制、更改	审 核	批 准
管理手册	政治处	管理者代表	检察长
程序文件	政治处	政治处主任	管理者代表
操作文件	相关各部门	部门负责人	主管副检察长

注：有特别规定的文件，可按规定执行。

4.4 文件分发

4.4.1 政治处负责内部文件的分发，办公室负责外来文件分发。分发的文件应由分发部门在文件封面的适当位置标注分发号。

4.4.2 确定发放范围时要确保在文件使用处可获得适用文件的有关版本，履行分发手续，填写《文件发放、回收、销毁记录》，由接收人员签收。

4.4.3 各收文部门需将收到的有关文件复制并发至相关人员时，应经发文部门负责人批准，并应按4.4.1、4.4.2规定执行。

4.4.4 如受控文件丢失，经管理者代表批准，文件持有人可到文件发放部门补领文件，并在《文件发放、回收、销毁记录》中注明。

4.4.5 受控文件因损坏而影响使用时，文件持有人可到文件发放部门换领新文件，新发文件仍采用原发放号。原文件由发文部门回收。

4.5 文件的评审、更新、修改

4.5.1 需要时，政治处负责组织内部文件的评审和更新，更新的文件按原文件批准权限再次履行批准，填写《发文签批单》。

4.5.2 文件在实施过程中出现不适用的情况时，由文件主管部门填写《文件更改审批单》，按原文件批准权限批准后修改。

4.5.3 文件修改后，文件修改部门填写《文件更改通知单》，下发给各使用部门。

4.5.4 接收到《文件更改通知单》的部门应及时对该文件进行更改。更改的方式有换版、换页、划改等三种方式。更改时要确保文件清晰、正确。

4.5.5　文件发生更改应同时更替修订状态，即将 A/0 改为 A/1，依此类推。具体按表 1 执行。

4.6　文件的保存、回收、作废、销毁

4.6.1　文件持有人应妥善保管文件，防止丢失、损坏，确保文件清洁，易于识别。

4.6.2　规范化管理文件不得私自复印、划涂、外借。岗位变更或调离本单位时，应及时办理文件移交手续。

4.6.3　文件更改或换版时，必须跟踪到每份受控文件，发文部门及时收回失效文件。

4.6.4　对过期或作废的文件，由各发文部门自行销毁。如仍有保存价值，应在文件封面上注明"作废保留"标识。

4.6.5　文件归档按照本院《档案管理办法》执行。

4.6.6　政治处负责建立全院《有效文件清单》（内部）。

4.7　外来文件的控制

办公室接收到外来文件后，要采取适宜方法识别该文件的有效性，在《外来文件登记本》上登记、编号，按《文件处理单》上院领导批示的意见组织传阅、复印、分发、保存、归档，并及时填写《文件发放、回收、销毁记录》。

办公室负责建立《有效文件清单》（外部）。

4.8　电子文件的管理

4.8.1　对本院或本院各部门的文件，均可制成电子版在检察内部网上发布或传输。文件的审批、发放、更改、销毁等可不按纸制文件程序执行。

4.8.2　电子版的文件在发布时，统一由政治处在局域网上发通知，并作出必要的说明。

4.9　记录是一种特殊的文件，按 4.2.4 要求控制。

附 3：东辽县人民检察院复查刑事申诉案件工作操作规程

复查刑事申诉案件工作操作规程
JCB/DLJCY/CZG（KS）05 - B/0

1　目的

为了加强刑事申诉案件复查工作的管理，规范刑事申诉案件复查工作流程，确保刑事申诉案件复查工作依法有序地进行。

2　适用范围

适用于刑事申诉案件复查工作的管理。

3　职责权限

3.1　承办人提出处理意见、执行决定、依法对刑事申诉案件复查；

3.2　科长审查、组织讨论、提出处理意见；

3.3　主管副检察长决定；

3.4　检察长决定或提请检察委员会决定；

3.5　检察委员会决定。

4　工作流程

4.1　依据《人民检察院复查刑事申诉案件规定》等文件规定，承办人收到申诉人的刑事申诉后，填写《刑事申诉受理登记表》，对申诉材料进行审查，并分别情况予以处理。

4.1.1　对不属于本院管辖的刑事申诉，应及时移送有管辖权的人民检察院或有关部门，并通知申诉人；

4.1.2　对认为需要立案复查的刑事申诉，应同时制作《刑事申诉提请立案复查报告》，报科长审查；

4.1.3　对不需要立案复查的，应同时制作《刑事申诉审查结果通知书》，报科长审查；

4.2　科长审查，二日内提出审查意见，报主管副检察长决定。

4.3　主管副检察长二日内决定。

4.4　承办人执行决定。

4.4.1　决定立案复查的，依法开展复查工作；

4.4.2　决定不立案复查的，十日内将《刑事申诉审查结果通知书》通知申诉人。

4.5　复查工作。

4.5.1　复查刑事申诉案件，应当由两名以上检察人员进行，原承办人员不得参与；

4.5.2　应全面审查申诉材料和全部卷宗，并制作《阅卷笔录》；

4.5.3　经审查原案事实不清，证据不足或有其他需要核实的问题时，应拟定调查提纲，经科长同意后进行补充调查；

4.5.4　复查刑事申诉案件，可以询问原案当事人、证人和其他有关人员，并制作《调查笔录》；

4.5.5　对与案件有关的场所、物品、人身、尸体等的勘验、检查笔录和鉴定结论，认为需要复核时，可以进行复核，也可以对专门问题进行鉴定或补充鉴定；

4.5.6　复查刑事申诉案件，应在立案后三个月内办结。案情复杂的最长不得超过六个月；

4.5.7　经复查，原认定的事实、证据和适用法律等情况已经审查清楚；申诉人提出的新的事实、证据已经调查清楚；对事实不清、证据不足等问题，已经作了必要的补充调查。可以结案。

4.6　对复查终结的刑事申诉案件，承办人应二日内制作《刑事申诉复查终结报告》，提出是否维持原决定的意见，报科长组织科室讨论；

4.7　科长在五日内组织科室讨论，提出处理意见，报检察长决定。

4.8　检察长五日内决定或报请检察委员会讨论决定。

4.9　报请检察委员会讨论决定的，检察委员会在十日内作出决定。

4.10　承办人执行决定。

4.10.1　对不服人民检察院决定的刑事申诉案件，应制作《刑事申诉复查决定书》，并在十日内通知申诉人、原案被处理人和有关部门；

4.10.2　对不服人民法院已经发生法律效力的刑事判决、裁定的申诉，不论决定是否提出抗诉，均应制作《刑事申诉复查通知书》，并在十日内通知申诉人。需要提出抗诉的，提出抗诉意见，连同案卷一并移送审查起诉部门审查，报请检察长提交检察委员会讨论决定。

4.11　人民检察院复查刑事申诉案件终结后制作的《刑事申诉复查决定书》应当公开宣布，并制作《宣布笔录》。

4.12　复查结案后十日内，将复查终结报告、复查决定书或复查通知书、讨论案件记录的复印件报上一级人民检察院备案。

4.13　整理、收集案件复查材料，立卷归档。

5　引用文件

《人民检察院刑事诉讼规则》

《人民检察院复查刑事申诉案件规定》

《复查刑事申诉案件工作操作标准》

6　相关记录

《刑事申诉受理登记表》

《刑事申诉提请立案复查报告》

《刑事申诉审查结果通知书》

《阅卷笔录》

《调查笔录》

《刑事申诉复查终结报告》

《刑事申诉复查决定书》

《刑事申诉复查通知书》

《宣布笔录》

复查刑事申诉案件工作流程图

环节序号	步 骤	岗 位	主要内容和要求	完成时限
	开始			
1	受理	承办人	填写《刑事申诉受理登记表》，审查申诉材料，认为需要立案复查的，制作《刑事申诉提请立案复查报告》，不需要立案复查的，制作《刑事申诉审查结果通知书》，提出意见，报科长审查。	环节规定时间
2	审查	科长	科长审查，提出意见，报主管副检察长决定。	二日
3	决定	主管副检察长	决定是否立案复查。	二日
4	执行决定	承办人	1.决定立案复查的，依法开展复查工作； 2.决定不立案复查的通知申诉人； 3.复查终结后制作《刑事申诉复查终结报告》，提出是否维持原决定的意见，报科长组织科室讨论。	环节规定时间
5	提出讨论意见	科 长	在期限内组织科室讨论，提出讨论意见，报检察长决定。	五日
6	决定	检察长	检察长决定或报请检察委员会讨论决定。	五日
7	讨论决定	检察委员会	在期限内作出决定。	十日
8	执行决定	承办人	1.制作《刑事申诉复查决定书》或《刑事申诉复查通知书》，在期限内通知申诉人； 2.需要提出抗诉的，提出抗诉意见，连同案卷一并移送审查起诉部门审查。	十日
9	后续工作	承办人	1.《刑事申诉复查决定书》应公开宣布，并制作《宣布笔录》； 2.复查结案后十日内，将相关法律文书及材料复印件报上一级人民检察院备案； 3.整理、收集案件材料立卷归档。	十日
	结束			

附4：东辽县人民检察院拘留工作操作标准

拘留工作操作标准
JCB／DLJCY／CZB（FT）08－B／0

1　目的
规范拘留工作的操作，为有关操作人员提供依据，保证拘留工作质量。
2　适用范围
适用于本院反贪局拘留工作。
3　适用条件
对于已经被立案侦查的犯罪嫌疑人，符合下列条件之一的可以对其决定拘留：

3.1　犯罪后企图自杀、逃跑或者在逃的；

3.2　有毁灭、伪造证据或者串供可能的。

4　操作标准

4.1　本院决定对犯罪嫌疑人采取拘留措施的，应当将拘留通知书送达公安机关执行。本院认为确有必要的，可以派侦查人员协助公安机关执行。

4.2　因情况紧急，来不及办理手续而又必须立即对犯罪嫌疑人采取拘留措施，才能有效保证侦查活动进行的，可以先行将犯罪嫌疑人带至公安机关，同时立即办理拘留手续。

4.3　公安机关对犯罪嫌疑人执行拘留后，本院应当在自拘留后的24小时内将拘留的原因和羁押的场所通知犯罪嫌疑人的家属或其所在单位，并要求家属或单位负责人在拘留通知书上签名确认。家属或单位负责人拒绝签名的，应当在通知书上注明原因。

4.4　因为有碍侦查，不能在24小时内通知被拘留的犯罪嫌疑人家属或其所在单位的，应当经主管副检察长批准，并将原因写明附卷；因客观原因无法通知的，应当向主管副检察长报告，并将原因写明附卷。

4.5　犯罪嫌疑人是人大代表时的拘留工作：

4.5.1　本院发现决定执行拘留的犯罪嫌疑人是县级人大代表的，应当暂缓执行，并报请该代表所属的人民代表大会主席团或常委会许可；

4.5.2　本院发现决定执行拘留的犯罪嫌疑人是市级以上人大代表的，应当暂缓执行，并层报该代表所属的人民代表大会主席团或常委会许可；

4.5.3　本院发现决定执行拘留的犯罪嫌疑人是两级以上的人大代表的，应当分别按照上述规定报请所属的人民代表大会主席团或常委会许可；

4.5.4　本院发现决定执行拘留的犯罪嫌疑人是本院所处省、市以外的地区的人大代表，应当暂缓执行，并委托该代表所属的人民代表大会同级的人民检察院报告或者报请许可；担任两级以上人民代表大会代表的，应当分别委托该代表所属的人民代表大会同级的人民检察院报告或者报请许可；

4.5.5　对现行犯执行拘留，应当在执行后，立即向该代表所属的人民代表大会主席团或常委会报告；

4.5.6　对乡镇人大代表执行拘留的，应当在执行后立即报告该代表所属的人民代表大会。

4.6　在同一诉讼阶段内，拘留的最长时间不超过 10 日，特殊情况下可延长 1—4 日，期限届满的，应当立即解除拘留措施或者变更为其他强制措施。

5　拘留后的措施

5.1　本院发现有下列情形之一的，应当及时解除拘留并释放犯罪嫌疑人：

5.1.1　犯罪嫌疑人不构成犯罪或者依法不应当追究刑事责任的；

5.1.2　犯罪嫌疑人犯罪情节显著轻微，依法不认为是犯罪的。

5.2　侦查发现犯罪嫌疑人涉嫌的犯罪不属本院侦查部门立案侦查范围的，应当将线索移交相应侦查机关处理，同时解除拘留措施。

5.3　侦查部门在拘留期限内未能查清犯罪事实，需要继续侦查的，应当提请批准逮捕或变更强制措施为取保候审或监视居住。

5.4　对政协委员采取拘留的，应当将有关情况通报该委员所属的政协组织。

6　引用文件

《中华人民共和国刑事诉讼法》第 61 条、第 132 条

《人民检察院刑事诉讼规则》第 76 条—第 83 条

最高人民检察院、公安部《关于适用刑事强制措施有关问题的规定》第 18 条、第 20 条、第 21 条、第 22 条

《公安机关办理刑事案件程序规定》第 113 条

《中华人民共和国全国人民代表大会和地方各级人民代表大会代表法》第 30 条

附5：东辽县人民检察院政治处宣教科科长岗位说明书

东辽县人民检察院岗位说明书

编码：DLJCY－GW（ZZ）03－B/O

基本信息	职位名称：宣教科科长	职位编号：ZZ－03
	所属部门：政治处	编制日期：2009 年 3 月 15 日

工作关系	内部工作关系 1. 院党组 2. 纪检组 3. 反贪局 4. 反渎局 5. 办公室 6. 院内其他科室 政治处主任 → 宣教科科长	外部工作关系 1. 县委、县政府办公室、县人大办公室 2. 县委政法委、组织部、宣传部（文明办）、广电局等 3. 上级检察机关 4. 各县（区）检察院 5. 新闻媒体
职位目的	在政治处主任领导下开展各项业务和综合工作。	

主 要 职 责	工作任务及职责	负责程度 全权、负责 承办、报审	工作要求及标准
	根据政治处年度计划开展工作	承办	负责完成政治处全年宣传及干部教育培训工作目标
	一、业务工作		
	1. 宣传工作 　组织、协调全院开展宣传工作。	承办	总结、宣传我院在开展检察工作中，取得的好经验、好做法、亮点工作、典型案例和突出事迹等，及时捕捉信息并在报刊或电视等媒体发表，弘扬正气导向，努力树立新时期良好的检察形象。
	2. 教育培训 　制定每年学历教育、资格考试和分类培训计划； 　组织开展学历教育； 　协调组织本院检察人员参加司法资格考试和计算机资格考试； 　协调并组织检察人员参加上级举办的各种专项培训。		完善全院教育培训制度并进行经验总结和提出计划修订的初步方案； 　创新培训方式、开展专项培训和分类培训，根据各科室及业务部门的特点和实际需要，针对工作中遇到的新问题、新情况实施开展专项业务培训和分类培训，满足实际工作需要。

		报审	教育培训计划周密，落实有力，成效明显，分类培训切合工作实际，收到实效； 组织未达本科学历的检察人员参加本科学历教育或续职资格培训，学历教育达到大专以上学历占全院检察人员 90％的标准； 组织司法资格考试相应的实施和培训工作。
主 要 职 责	3. 承办其他业务工作 　协助开展检察文化建设； 　协助开展基层检察院建设； 　协助开展专项整改和专项教育活动； 　协助开展全院的思想政治工作； 　起草和实施全院政治理论学习计划。	承办	创新"文化育检"机制，拓宽检察文化思路，继续开展完善"学习小组"活动，参与组织开展各类文化建设活动；有力提升队伍凝聚力，形成蓬勃向上的检察文化氛围，形成"东检文化"特色； 大力加强基层院建设活动，优化整体素质结构；积极推进管理机制建设，依靠改革创新推动规范发展；全面加强检察业务建设，强化法律监督职能；开展创先活动的组织、协调、材料收集和总结工作； 根据上级机关的部署，开展"五职"教育等各项专项整改和专项教育活动。制定院各项专项整改的计划和活动实施方案；及时宣传我院在专项整改和专项教育活动中的好的做法经验及涌现出的好人好事； 深入开展学习实践科学发展观活动，推动全院党员、干部积极开展检察业务工作； 贯彻《公民道德建设实施纲要》和《检察官职业道德规范》，有具体学习教育措施，长期开展形式多样的思想道德教育活动；加强与干警联系沟通，了解其思想动态，做好思想政治工作。

	二、综合工作		
主要职责	4．廉政、勤政建设 根据上级和本院制定的各项廉政制度开展自身廉政建设。	全权	严格遵守上级和本院制定的各项廉政制度； 确保不发生违法违纪案件； 个人廉政有效投诉为零； 严格遵守考勤纪律； 上下班和参加各项活动会议出勤率达到95%； 检容风纪好。
	5．信息宣传和调研 结合本职工作开展信息宣传和调研工作； 参与完成处室年度重点调研课题。	全权	搞好本院检察信息网信息发布； 每年撰写一篇市级以上发表的调研文章。
	6．改革创新 在工作中挖掘新的增长点、提出创新建议； 参与创新项目，推进创新工作。	承办	积极参加创新工作，所提创新建议被采纳； 所参与的创新项目实效显著，创新效果为本院或市院认可。
	7．承办日常工作 按政治处领导的交办，协助落实政治处的各项日常工作； 落实上级布置的各类文字综合材料的撰写和报送。	承办	各项承办工作无差错； 无推诿、敷衍、拖延、延误交办事项的现象发生。

权限	●组织协调开展全院思想政治工作和检察宣传工作； ●加强与报刊、电视等新闻媒体的联系与协作； ●组织开展队伍教育培训工作； ●组织开展基层院建设和专项教育整顿工作； ●政治处主任根据工作需要而另行授权，行使的其他职权。

任职资格	内容	必备条件	期望条件
	一、教育水平	大学本科学历。	法学本科学士学位。
	二、工作经验	二年以上检察机关工作经验。	具有三年以上政工工作经验。

续表

	内容	必备条件	期望条件
任职资格	三、专业能力	熟悉检察业务和国家的相关法律、法规，有一定的政策、法律水平和政工工作能力。	有较高的政策、法律水平和较强的政工能力。
	四、履职能力	具有一定的沟通、协调能力和独立处理疑难问题的能力；具有一定的果断力、执行力和较强的工作责任感。	能够朝着政治处设定的工作目标果断地执行；在一定程度上能自己筹划工作开展方式，独立解决面临的困难；有一定的工作责任感、可信赖，能够自我学习、自我启发。
	五、个性与品质	忠于党和法律，遵守各项检察纪律，爱岗敬业、清正廉洁、公正执法。为人正派，办事公正。	热爱检察事业，有一定的事业心，能承受一定的心理压力。
职务等级	科长级		
转任升迁	转任本系统内同级职位 升任本系统内上一级职位		
绩效考核	此岗位人员考核标准参照此岗位七项主要职责进行。每年业务工作、综合工作和个人工作考核参见每年度签订的《一岗双责》责任状，具体考核办法执行《岗位管理考核办法》。考核的结果作为评先、表彰和晋升的标准与依据。		
责任体系	此岗位检察人员对于"负责程度"一栏内"全权"的项目负全部责任，"承办"的项目负直接责任，"负责"的项目负领导责任，"报审"负间接责任。对于以上七项职责中未达到年度考核目标或出现过失、错误情形的，按此岗位责任人所承担的责任程度追究其责任。		

第三节　规范化管理体系的运行

　　人民检察院规范化管理体系的建立标志着规范化管理工作迈出了重要的第一步，要保证体系正常有效运行并达到预期的结果，还有很多的工作要做。体系试运行的目的，主要是验证所建体系的适宜性，即文件中的规定与实际工作是否一致，职责、权限是否清楚，规定是否合理，有否重合或遗漏，接口是否明确，是否便于操作和实施，各过程是否识别，展开是否充分，各项活动实施是否通畅等。为达此目的，东辽县人民检察院及时提出了"十六字"要求，即：思想不松、组织不散、内审不断、整改不停。

思想不松：是指全院干警不能思想松懈，不能有松口气或大功告成的想法，要有紧迫感和使命感，要从思想上继续绷紧保持体系良好运行这根弦，要求趁热打铁、乘势而上，不能半途而废。

组织不散：是指院规范化管理领导小组、规范化管理办公室不能撤销，要凝心聚力，坚持不懈地努力工作，一抓到底，决不能半途而废，虎头蛇尾。试点机构是临时机构，但要长期坚持，保持稳定。

内审不断：是指针对体系运行情况，适时组织规范化管理体系的内部审核，要采取全过程集中式审核、重点部门部分审核的方式，主动发现问题，识别改进的机会，保持体系运行的良好态势。

整改不停：是除内审外，各部门要做到不堆积问题，主动地自查整改，举一反三，在规范化管理体系建立、实施和保持的过程中，边学习、边操作、边改进、边提高，在持续改进中提升检察绩效。

在这个总体要求的前提下，东辽县院管理体系试运行期间重点抓了以下几项工作：

一、全员系统学习规范化管理体系文件

为使干警了解全院的总体工作要求及如何开展体系运行，由管理者代表宣讲《管理手册》和《程序文件》，重点学习全院的质量方针和质量目标，使干警明确工作方向和奋斗目标，认识到做好本职工作与实现全院质量目标的重要性。

在此基础上，各科室分头组织学习第三层次文件，重点是本部门、本岗位使用的操作标准和操作规程。通过学习使干警进一步熟悉文件、掌握文件，并逐步养成习惯，在执法过程中落实。

二、对"两单"进一步清理、完善

"两单"是指《有效文件清单》和《记录清单》，也可称之为规范化管理体系的"两本台账"，或说受控文件清单和受控记录清单。

《有效文件清单》包括内部和外部两部分。本院制定的体系文件，为内部文件，列入《有效文件清单（内部）》中；凡体系文件中引用的法律法规、司法解释、上级院及有关部门发布的文件，为外部文件，列入《有效文件清单（外部）》中。院规范化管理办公室负责建立全院《有效文件清单》，各部门负责建立

本部门《有效文件清单》，并保存书面版本或电子版本文件原件。对文件进行清理、完善的目的，一是要继续发现、更替作废文件，二是要进一步收集、完善本院规范化管理必需的文件。

《记录清单》也包括内部和外部两部分。凡体系文件中使用的需要本院制定的记录均为内部记录，由各使用部门制定，院里统一格式和标识。凡上级院统一规定的法律文书、工作文书及相关方提供的记录为外部记录。院规范化管理办公室负责建立全院《记录清单》，各部门负责建立本部门《记录清单》，对记录进行清理、完善的目的就是要保留上级要求的，制定新增加的，修改不适用的，剔除不需要的。

三、与案件管理系统软件相结合同步运行

吉林省检察机关运行的案管系统软件是吉林省人民检察院经权威的软件公司开发设计，并经多次升级的系统管理软件。该系统带有提示的信息录入、自动生成的文书、网上审批、方便快捷的查询、及时预警及其他特有功能，在规范执法办案、推动信息化建设等方面，发挥着重要作用。在规范化管理体系试运行后，为避免"两层皮"和重复工作，东辽县院要求全院各业务部门紧密结合案件管理系统，充分利用案件管理成熟的经验做法，努力实现同步运行：一是将案件信息，按体系操作文件要求录入到案件管理系统，一律履行网上审批程序，生成规范的法律文书；二是体系文件要求制作的法律文书，而案件管理系统没有的，自制文书模版。这样，所有的文书通过案件管理系统生成，做到了科学、规范和统一。经不断探索与持续改进，目前，案管系统文书完全符合规范化管理体系的要求，二者有机地结合起来，创造了具有吉林本土特色的规范化管理体系运行模式。

四、检察文化和规范化管理"两个建设一起抓"

东辽县人民检察院的检察文化建设历经多年的实践，现已成长为吉林省检察机关一朵亮丽奇葩，内容丰富，系统完整，形式多样。规范化管理体系建设工作开展以来，院里把检察文化中的物质文化（即工作环境、人员待遇等）、行为文化（即行为规范、职业道德、习惯养成等）、制度文化（即各项规章管理办法等）、精神文化（即体现法治、检察的各种作品等）和规范化管理建设紧密结合起来，融为一体，"两个建设"一起抓，用检察文化建设推动规范化管理，通过规范化管理体系的运行和不断持续改进，形成规范管理理念，丰富了检察文化内涵。

该院遵循实践先行、理念提升的原则，提炼出检察文化建设的理念体系，充

分利用现有环境和自身条件，精心设计了检察文化走廊和检察文化大厅等文化阵地。在检察文化大厅内制作了《社会主义法治理念教育图片展》、《"五职"教育图片展》、《中外法学名人名言榜》、《智慧人生格言录》；在检察文化走廊里悬挂检察文化理念牌匾、名人格言；对会议室、健身馆、球场、图书室等部位进行文化点缀和绿化美化等；组织干警开展知识竞赛、演讲赛和丰富多彩的文体活动，举办"健康生活，快乐工作"系列讲座、文化课堂系列讲座、全员健康展示年会等系列活动；还发动干警创作了"检察官之歌"等4首歌曲，使院区环境无不充满鲜明浓厚的文化气息。通过检察文化的建设，充分发挥理念引导、氛围营造、载体锤炼、精神激励的文化育检作用，激发了全院干警的职业豪情和奋发进取的精神风貌。

五、严格内审，不走过场

为了开展好体系的内审工作，防止走过场和流于形式，检察长指定了 25 名经多次培训，具备独立开展内审工作能力的各部门负责人和内勤，经优化组合成 8 个审核小组，按院《内部审核控制程序》的要求，于 2008 年 10 月和 12 月，先后组织了两次内部审核。内审员严格依照审核准则，采取随机抽样和交叉审核的方式，对全院 15 个科、局、室进行了现场审核。内审过程中，院党组成员亲自督战，立足"找出问题，找准问题，多找问题，适时改进"的审核指导思想，内审员们认真负责，对照 GB/T 19001《标准》逐条审核，查资料，看案卷，核对相关文件、记录。为了更好地检验体系运行情况，各审核小组扩大抽样量，几乎查阅了体系运行以来的所有案卷及综合部门的工作资料，审核严谨细致，就连有一个文书承办人的名章盖倒了，都被内审员发现，提出了纠正意见。两次审核，先后共开出不合格项 51 项，观察项 4 项，提出建议 30 余项。各责任部门及时针对不合格项分析原因，制定纠正措施并组织实施。通过内审，使全院各项法律监督服务的整体水平有了较大提升，保证了体系正常有效运行。

六、开展管理评审，实现持续改进

为验证本院规范化管理体系的适宜性、充分性和有效性，检察长于 2008 年 12 月 20 日组织召开了第一次管理评审会议，识别改进的机会和变更的需要。评审会议上，各部门负责人首先汇报本部门体系运行的情况，并针对体系的适宜性、充分性和有效性进行讨论，对体系运行中存在的问题提出改进建议。检察长针对大家的讨论发言，当场协调解决问题 46 项，经党组研究解决重大问题 5 项，并作出对全院体系文件改版的决定。2009 年 3 月 15 日，院改版文件正式发布实施。改版后，体系文件更加科学、系统、规范，特别是文件的适宜性和可操作性更强，整个体系文件更趋于完善。

规范化管理体系运行工作流程图

序号	步　骤	负责人	主要内容和要求	参加人
	开始			
1	全员学习规范化管理体系文件	检察长	学习体系文件，掌握文件要求。	全体干警
2	建立文件清单和记录清单	规范化办公室	1. 识别外来文件的有效性，建立院和部门《有效文件清单》； 2. 根据上级院和本院体系运行要求，建立相关记录和院、部门《记录清单》。	有关人员
3	严格标准规范运行	检察长	1. 严格按体系文件要求，组织体系运行； 2. 结合案件管理系统抓运行； 3. 结合检察文化抓运行。	全体干警
4	严格内审不走过场	管理者代表	1. 内审员培训，组织第一、二次内审。 2. 针对内审发现的不合格，分析原因，制定措施，并实施。	内审员
5	开展管理评审持续改进	检察长	1. 检察长召开管理评审会议，各部门汇报、讨论体系的适宜性、充分性和有效性。 2. 识别改进的机会，检察长针对大家的建议，作出改进的决定并实施。	各部门负责人
	结束			

第四节　规范化管理体系建立和运行中
需要解决的几个问题

人民检察院开展规范化管理机制试点工作，是一项全新的系统工程，时间长、任务重、难度大、涉及面广，在体系的建立、实施和保持的过程中，难免出现这样或那样的问题，需要院领导正确引导，科学决策，需要全院干警提高认识，充分参与，积极投入。

一、认识问题

面对规范化管理这一新生事物，试点之初由于种种因素影响，干警队伍中存在着不同的认识：一是认为检察机关履行法律监督职能，有科学规范严谨的法律依据，没有必要搞创新；二是认为 ISO 9000 族标准晦涩、难懂，没法掌握，不会应用；三是认为涉及面广，工作量大，尤其是基层检察院办案任务重，要真正做到试点工作和业务工作两不误很难。为了解决上述认识问题，院领导采取了以下一些对策：

1. 统一思想，提高认识。对全院干警进行开展规范化管理重要性和紧迫感的教育，澄清干警思想上的一些模糊认识，引导干警克服困难，树立必胜信心。

2. 全力培训，答疑解惑。聘请咨询专家来院指导培训，将规范化管理体系理论知识与《指导性标准》进行全程指导，并重点讲解体系建立、运行过程中疑难问题，解决干警对 ISO 9000 族标准难于理解、不会操作等问题。

3. 领导带头，率先垂范。领导重视，特别是检察长的决心和强有力的推进，是确保规范化管理体系建立、实施和保持的关键。院领导把这项工作当做一项党组工程来抓，当做"强检兴院"的一件大事摆在突出位置。院领导直接编写、审查、把关职责范围内的体系文件，参与指导分管系统体系的建立和运行，会同分管部门一道接受内审，为全院干警起了表率和带头作用。在全院规范化管理体系建立的关键时刻，院领导多次针对发现的问题召开专门会议，商讨解决的办法，提出指导意见，充实、调整有关人员，协调有关事项。

认识是一个渐进的过程，经过不断培训、不断学习、不断实践，认识才能不断提高，才能将先进的管理理念、管理方法融入到工作中，才能规范检察行为，提高管理水平。

二、培训的方式和时机

对干警进行培训，是人民检察院建立规范化管理体系过程中必不可少的步骤。选择什么方式培训，何时组织培训，培训解决哪些问题，将直接影响体系的建立、实施和保持。本院重点抓了以下三个环节培训：

1. 试点前的培训。一是试点之初，体系建立前，选派两名院领导和一名科长在省院的带领下到第一批试点院——吉林省松原市乾安县院进行了专门学习考察，了解兄弟院的经验做法；二是选派两名副检察长参加高检院在湖南长沙召开的第二批规范化建设试点院座谈会的学习交流，对 ISO 9000 族标准知识和高检院《指导性标准》进行了初步了解和学习，掌握第一手学习资料和全国检察机关规范化建设的最新前沿动态；三是将两次考察学习情况分别在院党组会和中层干部会上进行宣贯，使院中层以上干部在头脑中形成初步印象，思想上达成共识。

2. 体系建立过程中的培训。一是在本次规范化管理工作试点动员后，聘请高级咨询师对全院干警进行 GB/T 19001 标准要求和体系文件编写要求的培训，通过系统讲解、重点辅导、课堂互动、考试过关、解答疑难等方式，使全院干警在短时间内对 GB/T 19001 标准的理解和掌握，有了长足进步；二是由专家在全员培训的基础上，对院党组成员和 25 名内审员进行专门培训，使他们进一步掌握 GB/T 19001 标准的理论精髓，搭建起了骨干队伍，为推进各部门编写体系文件和体系有效运行奠定坚实基础；三是在编写体系文件时，由专家对管理者代表和规范化管理办公室的 5 名同志进行重点培训、指导，详细讲解高检院《指导性标准》关于文件结构和格式等要求，对全院参与编写体系文件的人员进行辅导，努力找准与东辽检察工作的结合点。

3. 体系运行中的再培训。一是派管理者代表参加了高检院组织的内审员培训班，接受高层次、系统的内审员知识培训；二是在组织内审前，由指导老师对 25 名内审员进行内审知识培训，使内审员掌握了内审的相关知识；三是在内审后，针对内审存在的问题，院领导决定由管理者代表组织全院内审员集中进行了为期一周的系统培训，培训采取了讲解、座谈、讨论等方式，扎扎实实地解决了一些运行中遇到的实际问题；在此基础上，为强化推进，又将全院干警组成自侦组、刑检组、综合组三个学习小组，由分管领导组织对相关法律知识、体系文件要求等内容分别进行强化培训；四是参加高检院对松原市乾安县院复审和本省白山市靖宇县院审核的现场观摩，近距离感受高检院现场审核的相关情况，利用高检院现场审核验收机会，向高检院审核组成员虚心请教、充分沟通、学习交流。回院后，按照学习到的高检院审核方法，对全院内审员进行针对性培训。

通过上述多种形式的培训，使试点之初和体系运行过程中存在的问题逐步得到解决，不仅确保了规范化管理体系正常有效运作，还培养了一批懂规范化管理和检察业务的骨干管理人才。第二次内审时，所有内审员都能按照 GB/T 19001

标准和高检院要求，熟练、独立地进行审核。

三、体系文件建立过程中需要注意的问题

在整个体系的建立和运行过程中，编写和修改体系文件是其中最为复杂，工作量最大，遇到的困难最多，质量要求又最高的一个过程。体系文件编写和修改质量直接影响整个体系能否充分、有效、顺利运行。如何才能编写出高质量的体系文件，以下几点要引起足够重视：

1. 要保持文件之间的一致性。这一点尽管 GB/T 19001 标准 7.1 条有要求，但由于体系文件较多，起草人员各有分工，加之文件审查时横向沟通有限，有可能针对同一事件的描述，这里这么讲，那里那么说，甚至彼此矛盾。所以在文件的编写过程中，应注意各层次文件、同层次文件之间，特别是描述同过程的文件之间，如标准、规程和流程图内容要相一致。

2. 防止"两层皮"，增加工作负担。人民检察院建立规范化管理体系的目的，是引导和规范各项法律监督服务，把复杂的工作简单化，无序的工作程序化，日常的工作规范化，最终实现管理科学化。在编写体系文件的过程中，要紧密结合工作实际，保留原有的成熟经验和做法，切忌不顾检察工作实际另搞一套，增加工作负担。

3. 防止"闭门造车"和"照搬照抄"两种错误做法。高检院《指导性标准》和主要业务工作操作文件范本，是各级试点院编制体系文件的重要依据。试点院在编写体系文件过程中，要充分借鉴，既不能抛开标准，搞独创，更不能不顾实际照搬照抄，导致体系文件与实际脱节，无法使用。

4. 引用有效文件，防止使用作废文件。体系文件建立前，要对原有的文件进行清理，采取适宜方法对其有效性进行确认，形成《有效文件清单》；体系运行的过程中，还要经常关注所使用文件的有效性，并及时更替，防止因使用作废文件导致执法错误。同时应及时将新颁布的法律法规写进体系文件中，确保使用的体系文件是有效文件。

5. 不得降低法律标准，要走出"写你所做的，做你所写的"误区。有法必依，执法必严，坚持法律标准，是实行规范化管理的前提，不得以"结合实际"和"写你所做的，做你所写的"为借口，降低法律标准要求。

6. 建立可操作性强的队伍管理、事务管理操作文件。实行规范化管理，不仅要规范检察业务，同时还要规范检察队伍、检察事务，不能有所偏废。但队伍管理、事务管理没有可借鉴的成型经验，各院情况又有所不同，这就要求综合管理部门要结合本部门工作实际，结合上级文件规定，对原有的管理制度和管理办法进行认真的梳理，形成适用性、可操作性强的操作文件，尽量涵盖队伍管理、

事务管理的每个方面，并逐步完善。要纠正过去那种无法实施、无法考核、流于形式的做法。

7. 把握接口问题。实行规范化管理，就是运用过程管理、管理的系统方法，使各个过程、各个部门、各个环节紧密相连、一致协调、相互促进。所以在编写文件过程中，要注重各业务部门之间，各业务部门与综合部门之间的衔接问题，要采取主动，相互沟通，做好衔接，防止因接口不畅或未作规定，影响体系正常运行。

四、如何接受审核

1. 认真对待，充分准备

（1）各部门负责人在接受内审之前，应重温院《管理手册》中的《职能展开分配表》，对本部门接受现场审核的必查条款、相关条款做到心中有数，必查条款重点准备，将必查条款、相关条款分别落实到人头，各负其责，不清楚的应多看看本院《管理手册》中对应条款的内容，以便加深对迎检条款要求的理解。

（2）各部门负责人迎检前，可对照审核条款准备简要的回答提纲和书面汇报材料，内容包括本部门的职责、岗位设置、人员分工、前一阶段的主要工作、取得的效果和存在的不足。

（3）按审核计划中确定的审核时间和范围，准备该时间范围内的与本部门提供的法律监督服务有关的证实。包括部门职责、工作目标及完成情况，工作的依据和相关证实等。主要材料有：案卷、文书记录，工作总结；上次审核开具的不合格及纠正情况；本部门有效文件清单和记录清单；外来文件、管理手册、程序文件、操作文件等。

（4）各部门的迎检资料应按条款分类装盒（夹），规范标识，摆在指定位置，什么资料在哪个盒，存放在哪里，迎检人员应做到心中有数。

2. 积极配合，主动沟通

各部门接受现场审核时要态度端正，积极配合，尽可能提供有效运行的证据，把接受审核的过程当作学习提高的过程，对不清楚的问题或有争议的问题，要主动与审核员沟通，并做好记录。

3. 正确对待，持续改进

审核主要是寻找规范化管理体系运行的有效证据，同时发现存在的不足。有问题是正常的，规范管理的目的就是发现问题持续改进，不要怕暴露问题，要以宽广的胸怀去面对，尤其要认识到帮助我们查找出问题，是对我们体系持续改进、提升绩效的巨大支持。对审核员开具符合事实的不合格项，要正确认真对待，并及时予以纠正。

人民检察院规范化管理建设试点工作的开展，有力地推进了东辽县人民检察院的创新发展、和谐发展与科学发展，整体工作走在全省基层院前列。2008 年第三次被评为全省先进基层院，并获得全省"十佳检察院"称号，2009 年年初被评为第三届"全国先进基层检察院"。2009 年 6 月，被辽源市委授予"优秀基层党组织标兵"称号，被吉林省委、省政府授予文明单位称号。目前，该院正在朝着高检院提出的"四化"和建设"思想政治坚定、执法能力过硬、队伍素质精良、管理机制健全、检务保障有力、社会形象良好"的基层检察院的目标迈进。

第五章　规范化管理体系的内部审核

第一节　审核的基本概念与分类

一、与审核有关的术语

为了有效地开展人民检察院规范化管理体系内部审核，内审员应了解与审核有关的术语和基本原则，并将其灵活地应用于人民检察院规范化管理体系内部审核（以下简称内审）过程中。现将与人民检察院规范化管理体系内部审核有关的术语介绍如下：

1. 审核

审核的定义：为获得审核证据并对其进行客观的评价，以确定满足审核准则的程度所进行的系统的、独立的并形成文件的过程。

（1）系统性

审核的系统性体现：

——审核包括文件审核和现场审核，文件符合后才进行现场审核；

——审核前应进行策划（编制审核方案和实施计划、下发审核通知等）；

——审核按计划和检查表进行；

——审核后应作出审核结论，形成审核报告。

（2）独立性

审核的独立性体现：

——审核是被授权的活动，应在授权后进行；

——审核员按审核计划内、检查表审核，独立工作，不受任何干扰；

——审核员遵守审核员行为规范。

（3）客观性

——审核员不能审核自己所在部门的工作，与受审核活动无直接利害关系；

——审核员将收集到的证据对照审核准则公正、客观地作出审核结论；

——审核是一个获取审核证据的过程，通过审核确定所获取的审核证据满足审核准则的程度及是否需要采取措施，予以预防、纠正或改进等。

2．审核准则

审核准则的定义：一组方针、程序或要求。也可以说是用做与审核证据进行比较的依据。人民检察院规范化管理体系审核准则包括：

（1）GB/T 19001－2008《质量管理体系　要求》（它是外审的主要准则）；

（2）《人民检察院规范化管理体系指导性标准》；

（3）人民检察院规范化管理体系文件（包括管理手册、程序文件、操作标准、操作规程、管理办法或制度、记录等）；

（4）适用于人民检察院法律监督服务的法律法规、司法解释及相关外来文件。

3．审核方案

审核方案的定义：针对特定时间段所策划并具有特定目的的一组（一次或多次）审核。其内容包括策划、组织和实施审核的所有活动。

4．审核计划

审核计划的定义：对审核活动和安排的描述。它是对某一次具体审核活动和安排的描述。

5．审核范围

审核范围的定义：审核的内容和界线。

注：审核范围通常包括对受审核组织的实际位置、组织单元、活动和过程，以及审核所覆盖的时期的描述。

6．审核证据

审核证据的定义：与审核准则有关的并且能够证实的记录、事实陈述或其他信息。审核证据可以是定性或定量的。审核证据包括以下方面：

（1）存在的客观事实，实际观察、测量的结果，包括实物、现场实际操作等（做的）；

（2）受审核方相关人员的陈述（说的）；

（3）现行有效的文件和记录（记的）。

审核证据应是真实的、客观存在的、可追溯的。审核获得的审核证据是建立在获取的信息的样本基础上。

7．审核发现

审核发现的定义：将收集到的审核证据对照审核准则进行评价的结果。

审核发现应包括符合的事项、不符合的事项和需改进的事项，即合格项、不合格项、观察项。

8．审核结论

审核结论的定义：审核组考虑了审核目的和所有审核发现后得出的审核结果。审核结论回答对受审核方规范化管理体系符合性和有效性及改进的需求。

9. 内部审核

内部审核的定义：人民检察院以自身名义依据审核准则，对本院规范化管理体系进行系统的、独立的检查，从而获得证据并对其符合性、有效性进行客观的评价和识别改进机会的过程。

10. 内部审核员

人民检察院的内部审核员是指经过培训和授权，有能力实施内部审核的人员，简称为内审员。下列人员均可成为内审员：

——接受过内审知识的培训并考试合格，经人民检察院检察长或管理者代表授权的人员；

——经最高人民检察院认可的机构组织的内审知识培训并取得相应资格的人员；

——通过国家有关部门组织的培训考试，取得国家注册实习审核员以上资格的人员。

11. 管理者代表

由最高管理者（检察长）指定（或任命）的院领导层中一名全面负责本院规范化管理体系建立、实施和保持的管理者。

二、审核的分类

人民检察院规范化管理体系审核可根据不同的审核目的，按审核对象、审核方、审核范围和审核方法进行分类。

1. 按审核对象

按审核对象可分部门审核和过程审核两种。

（1）部门审核：依据部门法律监督服务有关的准则对某个部门提供的法律监督服务进行单独评价的活动；

（2）过程审核：针对人民检察院法律监督服务的某个或几个过程进行的审核。

2. 按审核方

按审核方可分第一方审核、第二方审核和第三方审核三种。

（1）第一方审核：由人民检察院以自身名义对人民检察院规范化管理体系进行的审核。审核员一般是人民检察院内部的，第一方审核又称内部审核；

高检院组织内审员对规范化管理机制试点院进行审核验收是第一方审核的一种特殊形式。

（2）第二方审核：由人民检察院的顾客（接受人民检察院法律监督服务的单位或个人）对人民检察院规范化管理体系进行的审核；

第二方审核这种业务目前国内尚未开展起来。国外已有委托代理审核机构。

（3）第三方审核：亦称外审。是由独立于第一、二方以外的与第一、二方既无行政上的隶属关系，也无经济上的利益关系的一方，且具有一定资格，并经一定程序认可的机构派出的审核员，按审核准则对人民检察院规范化管理体系进行的审核。

3. 按审核范围

按审核范围可分完整审核、部分审核和跟踪审核三种。

（1）完整审核：对人民检察院规范化管理体系涉及的所有过程、部门和场所进行的全部审核；

（2）部分审核：对人民检察院规范化管理体系中某些过程、部门和场所进行的审核；

（3）跟踪审核：主要是针对审核发现的问题采取的纠正措施进行评审、验证，确定其实施是否有效，不合格产生的原因是否消除所进行的后续审核。

4. 按审核方法

按审核方法可分集中式审核、滚动式审核（阶段式审核）两种。

（1）集中式审核：是在某一时间内对人民检察院规范化管理体系涉及的所有过程、部门和场所全部审核一次。审核后对不合格的纠正及验证限定时间完成。此种方式的审核，一般是在新建规范化管理体系后，或迎接上级院验收时，或迎接第三方审核前，或领导认为有必要时进行；

（2）滚动式审核（阶段式审核）：将整个审核活动分期分批进行，每次审核只选择某一项或某几项法律监督服务活动涉及的过程或部门，最后将规范化管理体系涉及的全部活动、过程审核一遍。

第二节 内部审核的策划及准备

一、内部审核的策划

1. 年度内审工作的策划

人民检察院在确定规范化管理体系年度内部审核工作之前，应对全年内审工作进行策划，策划可按人民检察院规范化管理体系《内部审核控制程序》的规定进行。策划的结果应形成书面文件，即：《20××年内审工作方案》或《20××年规范化管理体系运行工作安排》，并得到批准。

（1）策划的目的：

——保证全年内审工作得到落实；

——使内审工作的实施有计划地进行；

——为审核组长编制审核计划内提供依据。

（2）策划的内容：

——内审的目的、准则、范围；

——全年内审的频次及时间安排；

——每次内审采取的方法（集中式、滚动式）；

——内审涉及的过程、部门、场所。

（3）策划时应考虑下列因素：

——拟审核的过程、部门、区域的状况和重要性；

——以往审核的结果；

——审核目的的需要；

——相关法律法规的要求；

——上级或其他相关方要求。

2. 内部审核的目的

内部审核是用于评价人民检察院规范化管理体系运行状况的重要方法，其目的是：

（1）评价人民检察院规范化管理体系的符合性；

（2）验证人民检察院规范化管理体系是否持续满足规定的要求，并有效运行；

（3）及时发现人民检察院规范化管理体系运行中存在的问题，推动内部持续改进；

（4）作为人民检察院自我合格声明的基础，为接受第二、三方审核或上级院检查、验收做准备。

3. 内部审核的准则

内部审核的准则包括：

（1）GB/T 19001 - 2008《质量管理体系 要求》；

（2）《人民检察院规范化管理体系指导性标准》；

（3）人民检察院规范化管理体系文件；

（4）适用于人民检察院法律监督服务的法律法规、司法解释及有关外来文件。

4. 内部审核的时机

审核的时机是指何时进行审核为宜。审核的时机，可根据人民检察院规范化管理体系运行状况、上级院和相关方要求或某一特定目的的需要来加以确定。

（1）人民检察院按年度审核计划的安排对本院规范化管理体系进行的审核，可以采用完整审核或部分审核的方式进行。下列情况可进行完整审核：

①人民检察院规范化管理体系文件发布、实施三个月或半年时间后；

②人民检察院为了迎接高检院规范化管理体系现场验收前；

③人民检察院为了迎接第三方认证前。

如果因某些原因不能进行完整审核，需要分阶段进行审核时，可以采取部分审核的方式进行，也可以针对部分过程或部门进行审核，但每年至少应对人民检察院规范化管理体系所有部门和过程全部审核一次。

（2）特殊情况审核。下列情况应适时增加审核：

①上级检察院有要求时；

②人民检察院的领导层、内设机构、人员或质量方针、质量目标有较大变化时；

③人民检察院规范化管理体系建立依据的标准换版时；

④人民检察院法律监督服务过程中，出现严重的工作失误，人民群众满意程度下降，或有严重投诉等情形。

5. 内部审核频次

正常情况下，人民检察院规范化管理体系的完整审核每年至少进行一次。确定各部门或过程的审核频次时应考虑以下因素：

（1）以往审核的结果和审核中发现问题的严重性；

（2）该部门对人民检察院法律监督服务质量影响的重要性；

（3）该部门法律监督服务活动的复杂程度、难易程度及目前运行状况。

二、内部审核的准备

1. 内审前的准备

人民检察院在对规范化管理体系实施内部审核之前，应做好以下准备工作：

（1）成立审核小组，确定内审员；

（2）编制审核计划；

（3）下发审核通知；

（4）收集、查阅有关文件；

（5）编写审核检查表（即审核检查提纲）；

（6）文件审核。

2. 成立审核组，确定内审员

审核组由人民检察院参加过内审知识培训取得合格资格且经过授权的内审员

组成，由管代本人或由其指定一名内审员任审核组长。审核组至少由 2 名以上内审员组成。

（1）审核组长的主要职责：

① 全面负责审核组工作，组织和指导审核组成员完成审核任务；

② 编制本次审核的计划，组织文件审核（首次内审前）；

③ 主持首、末次会议；

④ 按计划控制和协调内审活动；

⑤ 召开审核组会议，沟通审核情况；

⑥ 组织审核组成员评审审核发现，作出审核结论；

⑦ 代表审核组与受审核方领导沟通；

⑧ 编写、提交审核报告。

（2）内审员的主要职责：

① 按审核计划的安排，熟悉有关文件，编写审核检查表；

② 参加首、末次会议；

③ 按审核检查表进行现场审核；

④ 参加审核组沟通会，报告审核发现，参与审核结论的评价；

⑤ 根据沟通结果，编写不合格项报告；

⑥ 协助审核组长和其他内审员完成审核任务；

⑦ 跟踪、验证所采取的纠正措施的有效性。

3. 编制审核计划

（1）审核计划是依据年度审核方案，针对某次具体审核活动和安排作出的描述，是实施审核的指导性文件，一般由组长制定，经管理者代表批准后实施。审核计划应包括以下内容：

① 审核的目的；

② 审核的准则和范围；

③ 审核组成员及分工；

④ 审核日程及受审核部门；

⑤ 首、末次会议的安排；

⑥ 各项主要审核活动计划日期等。

（2）编制审核计划应注意以下几点：

① 一般情况下可按部门编写，注明该部门涉及的活动或过程，包括法律监督服务提供过程和支持过程；

② 确定各部门的审核条款时，应与本院《管理手册》中的《规范化管理体系职能分配表》规定的部门职能相一致，可以先查 5.5.1（职责）、5.4.1（目

标），再查主控条款，最后查相关条款；审核计划中部门受审核的条款也可以按共性条款和个性条款来编制；

③ 应考虑审核部门对法律监督服务有较大影响的过程；

④ 应覆盖人民检察院规范化管理体系涉及的所有部门、场所；覆盖人民检察院法律监督服务所有过程、活动；覆盖 GB/T 19001 - 2008 标准的所有条款；

⑤ 内审员的分工应考虑内审员的专业能力，内审员不能自己审自己；

⑥ 人民检察院领导层也是被审核对象。

《内部审核实施计划》见表 1。

表 1 ××人民检察院规范化管理体系内部审核实施计划

审核目的	评价××院规范化管理体系的符合性和有效性。				
审核准则	GB/T 19001 - 2008《质量管理体系 要求》；《人民检察院规范化管理体系指导性标准》；××人民检察院规范化管理体系文件；适用于人民检察院法律监督服务的法律法规、司法解释及有关外来文件。				
审核范围	本院法律监督服务涉及的所有过程、部门和场所。				
审核时间	20××年××月××日—20××年××月××日				
审核方法	集中全院内审员采取随机抽样的方法对本院法律监督服务涉及的所有过程、部门、场所进行一次性审核。				
审核组成员	姓　名	性别	审核职务	工作部门	内审员编号
	赵××	男	组长	政治处	A
	钱××	男	组员	办公室	B
	孙××	男	组员	反贪局	C
	李××	男	组员	反渎局	D
	周××	男	组员	侦监科	E
	吴××	女	组员	公诉科	F
	郑××	女	组员	控申科	G
	王××	男	组员	民行科	H
	卢××	男	组员	监所科	I
	孙××	女	组员	法警大队	J
	刘××	女	组员	案管办	K
	姚××	男	组员	政治处	L

审核日程安排

日期/时间	部门场所	条款/过程/活动	审核员
××年×月×日 8：00－8：30	全院	首次会议	全体
××年×月×日 8：30－11：30	公诉科	5.5.1、5.4.1、4.2.3、4.2.4 5.2、5.3、5.5.3、5.6、6.2 6.3、6.4、7.1、7.2 7.5.1－7.5.5、8.2.3、8.2.4 8.3、8.4、8.5.2、8.5.3	C F
××年×月×日 8：30－11：30	反贪局	同上	D F
××年×月×日 13：30－17：30	反渎局	同上	G E
××年×月×日 13：30－17：30	侦监科	同上	K I
××年×月×日 8：30－11：30	控申科	同上	L B
××年×月×日 8：30－11：30	民行科	同上	D J
××年×月×日 13：30－17：00	监所科	同上	B C
××年×月×日 13：30－17：00	政治处	5.5.1、5.4.1、4.2.3、4.2.4 5.5.3、5.6、6.2、6.3、6.4、8.2.1、 8.2.2、8.2.3、8.5.2、8.5.3	B E
××年×月×日 8：30－11：30	办公室	5.5.1、5.4.1、4.2.3、4.2.4 6.3、6.4、7.4、7.6、8.2.3、8.3、 8.4、8.5.2、8.5.3	C L
××年×月×日 8：30－11：30	检委办	5.5.1、5.4.1、6.2 6.3、6.4、7.2、8.2.3、8.2.4、8.3、 8.5.2、8.5.3	H I
××年×月×日 8：30－11：30	法警大队	同上	F H
××年×月×日 13：30－17：00	案管办	同上	K G

续表

日期/时间	部门场所	条款/过程/活动	审核员
××年×月×日 8：30 – 11：30	院领导	4.1、4.2.1、4.2.2、5.1 – 5.6 6.1、8.1、8.5.1	L J
××年×月×日 13：30 – 15：00		审核组会议	内审员
××年×月×日 15：00 – 16：00		与院领导沟通	审核组
××年×月×日 16：00 – 16：30		末次会议	全体

注1：条款/过程/活动应与院职能分配表一致。

注2：画横线的条款为必查条款。相关条款可随机地从简审核。

编制人（组长）/日期：　　　　　　　审核人/日期：

4. 下发审核通知

审核是一项系统活动。审核组在实施内审前应通知受审核部门，一般以书面形式下发审核通知，同时下发《内部审核计划》，内容包括审核的目的、准则、范围、日程、审核人员及要求等。审核通知应提前一周发给受审核部门或单位。目的是让受审部门做好充分准备，在审核前对照准则要求组织自查，这样有利于双方协调配合，推动内部改进，确保审核顺利进行。

5. 收集、查阅有关文件

为了确保审核顺利进行，内审员接受审核任务后，应在内审之前收集、查阅与审核分工有关的文件，包括审核准则、相关法律法规、与审核的证据有关的文件等，以便提前了解受审方与审核有关的情况，为实施现场审核争取主动。

6. 编写审核检查表

检查表是实施内审前必须准备的一个重要工作文件。为了提高审核的有效性和效率，内审员在审核前应按审核计划的分工，依据审核准则的要求编写审核检查表，确定检查的有关内容及抽样计划（检查表分过程检查表和部门检查表两种）。

（1）检查表的作用：

① 明确审核目的、要点和方法，确保审核覆盖面；

② 指导审核过程，控制审核进度，防止审核重点转移；

③ 减少重复工作量，提高审核效率；

④ 作为审核的记录存档，为规范化管理体系运行提供证实。

（2）检查表的编写要求：

① 依据审核准则编写。人民检察院规范化管理体系内部审核的主要准则是GB/T 19001 – 2008 标准和《人民检察院规范化管理体系指导性标准》，所以内审员在编写检查表时，应按上述标准的要求逐条细化检查内容，以防止检查内容的遗漏或偏离审核准则。

② 结合受审核部门的特点选择典型的内容。部门不同所承担的过程、职责和工作内容也是不同的。对象不同审核的内容也不一样。对综合管理部门的审核应侧重于检察队伍、检察事务规范性管理，业务部门应根据提供的不同法律监督服务的内容确定，所以，内审员在编写检查表时应对照人民检察院的《规范化管理体系职能分配表》编写，切忌张冠李戴。同时，应注意选择典型的且有代表性的内容，细微末节的可略去。

③ 根据拟审核的项目和需获得的审核证据考虑抽样量，抽样应有代表性。在审核过程中，受审方有的客观证据样本很多，如案卷、文书、相关法律文件、记录等，内审员要在有限的时间内全部查到是相当困难的，也没有必要。审核本身就是一个抽样过程。内审员要想在短时间内获得有代表性的客观证据，应根据受审核方提供的样本总量的多少确定抽样量，抽样量取决于被审核活动或过程的复杂程度，以及审核员从获得的样本处所能得到的信息质量，同时还应考虑抽样量的适宜性对审核结果的影响。一般情况下最少抽 2 至 3 个，可灵活掌握，不设上限。抽样应有代表性，考虑样本的状况，包括类别、名称、时间等。如文件的抽样应考虑内部文件、外来文件，同时，还应考虑受审核部门法律监督服务的特性、服务类别等情况。如侦查监督科提供的法律监督服务是批准或决定逮捕，在对此部门抽样时就要有针对性地分别抽取批准逮捕（或决定逮捕）、不批捕、立案监督、未成年犯罪等类别案件进行审查。审核过程中，抽样是否合理取决于内审员的审核技巧和能力水平。

④ 抽样内容应有可操作性。现场审核能否顺利进行，与审核内容和抽样计划的可行性有直接关系。所以在确定检查表的内容和抽样计划时应考虑现场审核时是否可行，审核时间应留有余地，一旦需增加审核内容或审核深度时不再修改审核计划或延长审核时间。审核内容应有可操作性，问谁、问什么、抽什么样本、抽多少、查什么内容等都应描述清楚，同时还应考虑客观因素（天气、交通工具等）影响，尽可能地发挥审核检查表指导现场审核的作用。

⑤ 按部门审核时应包括部门涉及的主控过程和相关过程，按过程审核时应包括过程涉及的部门。按部门审核时内审员可以集中一段时间，一次性地查完该部门涉及的所有过程，从而提高审核效率，节省时间，部门不重复，大多数内审员习惯于此种做法，但这种审核方法的缺点是活动和过程的连贯性较差。按过程审核时，内审员的思路较清晰，易发现"接口"问题，过程的连续性较好，不

易漏项，但若一个过程涉及几个部门时，需在部门之间往返，不但费时而且对方也不易于接受。不管采用哪种方法，按部门审核不应丢掉部门涉及的过程，按过程审核时应注意过程涉及的部门。

⑥ 内审员在实施人民检察院规范化管理体系内部审核前可以单独编写《内审检查表》，见表2，也可以将检查的内容列入《审核记录》的审核方法及内容栏目中。由于后者便于内审员现场审核时对照，因此，在审核过程中得到广泛应用。

表2　　　　××院规范化管理体系内审检查表（审核提纲）

编码：　　　　　　　　　　　　　　　　　　　　　　　No.

审核部门		审核时间		审核员		审核组长	
受审核部门涉及的标准条款：							

序号	标准条款	审 核 方 法 及 内 容

保存期：三年

7. 文件审核

首次进行人民检察院规范化管理体系内部审核之前，内审员应当对受审方的规范化管理体系文件进行审核，也称文审。审核的体系文件主要有质量方针、管理手册、程序文件、操作文件等。文审内容包括：文件是否符合 GB/T 19001 – 2008 标准和《人民检察院规范化管理体系指导性标准》要求，文件之间接口是否明确，内容是否协调、适宜等。发现不符合要求的地方，内审员应做好审核记录，采取适宜的方式与受审核方沟通，以便其整改。文件审核的结论包括以下三种情况：文件基本符合标准要求，可以进入现场审核。文件局部不符合标准要求，需对不符合处进行修改，结合现场审核验证。文件不符合标准要求，不能进入现场审核。

除首次内审外，其他情况内部审核时，可根据实际情况的需要考虑文件审核与否。

《文件审查记录》见表 3。

表 3　　　　　　　××院规范化管理体系文件审查记录

编码：　　　　　　　　　　　　　　　　　　　　　　　　No.

受审核方名称	××人民检察院		
序号	审查的文件名称及章节号	不符合事实	涉及的准则名称、条款

保存期：三年

第三节 内部审核的实施

内部审核的准备工作完成后，内审员就应按审核计划的安排，进入现场审核。现场审核从召开首次会议开始，到召开末次会议结束，其过程可以用以下流程图表示：

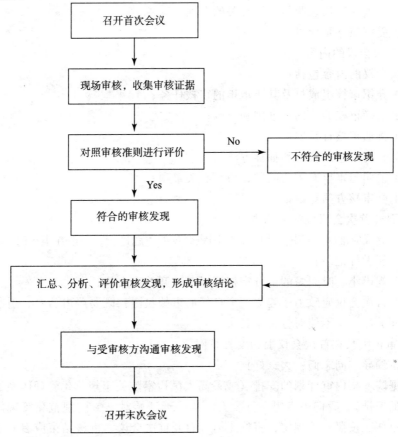

一、召开首次会议

首次会议是实施现场审核的开始，是审核组成员、受审核方领导和有关人员参加的会议。首次会议由审核组长主持，有关人员参加并签到。

1. 首次会议的作用

（1）向受审核方传达审核计划；

（2）介绍审核的目的、准则、范围、方法和程序；

（3）提出与审核有关的要求；

（4）澄清与审核有关的问题，协调有关事项；

（5）通过首次会议，使审核组与受审核方就审核的事项达成一致。

2. 首次会议的议程

首次会议主要有以下三项议程：

（1）双方作自我介绍；

（2）由审核组长说明与审核有关的事项；

（3）受审核方领导讲话。

3. 首次会议的内容

首次会议的内容包括：

（1）介绍审核组成员及其所承担的审核任务；

（2）明确审核的目的、准则和范围；

（3）沟通审核日程安排；

（4）介绍审核的程序和抽样方法；

（5）说明与审核有关的问题，协调有关事项；

（6）受审核方领导讲话。

4. 召开首次会议应注意的事项

（1）会议应准时、简短、明了，应围绕会议的主题进行，一般在半小时左右；

（2）要做好记录；

（3）规模小、时间短的部分审核可以不召开首次会议；

（4）首次会议应致力于建立一个良好的审核氛围，既要严肃认真，引起对方的重视和关注，又不使对方过于紧张。

5. 审核组长在首次会议上的发言举例

各位领导、同志们：大家好！

根据院本次内审计划的安排（或最高人民检察院关于规范化管理体系试点工作验收的安排），我们内审组一行×人，从今天开始对××院规范化管理体系进行现场审核。按照有关规定，审核之前应召开首次会议，审核结束应召开末次会议，首、末次会议均由审核组长主持。

下面召开本次现场审核首次会议。

首次会议共有三项议程：一是双方作自我介绍（如果内审员是本院的干警可省略此项议程）；二是由审核组长向受审核方介绍本次审核的有关情况；三是请受审核方领导讲话。

下面进行第一项议程，双方作自我介绍。审核组长介绍每位内审员，受审核方的检察长介绍院领导及各部门负责人（双方介绍的目的是为了便于现场审核顺利进行）。

下面进行第二项议程，由我向大家介绍本次审核的有关情况：

（1）审核的目的：评价××人民检察院规范化管理体系的符合性和有效性，为最高人民检察院规范化管理体系试点工作现场验收做准备或为迎接第三方审核做准备或其他目的（此条可根据实际内审的目的描述）。

（2）审核的准则：

① GB/T 19001－2008《质量管理体系 要求》；

②《人民检察院规范化管理体系指导性标准》；

③ ××人民检察院规范化管理体系文件；

④ 适用于人民检察院法律监督服务的法律法规、司法解释及其他外来文件。

（3）审核的范围：××人民检察院法律监督服务涉及的所有过程、部门和场所。

（4）沟通审核日程安排和审核员分工（对照《审核计划》讲完后，应征求受审核方意见）。

（5）审核的程序、方法：内审员将采取询问、倾听、查阅、核对、观察等方法进行随机抽样，通过随机抽样寻找规范化管理体系运行符合审核准则的有效证据，包括受审核方回答的、记录的和提供的法律监督服务实际做法、现场操作。审核获得的是有效客观证据，而不是专门寻找不合格，希望各部门配合审核组工作，提供规范化管理体系运行的有效证据。内审员将尽可能收集有代表性的样本，使审核结论更准确、客观、公正。审核过程中内审员可能要发现存在的不合格，不合格性质分为一般和严重两种，一般不合格是指影响轻微的、个别、偶然、孤立的未满足要求；严重不合格是指规范化管理体系出现系统性失效，对法律监督服务质量或规范化管理体系运行效果造成严重不良影响或后果的。针对存在的不足，内审员将以口头和书面两种方式提出。

现场审核结束，审核组将根据获取的审核发现对照审核准则评价规范化管理体系的符合性和有效性，作出审核结论（注：此条应和审核目的一致）。

（6）内审员的承诺，包括：

① 遵守审核员行为准则，客观、公正、文明地审核；

② 审核过程中不介入与审核无关的事情；

③ 审核结束后，内审员不得随意评贬受审核方的人和事，不泄露有关的信息，将审核过程中借阅的所有文件都归还给受审核方。

（7）请受审核方为审核提供必要的条件，包括：

① 确定陪同人员（陪同人员的作用是引导、证实、记录和安全等方面的提示）；

② 安排去现场车辆、办公用品（需要时）；

③ 提供必要的办公、打印、复印的方便。

（8）询问有无需澄清的问题。

下面进行第三项议程，请受审核方领导（或院领导）讲话。

……

宣布首次会议结束，内审员按审核计划的分工进入现场审核。

《首、末次会议签到表》见表4。

《首、末次会议记录表》见表5。

二、现场审核

首次会议结束后，内审员按审核计划的安排进入现场审核。实践中，现场审核通常是在被审核部门的具体办公、办案场所进行。

现场审核是内审员按准备好的检查表采用抽样检查的方法，寻找与规范化管理体系运行有关的客观证据的过程，是整个审核过程中时间最长、最重要的过程，也是审核能否成功的关键。

1. 现场审核应遵循的原则

（1）坚持以客观证据为依据的原则。

审核是一种客观的符合性评价活动，评价必须以客观证据为依据，否则就不可能得到可信的审核结论。客观证据必须以可靠的事实为基础的现场审核发现，不应夹杂任何个人的猜想或推理的成分。证据不足或未经验证都不能作为判定合格与否的依据。

客观证据的内涵：

——支持事实存在或其真实性的数据；

——可定量描述的（如时间、地点、人员、事实或过程）；

——可重查或验证的；

——不受情绪或偏见左右的；

——实际存在的客观事实（包括受审核方回答的，各种记录记载的，现场观察到的实际活动和实物）。

（2）坚持独立、公正的原则。

内审员在审核的时候应排除来自受审核方的各种干扰（包括审核前、中、后），不能凭感情、凭感觉、凭印象判断，不能因任何原因扩大或弱化不合格项，应遵守审核员行为准则，保持审核的公正性和独立性。

（3）坚持审核证据和审核准则相比较后作出判定的原则。

内审员审核的过程就是将现场审核发现的客观证据与审核准则核对的过程，通过核对作出合格、不合格或其他结论。审核过程中内审员既要防止脱离审核准则，又要防止超标准判定。

表4　　××院规范化管理体系内部审核首、末次会议签到表

编码：　　　　　　　　　　　　　　　　　　　　　　　　　　　No.

受审核方		××人民检察院			日期		
审 核 组	组长						
	组员						
受审核方参加会议人员							
首次会议				末次会议			
序号	姓名	部门	职务	序号	姓名	部门	职务
1				1			
2				2			
3				3			
4				4			
5				5			
6				6			
7				7			
8				8			
9				9			
10				10			
11				11			
12				12			
13				13			
14				14			

注：院领导和各部门负责人必须签到，其他人员可在最后一行注明参加人员总数。

保存期：三年

表 5　　×× 院规范化管理体系内部审核首、末次会议记录表

编码：　　　　　　　　　　　　　　　　　　　　　　　　　No.

首　次　会　议　发　言　记　录					
主持人		记录人		日期	

1. 双方介绍有关人员，审核组长介绍审核组成员，受审核方介绍与会院领导。

2. 审核组长说明与审核有关的事项：

（1）审核目的、准则、范围。

（2）介绍审核的程序、抽样方法，抽样的局限性及审核中可能存在的不确定因素。

（3）沟通审核日程安排，征求受审方意见。

（4）说明与审核有关的问题，协调有关事项，包括：

——不合格项的分类及性质；

——审核结果；

——审核员承诺；

——确定审核陪同（向导）人员，明确其作用、身份；

——请受审方提供办公、交通工具、劳动保护（需要时），确认审核组工作时的安全、保密事项；

——询问是否有限制/澄清的事项。

3. 受审核方领导讲话。

末　次　会　议　发　言　记　录					
主持人		记录人		日期	

1. 审核情况讲评：

（1）重申审核目的、准则、范围，如有变化予以说明；

（2）审核情况讲评（包括主要成绩、特点、审核实施情况等）；

（3）宣读不符合项报告；

（4）说明抽样方法的局限性、风险性；介绍审核组在审核过程中遇到的可能降低审核结论可信程度的情况，对不符合情况进行说明；

（5）提出不合格项整改期限和要求，包括纠正措施跟踪的安排；

（6）宣布审核结果；

（7）询问有无其他需要澄清的问题。

2. 请受审核方领导讲话。

最后，审核组长代表审核组对受审核方领导和全体干警在审核过程中的配合、支持和生活方面的关心照顾表示感谢。

保存期：三年

（4）坚持以正面求证为主的原则。

审核的目的是为了评价受审核方规范化管理体系的符合性和有效性。现场审核就是收集与体系的符合性、有效性有关的客观证据的过程，必须坚持以正面求证为主。在正面求证的同时，对存在的问题及时沟通，并视情况开具不合格项或观察项，以便于持续改进。

2. 审核方法

审核方法是内审员在规定时间内为及时收集到足够的、适用的客观证据，在审核现场采取的具体做法。它可根据不同审核目的、范围、对象和要求由内审员灵活掌握。通常采用的审核方法有：

（1）顺向跟踪：以事情发展的先后或以发现的问题为线索深入地追查、核实，或从影响质量的因素跟踪到结果，即顺藤摸瓜的方法。或按法律监督服务提供的顺序或过程发生的先后顺序进行的审核，如案件受理→初查→立案→侦查……这种方法优点是：逻辑性强，思路清晰，容易发现接口问题；缺点是：有可能超出计划范围。

（2）逆向追溯：从已形成的结果追溯到影响因素或针对某个问题进行原因追查的方法。如针对人民群众投诉→分析查找原因→找到主要原因等。这种方法的优点是：针对性强，方法简便、适用，有利于发现问题；缺点是：在问题较复杂时难于一时理清。

（3）按过程审核：针对某个过程有关的每一项活动所进行的审核。一个过程可能涉及若干个条款。

按过程审核，应对每个被审核的过程提出如下四个问题：

① 过程是否识别并适当规定；

② 职责是否分配；

③ 程序是否得到实施和保持；

④ 过程是否实现所要求的结果。

（4）按部门审核：审核某一个部门涉及的所有活动的方法。如审核政治处，其主要过程有 4.2.3 文件、4.2.4 记录、5.4.1 目标、5.5.1 职责、6.2 人力资源和 8.2.2 内审等。这种方法优点是：同一时间内把一个部门所涉及的所有过程一次性地审核完，避免进进出出，节省时间，部门不重复；缺点是：有可能遗漏"接口"审核。目前，大部分审核员都采取这种方法。

3. 客观证据的收集

（1）收集方式：

内审员现场审核主要是收集与审核内容有关的客观证据，收集的方式包括：

① 查阅有关的文件、记录、案卷；

② 与受审核方人员交谈；

③ 现场倾听、观察、核对；

④ 对有关数据进行汇总、分析；

⑤ 对需要进一步证实的活动的结果进行验证（必要时测量）；

⑥ 收集旁证资料，如人大、政协等相关部门评价的信息，人民群众意见等。

（2）对证据的要求：

收集的客观证据应是真实的，客观证据不是越多越好，无关的证据没有意义。真实性体现在以下方面：

① 证据应是客观存在的。道听途说或无关人说的，或主观分析、推断、臆测的，或不确定的（时间、地点、人员或标识不清等）都不能作为证据；

② 证据应是有效的。所谓有效即应是审核范围内的、与审核准则有关的、体系运行期间发生的、现行有效文件清单中的，或证实现场实际情况的；

③ 证据应有可重查性。为方便重查，应对涉及的时间、地点、人员、事实、文件、记录、案件、设施等描述清楚；

④ 需要时，可对证据进行验证。

（3）内审员可以通过以下方法对收集的客观证据进行验证：

① 查阅与受审核活动有关的文件和记录；

② 与受审核的活动有关的人员面谈；

③ 针对不同过程的特点，采取现场观察、核对；

④ 对照文件观察相关活动，证实活动与文件规定的一致性；

⑤ 对照文件核对相关记录，证实记录的结果与文件要求的符合性和记录的内容与文件规定的一致性；

⑥ 通过询问有关人员，观察现场实际，证实记录的准确性和真实性；

⑦ 通过对两个以上与相关审核证据的核对，核查审核证据之间的相关性及一致性；

⑧ 其他适用的验证方法。

4. 审核技巧

审核的过程就是双方沟通的过程，掌握沟通技巧有利于审核顺利进行。下面介绍一些主要的审核技巧：

（1）面谈

面谈是收集证据的一种重要手段。成功的面谈可节省时间，紧扣主题，使受审核方消除顾虑和紧张情绪，得到受审核方的配合，从而迅速地获得所需证据。内审员面谈的技巧有：

① 明确谈话的目的；

② 保持沉着、冷静、客观、公正和礼貌、友好的态度；

③ 要自主选择适当的面谈对象（如果此项工作是由内勤完成的，就不要问主办检察官；如果此项工作属于民行科办理的，就不应问控申科的人员），应恰当地把握提问对象；

④ 面谈前，可以说些轻松的话题，消除受审核方的紧张情绪，营造亲切、和谐的面谈气氛；

⑤ 面谈中，适时使用"请"或"谢谢"等词语，切忌生硬呆板或面相难看；

⑥ 对面谈的内容应表示关注，要耐心听取对方的陈述，切忌随意打断对方的谈话；

⑦ 应讲求策略，少说多听，善于观察和追根究底。

（2）提问

提问是审核过程中内审员使用最多、最基本的方法。内审员应按审核检查表的内容有目的、有重点地提问，使受审核方按检查表策划的内容提供所需的证据。

① 常用的提问方式主要有以下两种：

——封闭式提问：即可以用"是"、"不是"、"有"、"无"等简短的一两个字来回答的提问方式。如你这个部门有受控文件清单吗？这份《询问笔录》是你记录的吗？这种提问方式可以得出明确的答案，节省时间，但信息量少，有时易使对象产生紧张情绪，因为有些问题一时难以用"是"或"不是"来回答。如：

检察院的产品是法律监督服务吗？

立案是在受理后进行的吗？

提起抗诉是公诉科的职责之一吗？

这个案件是你受理的吗？

这份《受理案件登记表》是你记录的吗？

受理民事、行政申诉案件是你这个部门的职责吗？

——开放式提问：即以"如何"、"怎么样"、"什么"的方式提问，需要对方作广泛的回答或者是作详细的说明、解释，或需要对方思考后再回答的提问。包括开门见山式提问、征求意见式提问、思考式提问和假设式提问等。如：

人民检察院的顾客有哪些？（开门见山）

这份记录的保存期是依据什么规定的？（思考式）

文件发放前如何履行批准手续？（征求意见）

接待来访要履行哪些手续？（思考式）

如果申诉人撤回申诉怎么办？（假设式）

不属于本院管辖的举报线索如何处理？（征求意见）

开放式提问可以获得较多的信息，有助于深入审核，但花费时间。总之提问的方式很多，具体采用哪种方式要由内审员结合审核的实际情况灵活应用。

② 提问时应注意以下几点：

——提问要有明确的目的和针对性，避免情绪化提问、欺骗性提问、诱导性提问。如果你去侦查监督科审核可以问这个部门职责有哪些（明确责任）？规范化管理体系运行以来受理了多少案件（了解案件数）？请把最近三个月《受理案件登记表》拿给我看看（查每份案件受理前是否评审）；

——应正确地选择提问对象，不要向无关人员提问；

——提问时要给对方思考的余地，不要一个问题接着一个问题地提问，注意观察对方的神态、表情，给对方创造宽松环境；

——适时地表示谢意，尽量融洽双方关系；

——不要命令对方，而是礼貌征求，如我可以抽查几份最近办完的案卷资料吗？

——不要提不该提的问题。如谁告诉你这样做的？你有什么资格做这项工作？

——不要提外行或错误的问题。如在公诉科问控申科的问题，在政治处问物资采购的问题，或提问受审核方为什么没有保留记录清样等；

——所提的问题要使对方易于理解，若对方不明白时，应复述或说明。

（3）倾听

倾听就是要注意听取对方的回答，并作出适当反应。内审员倾听时应注意：

① 采取适宜的方式尽量鼓励对方讲话；

② 倾听时注意观察对方表情，并表现出兴趣和耐心，保持眼光接触和口头反应；

③ 如有答非所问应客气地引导，不要粗暴地打断；

④ 保持平等、谦虚的态度。

在拉丁语里，"审核"就是"倾听"的意思。现场审核时内审员大部分时间是倾听，学会倾听有助于形成融洽的气氛，并及时获得有价值的信息。

（4）观察

人民检察院规范化管理体系中的某些要求必须在现场观察后才能得出结论，如工作环境、接待来访人、对犯罪嫌疑人讯问的实际情况等。所以，内审员在现场审核的过程中应具有职业的敏感性，善于发现、捕捉问题的线索，不要只看表面，或被受审核方左右，应放宽视野，细致检查，特别应注意观察那些在办公室看不到，在文件记录中找不着的问题，注意实际与规定是否相符，规定与要求是否一致和证据之间的相关性、一致性，在面谈、提问的同时查看有关设施、环境，观察法律监督服务提供过程中人员之间的接触等，发现问题，深入调查。内审员可以重点从以下方面进行观察：

① 关于文件：

——内部文件：查阅文件的批准、分发、修订及修订状态、再评审、批准、作废、处置及相关文件要求的一致性；

——外来文件：如法律、法规等是否现行有效，是否因修订、废止而及时更替，是否发放给使用部门、岗位。

② 关于记录：

——数量（标准要求有记录的地方必须保留记录）、标识、保留和处置；

——记录内容及贮存、保护、检索；

——与相关文件要求的一致性。

③ 关于服务提供过程：

——服务现场实际（包括环境、活动、设施等）与要求的一致性；

——顾客要求识别、评审；

——服务提供的实施；

——办案的程序、流程合法性；

——服务状态及标识，案卷资料的保护、移交；

——顾客财产收缴、保护、处理；

——过程和服务特性监视，需要时测量；

——不合格服务；

——与相关文件要求的一致性。

④ 关于法律文书案卷：

——格式、填写内容；

——审批人、时间、完成时限；

——立卷、贮存、保护、移交；

——与相关文件要求的一致性。

5. 审核记录

内审员应采取边问边写的方式记录审核中调查获取的（听到的、看到的）与审核目的、范围和准则有关的并能够证实的适当信息。充分、适宜的审核记录是形成审核发现和得出可信的审核结论的基础。

（1）审核记录的作用：

① 为审核组内部沟通、审核报告的编写和总体评价提供资料；

② 为人民检察院规范化管理体系有效运行提供证据；

③ 为不合格项报告和审核报告的编写提供依据；

④ 需要时，为查阅、追溯提供核实的证据。

（2）审核记录的质量受下列因素的影响：

① 审核时间；

② 内审员能力、经验、习惯；

③ 审核方法、技巧等。

（3）审核记录的内容：

人民检察院规范化管理体系内审记录的格式应与规范化管理体系其他记录统一起来。内审记录分首页和次页两种，一个部门的审核记录只有一张首页和多张次页。首页的内容包括受审部门、负责人、陪同人员、审核组长、内审员、审核日期、审核的条款、审核方法及内容、审核记录和不符合判定等。次页的内容只包括首页中的后四项即可。

《审核记录（首页）》见表 6。

《审核记录（次页）》见表 7。

（4）审核记录的填写要求：

① 记录应清楚，能正确辨认；

② 记录应准确、具体，内容包括涉及的时间、地点、岗位、面谈的对象、主要事件实施的概要、部门、设施和文件、记录的名称、标识等；

③ 记录的内容应全面反映审核的情况；

④ 不合格事实的描述应做详细记载，避免开不合格项时重查；

⑤ 记录应当时当场记，不可事后追记或回忆，以免出现差错。

《审核记录》的填写举例见表 8。

（5）不合格审核记录举例：

——抽问 3 名干警，他们以人民群众为关注焦点的意识较强（是哪 3 名人员？）

——查 5 份《受理案件登记表》均进行了评审（是几月份的？）

——查 3 种质量记录均按要求标识（哪 3 种记录？）

——查 3 份《民事行政检察立案审批表》均有科长审批意见（什么时间、什么意见？）

——查 20××年××月××日第三份不合格报告，当事人对违反办案程序办案的错误，已制定了纠正措施并实施（是什么原因？什么纠正措施？如何实施？）

——查外来文件进行了有效性识别，有分发登记（谁识别？以什么方式识别的？）

表6 **××院规范化管理体系内部审核审核记录（首页）**

编码： No.

受审核部门		负责人		陪同人	
审核组长		审核员		审核日期	
审核条款					

标准条款	审核方法及内容	审核记录	不符合判定

注：判定栏中合格不做标记，不合格画"×"。　　　　　　保存期：三年

表 7　　　　　　　　　　　　**审核记录（次页）**

编码：　　　　　　　　　　　　　　　　　　　　　　　　No.

标准 条款	审核方法与内容	审　核　记　录	不符合 判定

注：判定栏中合格不做标记，不合格画"×"。　　　　　　保存期：三年

表 8 **审核记录（填写举例）**

编码：　　　　　　　　　　　　　　　　　　　　　　　　No.

受审核部门	政治处	负责人	刘××	陪同人	王宏	
审核组长	张××	审核员	刘明、张超		审核日期	2008 年×月×日
审核条款	5.5.1、5.4.1、4.2.3、4.2.4、5.5.3、5.6、6.2、6.3、6.4、8.2.2……					

标准条款	审核方法及内容	审　核　记　录	不符合判定
4.2.3	1. 查是否编制文件控制程序，其内容是否符合标准要求。 2. 有否现行有效文件清单。 3. 从文件清单中抽不同层次文件各1—2份，核查其是否按规定履行批准。 4. 查是否发生文件更改，更改后是否再次批准。 5. 查文件的更改和修订状态是如何规定的，发生更改后是否按规定实施。 6. 查文件是否按规定标识。 7. 查文件发放清单是否将文件发给使用部门。 8.……	1. 查编制了《文件控制程序》，其编码是××××，发布日期是××年×月×日，实施日期是××年×月×日，版本/状态是 A/0。抽其内容有批准、标识、分发等的规定，符合标准要求。 2. 查该部门有《全院现行有效文件清单》和《部门现行有效文件清单》，全院现行有效文件共 130 个，部门现行有效文件 20 个。 3. 从部门现行有效文件清单中抽下列文件：《管理手册》：编码：××××，分发号 06，批准人：张某（检察长）；《××操作规程》：编码：××××，分发号 06，批准人：王某（部门负责人）。 4. 刘××回答体系自×月×日运行以来没有发生体系文件的更改。如果发生将按《文件控制程序》的规定实施。 5.…… 6.…… 7. 查《文件发放记录单》（编码：××××），××年×月×日由办公室将管理手册、程序文件和操作文件等分发给本院 12 个部门和院领导，有政治处领取人张某签名，分发号 06，办公室领取人李某签名，分发号 07。 8.……	

注：判定栏中合格不做标记，不合格画"×"。　　　　　　　　　　保存期：三年

（6）由内审员完成的与特定审核有关的记录至少包括：

——文件审查记录；

——审核计划；

——检查表；

——现场审核记录；

——审核报告；

——不合格项报告；

——纠正和预防措施及对其验证的记录；

——其他记录。

（7）审核记录的详略程度应以满足审核组编制审核报告的需要和审核目的为前提，应考虑以下因素来确定：

——审核的目的、范围和时间；

——受审核方的主控条款和相关条款；

——受审核活动、过程的重要性；

——受审核方的业务活动及法律法规要求；

——抽样代表性和抽样数量；

——信息的真实性和可追溯性要求等。

（8）审核记录可以有多种表现形式，包括书面记录、电子记录、电子数码图像、照片、复印件、标识图形或它们的组合。

6. 现场审核的控制

现场审核是整个审核过程中花费时间最长、涉及信息量最多的过程，在整个审核中起着非常重要的作用，对现场审核的控制是决定审核成功的一个重要举措。

（1）控制的目的：

审核组长是现场审核控制的主要责任者。通过现场审核的控制应确保：

① 审核目标明确，避免偏离审核方向，使审核目标按计划实现；

② 审核员之间紧密合作，避免重复或者是遗漏审核内容；

③及时协调、处理审核过程中出现的新情况，使各内审员按计划同步进行。

（2）审核时间控制：

审核计划中对某个部门、某项过程的审核均规定了审核时间，内审员在审核的过程中要控制好审核的进度，按计划中规定的时间完成审核任务。如果发生延误时间的情况（如对方找资料去了，或当事人不在场，或延长午餐时间等）需要内审员及时采取有效措施，适当调整审核顺序，或用友善的态度及时催办等。还可以在不影响审核结果的情况下，考虑改变审核证据获取的方式，如原计划去某个部门抽样，由于时间紧，可以不去该部门，提前通知该部门把有关的证据拿过来，从而节省途中时间。对需要追溯的重要线索，可以提请组长适当延长审核时间。

（3）审核计划、范围控制：

审核计划和范围是事先策划，且与受审核方商定的，没有特殊情况不应改变，如需改变应征得受审核方同意。正常情况下，内审员不得超出审核计划或审核范围审核。只有当发现有严重不合格时，或现有证据不足时，内审员才可以扩大抽样范围和抽样量。

（4）受受审核方主观因素影响的控制：

现场审核的过程是内审员与受审核方接触的过程，不同的受审核方，其对待审核的想法、接受审核的态度也不一样，如：

——有的热情过度。受审核方把内审员当高贵的客人接待，时不时地请内审员吃水果、递香烟，或劝内审员休息一会儿，或闲谈些与审核无关的话题；

——有的满不在乎。受审核方认为这项工作没有必要，自己工作干得很好，没有什么问题可查，或轻视审核不作回答、顾左右而言他；

——有的蒙混过关。受审核部门没有按照体系文件要求去做，为应付审核采取弄虚作假的办法等。

遇到上述情况，内审员应以正确的心态对待，妥善应对，采取适当技巧控制。如：

——保持冷静，坚持审核；

——减少应酬，客气地谢绝；

——耐心、容忍或持理解的态度；

——灵活地变换问法，避开与审核无关的问题。

7. 审核过程的沟通

审核过程的沟通主要包括以下五种情况：

（1）内审员在某个部门审核结束、离开审核现场前，应对该部门的审核情况及存在的问题与受审核部门负责人沟通。

（2）审核进行到某个阶段（一天）后，审核组长应采取适宜方式了解审核进展情况（如在就餐前后个别询问，或晚餐后召开审核小组会议）。了解内容包括：

——各内审员审核的进度；

——审核计划是否需要调整；

——汇总当天审核情况；

——安排次日审核的重点和关注内容；

——初步确定的不合格项。

（3）现场审核结束后，审核组长应安排一定时间召开审核小组会议，对获取的审核证据和审核发现对照审核准则汇总、分析，肯定成绩，确定不合格项，对规范化管理体系客观、公正、综合评价，作出本次审核的结论。

（4）审核结束，审核组内部沟通后，应及时与受审核方领导沟通。目的是将审核发现及分析、评价的意见与受审核方达成一致，说明有关事项，避免在末次会议上出现不愉快的事情。沟通可以由审核组长一人或全部内审员一起进行。沟通内容包括：

——审核发现的问题，特别是不合格项中描述的事实，请受审核方确认；

——需说明或澄清的事项；

——审核结论。

（5）审核结束，审核组长应将整个审核情况与该院负责内审的主管部门沟通，包括计划完成情况、存在的问题和对内审工作的建议等。

三、不合格项判定

1. 不合格的定义及分类

（1）不合格的定义：GB/T 19000 标准中 3.6.2 对不合格的定义是"未满足要求"。要求是指标准 7.2.1 中 4 个方面，包括明示的、隐含的或必须履行的需求或期望。

对人民检察院规范化管理体系而言，凡是不符合审核准则的审核发现，均为不合格。

（2）不合格可分为以下种类：

① 按对象分：不合格品（指产品）和不合格（或不符合）项（指过程或体系）两种。

② 按性质分：一般不合格和严重不合格两种。

一般不合格：是指孤立的（某一事、某一项活动、个人或文件、记录）、偶发的，对法律监督服务质量无直接影响或影响不大的，对规范化管理体系的运行效果不会产生严重影响或严重后果的不合格。

严重不合格：是指没有满足要求造成的系统性、区域性失效，造成严重影响或严重后果的不合格。包括：

——违反相关法律法规造成严重后果的，如因刑讯逼供造成犯罪嫌疑人死亡的；

——某一部门工作完全未按体系文件要求去做，造成系统失效的；

——已建立的规范化管理体系与标准要求严重不符合；

——某个过程或某项服务工作重复出现失效、失控；

——对规范化管理体系运行效果造成严重影响或后果。

③ 按文件、实施和实施效果分：文件性不符合、实施性不符合和效果性不符合三种。

——文件性不符合：是指体系文件规定不符合标准的要求，即写的不符合规定。如《管理手册》中没有规定应编写《文件控制程序》；

——实施性不符合：是指某项过程、活动的实施不符合相应的规定，即做的不符合规定。如操作规程中有规定，但有关人员未按操作规程中的规定去做；

——效果性不符合：是指体系运行结果未达到预定的目标，即做的结果不符合要求。如干警在受理投诉时，对当事人按要求做了多次耐心的劝解工作，但怎么劝解仍坚持越级上访。

此外，内审员在现场审核时，有些情况下对不合格的判定较为困难，有的不合格的证据不太充分，但存在的问题需提醒注意，有的已发现有苗头，若不指出发展下去可能构成不合格，如某份记录标识不清，内审的深度不够等。遇到这种情况，内审员可以采取双方都能接受的办法，以观察项的方式向受审核方提出。

观察项可以列项目清单，但不属于不合格项报告内容。设置观察项的目的是使双方缓解审核气氛，使受审核方引起注意，防止不合格发生的目的。这种方法使用得当，将促进人民检察院规范化管理体系有效运行。

2. 不合格项判定流程

内审员在现场审核时，可按以下流程判定不合格项：

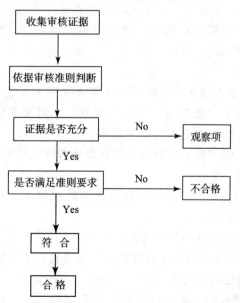

3. 不合格项判定原则

内审员在不合格项判定时，应遵循以下原则：

（1）就近不就远的原则（也称最贴近、最密切的原则）。审核过程中发现的不合格项存在多种判断时，应采取就近不就远的原则。即哪一条比较贴近，比较合乎情理，就判哪一条。

例1：在政治处审核时，内审员索要管理评审的记录，受审核方未能提供。可以判 4.2.4 "应建立并保持记录"，但判 5.6.1 应 "保持管理评审的记录" 更贴近，则就近判为此项。

例2：在控申科审核时，内审员发现 20××年××字××号被查案卷中无举报信，经询问得知由于内勤保管不善丢失。可以判 4.2.4 不符合 "记录保护的控制"，但判 7.5.4 "应爱护使用的顾客财产" 更为适合。

例3：在公诉科审核时，查 20××年××字××号关于犯罪嫌疑人××× 的《讯问笔录》上没有讯问人签名。可以判 8.2.4 "记录应指明放行产品的人员"，但判到不符合 "讯问犯罪嫌疑人工作操作标准" 中关于 "讯问笔录应有讯问人签名" 的规定更贴近。

（2）能细则细、不能细则粗的原则（即对上条款的就细，对不上条款就粗的原则）。审核过程中发现的不合格项与审核准则对照时，不合格事实与标准中的大小条款都能对得上，这时应判到小条款。

例1：查 03 号纠正措施实施单上制定了两条纠正措施，内审员询问其中一条采购讯问现场使用的同步录音、录像仪器是否实施，受审核方回答说："此设备费用很高，今年设备购置费已用完，准备明年采购。" 此项不合格判 8.5.2.c）"评价确保不合格不再发生的措施的需求" 较细，而判 6.3 "组织应提供……基础设施" 较粗。

例2：在控申科检查发现科长对 20××年××字××号《刑事赔偿申请审查报告》审核后，提出了 "提交科里讨论" 的意见，但未提供组织科室讨论的证实。判 7.5.1 在 "受控条件下进行服务提供" 不太具体，判不符合《刑事赔偿确认工作操作规程》中 "科长审核后，应在 2 日内组织科室讨论，提出部门处理意见" 的规定则更细、更具体。

（3）由表及里的原则。通过对不合格事实的表面现象的分析，找到其产生的根本原因后，针对原因进行判定。

例：内审员询问档案员档案室内湿度是多少，档案员看了半天湿度表回答不上来。判 7.5.1 "应在受控条件下提供服务" 只是针对了表面问题，判 6.2.2.b）应对档案员提供培训更有针对性。

（4）合并同类项原则。审核过程中发现多个相同的轻微的不合格时，可采取合并同类项的方法。

（5）慎用的原则。GB/T 19001 标准中 4.1 和第五章的内容大部分涉及最高管理者（院领导），若某一条款不合格有可能造成系统失效，其责任人为院领导，而且针对不合格所采取的措施可能涉及整个规范化管理体系，所以，这种情况下的不合格应慎用。

（6）最有效原则。若发现的某项不合格存在几种判定都可以，这时应考虑判哪一条最有利于受审核方工作的改进，或最容易见到效果。

4. 不合格项判定的技巧

（1）根据标准中要求的关键词来判定。标准中共有 9 处（4.1、4.2.3、4.2.4、7.3.4、7.3.7、7.5.3、7.5.4、7.6、8.3）提到"识别"二字。这种情况，内审员可根据"识别"这一关键词涉及的具体场合、内容、对象来寻找对应条款。

同样，标准中有 5 处提到标识、7 处要求批准、8 处要求沟通、9 处讲到策划、12 处提到顾客、13 处涉及评审、15 处要求确定，如果发现以上某一处不符合要求，都可以按上述技巧判定。例如：

① 更改。涉及规范化管理体系变更的更改可判 5.4.2.b) 对规范化管理体系的变更进行策划；涉及人民群众对法律监督服务要求的变更的更改可判 7.2.2 与产品有关要求评审；涉及规范化管理体系文件的更改可判 4.2.3。

② 监视和测量。对过程能力监测的不合格可判 8.2.3；对采购产品、法律监督服务特性的监测不合格可判 8.2.4；对法律监督服务的不合格判 8.3；对法律监督服务提供过程监测不合格判 7.5.1.e)；对人民群众满意度监测不合格可判 8.2.1。

③ 法律法规。人民检察院规范化管理体系中涉及的法律法规内容很多，属于宣传普及法律法规问题判 5.1 管理承诺；发现不懂法、不知法的判 6.2.2 能力、培训和意识；发现不依法办案的问题判 7.5.1、8.3；其他涉及法律条款的还有 7.2.1、7.5.1.a) 等。

（2）根据记录判定。GB/T 19001 标准中有 21 处要求建立记录（即见 4.2.4），哪一处没有记录就判给哪一条。

（3）根据"应"字判定。GB/T 19001 标准中共有"应"字 142 个，包括应做……应形成文件、应规定……而没做、没形成文件、没规定等都属不合格。针对"应"字容易出现不合格的地方有 8.1"这应包括对统计技术在内的适用方法及其应用程度的确定"、8.3"应保持不合格性质……记录"。

（4）根据实践经验，为使判定的不合格项更详尽、更具有说服力，可将不符合事实涉及的各审核准则一一列举出来，使受审核方更加清晰、明确地了解其所存在问题的严重程度及改正方向。

例：控申科复查 20×× 年 ×× 字 ×× 号刑事申诉案件卷宗时未见《阅卷笔录》，审核员为此开具了不合格，此不合格涉及如下一些条款：

——不符合 GB/T 19001 - 2008《质量管理体系 要求》第 7.5.1 条款内容"应在受控条件下进行法律监督服务"的要求；

——不符合《管理手册》中第 7.5.1 条款内容的要求；

——不符合操作文件中《复查刑事申诉案件工作操作规程》第 ×× 条款关于审查案卷，制作《阅卷笔录》的规定；

——不符合《人民检察院复查刑事申诉案件的规定》第 21 条对立案复查的刑事申诉案件，应全面审查申诉材料和全部案卷，并制作《阅卷笔录》的要求。

（5）以下方面不宜判定不合格：

① 实际做法符合要求，但该做法不尽合理，即合法不合理。如：对每位来访人员要求的评审都必须经过院检委会讨论（这样做有点小题大做）。又如某院除案卷资料按规定存档外，其他所有的记录均保存三年（记录不一定都需要保存三年）；

② 未经核实的审核发现；

③ 不符合证据不太充分的审核发现；

④ 超出审核准则要求的审核发现。如审核时发现受审核方规范化管理体系文件未盖受控印章（受审核方体系文件中并没有作出这样的规定）。

5.《不合格（不符合）项报告》

（1）不合格（不符合）项报告的格式应全院统一，可由各人民检察院自定。《不合格（不符合）项报告》见表 9。

（2）不合格项报告的内容，包括：

① 受审核部门、陪同人员、审核日期；

② 不合格事实的描述；

③ 判定不合格的依据；

④ 不合格项的性质；

⑤ 审核员签字、审核组长认可签字、受审核部门负责人确认签字；

⑥ 不合格的原因及纠正措施；

⑦ 纠正措施的实施；

⑧ 实施效果的验证等。

（3）填写不合格项报告应注意以下事项：

① 不合格事实的描述应简单明了，事实清楚、准确无误，包括涉及的时间、地点、部门、文件、记录、岗位（不标注人员姓名）、场所、案卷号、有关人员的陈述等；

表 9　××院规范化管理体系内部审核不合格（不符合）项报告

编码：　　　　　　　　　　　　　　　　　　　　　　　　　　　　　　　No.

受审核部门		陪同人员		审核日期	
不合格项事实描述					
不合格项的结论	1. 不符合 GB/T 19001－2008《质量管理体系 要求》第＿＿＿条款内容要求； 2. 不符合本院《管理手册》第＿＿＿＿＿＿＿条款内容的要求； 3. 不符合程序文件中＿＿＿＿＿＿＿控制程序第＿＿＿＿＿条款内容的要求； 4. 不符合操作文件中＿＿＿＿＿＿＿操作规程（操作标准）第＿＿＿＿＿＿条款关于＿＿＿＿＿＿的规定。 不合格性质：　　　□一般　　　　□严重 审核员/日期：　　　审核组长/日期：　　　　受审方确认人/日期：				
不合格原因及纠正措施	原因： 纠正： 纠正措施： 　　　　　　　　　　　　　　　　受审核部门负责人：　　　　年　月　日				
纠正措施实施	 　　　　　　　　　　　　　　　　实　施　人：　　　　　年　月　日				
实施效果验证	 　　　　　　　　　　　　　　　　审　核　员：　　　　　年　月　日				
说明：1. 部门负责人应对拟定措施的针对性、可行性及实施后效果评价后签字。 　　　2. 已实施的纠正措施需逐项提供证明材料（复印件）附后。					

保存期：三年

② 不合格事实应经受审核方确认，如果受审核方有不同意见，内审员应冷静、耐心地说明理由，使受审核方认可，必要时可重查；

③ 内审员不得用自己的想法或做法代替标准要求，或用形容、夸张、修饰的语言描述不合格事实，或任意扩大不合格事实，或提高标准要求，甚至强加于人；

④ 不合格事实应可追溯、可重查；

⑤ 不符合审核准则的条款的判定应准确；

⑥ 不合格项严重程度的判定应客观；

⑦ 内审员在决定不合格项时应考虑其纠正的可行性及纠正后的效果，应考虑所开的不合格项有没有代表性及对整个规范化管理体系的影响，应通过不合格项的提出为受审核方指明努力的方向，起到正确引导和积极推进的作用。

为了节省时间，减少工作量，一般将不合格项报告和纠正措施实施单内容合二为一。

《不合格（不符合）项报告》填写举例见表 10。

四、审核发现的汇总、分析

审核组在完成规范化管理体系文件的审查和现场审核后，审核组长应在末次会议之前召开审核组成员会议，将审核发现进行汇总、分析，针对审核目的作出评价。

首先，应汇总、分析符合审核准则的审核发现，明确受审核方规范化管理体系运行好的方面，符合的过程、活动及取得的成绩、效果，好的做法和运行特点，为受审核方规范化管理体系符合要求和有效运行提供证据。

其次，应通过汇总、分析不符合审核准则的审核发现，指出受审核方规范化管理体系运行过程中存在的薄弱环节和需改进的重点，统计不合格项的数量，分布情况及严重程度，说明上述不合格及存在的不足以及对受审核方规范化管理体系运行符合性、有效性的影响，同时对规范化管理体系现行薄弱环节和改进的重点提出改进的意见和建议。

最后，在汇总、分析的基础上对受审核方规范化管理体系的符合性、有效性作出评价（综合评价的意见一般在内审报告中说明）。评价内容包括：

——规范化管理体系过程识别和控制是否充分、有效，包括删减的合理性；

——人民检察院制定的质量方针和质量目标的适宜性和完成情况；

——机构设置是否合理，职责分配是否明确有效；

——规范化管理体系文件的符合性；

表 10 **不合格（不符合）项报告（填写举例）**

编码：　　　　　　　　　　　　　　　　　　　　　　　　　No.

受审核部门	办公室	陪同人员	王力、张全	审核日期	×月×日

不合格项事实描述	内审员在审核办公室档案工作时，索要档案管理办法，档案员拿出省院关于《诉讼档案管理规定》和本院《档案管理办法》各一份，内审员看了以后发现两个文件中关于档案室温湿度的要求规定的不一样，内审员问到底执行哪一个，档案员回答不上来。
不合格项的结论	1. 不符合 GB/T 19001－2008《质量管理体系 要求》第7.1 产品实现的策划应与质量管理体系其他过程的要求相一致条款内容要求； 　　　2. 不符合本院《管理手册》第7.1 法律监督服务实现的策划条款内容的要求； 　　　3. 不符合程序文件中_____控制程序第_____条款内容的要求； 　　　4. 不符合操作文件中_____操作规程（操作标准）第____条款关于_____的规定。 　　不合格性质　　☑ 一般　　☐ 严重 　　审核员/日期：　　　审核组长/日期：　　　受审方确认人/日期： 　　　李某　　　　　　　张某　　　　　　　　王力
不合格原因及纠正措施	原因：本院档案管理制度编写人员编写管理制度时未考虑周全。 纠正：立即安排编写人员修改本院档案管理制度。 纠正措施：由主管领导在三日内组织有关人员重新学习标准 7.1 要求，即在对法律监督服务实现的策划时，应考虑与规范化管理体系其他过程的要求相一致，以后起草文件时应引起注意。 　　　　　　　　　　受审核部门负责人：王力　　20××年××月××日
纠正措施实施	当事人张全已于××月××日按上述要求纠正，经举一反三自查未发现类似问题。 　　　主管领导已于××月××日组织有关人员重新学习标准7.1 的要求，并口头提问有关人员合格。 　　　实施人：张全、王力　　　　20××年××月××日
实施效果验证	经查上述措施已实施，本院档案管理制度已修改，未发现与其他体系文件不一致的地方。并附有《培训实施单》和档案管理制度更改前后的复印件。 　　　　　　　　　　审核员：李某　　20××年××月××日

说明：1. 部门负责人应对拟定措施的针对性、可行性及实施后效果评价后签字。
　　　2. 已实施的纠正措施需逐项提供证明材料（复印件）附后。

　　　　　　　　　　　　　　　　　　　　　　　　　保存期：三年

——全院干警的质量意识、服务意识；

——最高管理者职责和承诺的落实；

——资源配置与满足法律监督服务的能力；

——规范化管理体系各过程，特别是法律监督服务实现过程的实施情况；

——提供的法律监督服务质量的符合性；

——人大代表、政协委员的意见、建议，人民群众的投诉等；

——持续改进机制建立、实施情况，内审、管理评审和纠正、预防措施实施有效性。

通过评价作出以下结论：

——规范化管理体系文件与 GB/T 19001 – 2008 标准和《人民检察院规范化管理体系指导性标准》的符合程度；

——规范化管理体系实施的状况及其有效程度；

——规范化管理体系持续改进机制的建立及自我完善、持续改进的情况。

《不合格项分布表》见表 11。

对发现的观察项，内审员可以观察项清单的方式向受审核方提出。

《观察项清单》见表 12。

五、末次会议

审核组在完成现场审核，且与受审核方领导沟通后，应召开本次现场审核末次会议。末次会议由审核组长主持，内审员和受审核方领导及有关人员参加并签到。末次会议签到表见表 4。

1. 末次会议的目的

（1）向受审核方报告本次审核的有关情况，包括审核发现及结果；

（2）提出改进的建议及下步要求。

2. 末次会议的议程和内容

末次会议一般包括两项议程：一是由审核组长向受审核方报告审核的有关情况，包括审核发现和审核结果；二是由受审核方领导讲话。末次会议内容包括：

（1）重申审核的目的、准则、范围（如有变化应予说明）；

（2）对审核情况进行评价，肯定受审核方成绩和优点，指出存在的薄弱环节和不足；

（3）宣布不合格项；

（4）说明抽样的局限性和不确定因素；

（5）提出不合格项整改的期限和要求，包括纠正措施跟踪的安排；

表 11　　××院规范化管理体系内部审核不合格项分布表

编码：　　　　　　　　　　　　　　　　　　　　　　　　　　　　　　　　　No.

质量职能 \ 部门		政治处	办公室	公诉科	反贪局	反渎局	民行科	控申科	侦监科	纪检组	监所科	案管中心	职务犯罪预防科	合计	
														一般	严重
4 质量管理体系	4.1 总要求														
	4.2 文件要求														
	4.2.1 总则														
	4.2.2 质量手册														
	4.2.3 文件控制														
	4.2.4 记录控制														
5 管理职责	5.1 管理承诺														
	5.2 以顾客为关注焦点														
	5.3 质量方针														
	5.4 策划														
	5.5 职责、权限和沟通														
	5.5.1 职责和权限														
	5.5.2 管理者代表														
	5.5.3 内部沟通														
	5.6 管理评审														
6 资源管理	6.1 资源的提供														
	6.2 人力资源														
	6.3 基础设施														
	6.4 工作环境														
7 产品实现	7.1 产品实现的策划														
	7.2 与顾客有关的过程														
	7.3 设计和开发														
	7.4 采购														
	7.5 生产和服务提供														
	7.5.1 生产和服务提供的控制														
	7.5.2 生产和服务提供过程确认														
	7.5.3 标识和可追溯性														
	7.5.4 顾客财产														
	7.5.5 产品防护														
	7.6 监视和测量装置的控制														

续表

质量职能 ＼ 部门		政治处	办公室	公诉科	反贪局	反渎局	民行科	控申科	侦监科	纪检组	监所科	案管中心	职务犯罪预防科	合计	
														一般	严重
8 测量分析和改进	8.1 总则														
	8.2 监视和测量														
	8.2.1 顾客满意														
	8.2.2 内部审核														
	8.2.3 过程的监视和测量														
	8.2.4 产品的监视和测量														
	8.3 不合格品控制														
	8.4 数据分析														
	8.5 改进														
	8.5.1 持续改进														
	8.5.2 纠正措施														
	8.5.3 预防措施														
合计	一般														
	严重														

注：一般用○表示，严重用●表示。　　　　　　　　　　　　　保存期：三年

表 12　　　　　　**××院规范化管理体系内部审核观察项清单**

编码：　　　　　　　　　　　　　　　　　　　　　　　　　　No.

受审核方名称		审核日期	
序号	观　察　项　描　述		涉及标准条款
审核员		审核组长	

（6）宣布审核结果；

（7）询问其他有无需要澄清的问题；

（8）受审核方领导讲话（最高管理者总结发言）。

3. 召开末次会议应注意的事项

（1）末次会议是对内部审核进行总结的会议，应认真对待，不应省略。

（2）所有到会人员应签到，特别是涉及不合格项的部门人员。

（3）审核组长应在肯定受审核方成绩的同时，指出存在的不足，这对受审核方既是一种尊重，又是一种鼓励。特别是宣布不合格项时，要使受审核方有所准备，使对方易于接受。

（4）审核组长应善于把握会议风格，保持良好的会议氛围，特别是出现僵局时，应灵活应对。

（5）末次会议应做好记录并予保存。

（6）末次会议时间一般不超过一小时。

4. 审核组长在末次会议上发言的举例

各位领导、同志们：大家好！

现在召开本次现场审核末次会议。末次会议议程有两项：一是由审核组长向大家报告审核的有关情况；二是请受审核方领导讲话。

下面进行第一项议程，由我向大家报告本次审核的有关情况：

（1）审核的目的：评价××人民检察院规范化管理体系的符合性和有效性，为最高人民检察院规范化管理体系试点现场验收做准备（或为迎接第三方审核做准备）。（注：此条可根据实际内审的目的讲）

（2）审核的准则：

① GB/T 19001 – 2008《质量管理体系 要求》；

②《人民检察院规范化管理体系指导性标准》；

③ ××人民检察院规范化管理体系文件；

④ 适用于人民检察院法律监督服务的法律法规、司法解释及有关外来文件。

（3）审核的范围：××人民检察院法律监督服务涉及的所有过程、部门和场所。

（4）审核情况讲评：本次审核由××名内审员依据审核计划内的安排，利用×天时间，分×个小组采取随机抽样和交叉审核的方式，对××人民检察院规范化管理体系涉及的××个部门、场所分别进行了现场审核。内审员首先和院领导进行了沟通，了解了院质量方针、目标的制定、完成情况和管理承诺、管理评审的实施情况；然后又分别对全院侦监科、公诉科等×个科、室、局、处进行了现场审核。审核过程中内审员与各部门有关人员进行了面谈、询问，查阅了有关的案卷资料、法律文书和有关记录，收集了××人民检察院规范化管理体系文件自20××年××月××日发布实施以来体系运行的有关证据，通过观察、核对、验证和汇总、分析，审核组认为，××人民检察院规范化管理体系自20××年××月××日运行以来有以下方面突出特点：

一是院领导对规范化管理体系的建立、实施和保持工作较为重视。指定了管理者代表，明确了各部门职责和权限，制定了全院质量方针和目标，对目标进行了展开和考核，对规范化管理体系的适宜性、充分性和有效性进行了评审，为规范化管理体系的运行提供了所需资源。

二是全院干警在为人民群众提供法律监督服务的过程中能够严格依法履行检察职责。内审员现场抽查20××年××月以来××份案卷文书资料，通过与有关文件的核对，未发现违法现象，办案程序均符合有关操作规程要求。

三是全院干警服务意识在不断增强。今年以来，全院各部门提供的各种法律监督服务受到了当地党委、政府、人大、政协和人民群众的一致好评。如今年年末的一次人民群众满意率调查，满意率达98％。

除了以上特点外，还有其他一些好的做法，因时间关系不一一列举。

审核组认为，××院规范化管理体系自20××年××月运行以来，全院干警围绕着体系文件的实施做了大量卓有成效的工作，整个体系运行态势良好。

通过现场审核，内审员还发现了××检察院规范化管理体系运行中还存在一些不足，内审员除以口头方式向责任部门有关人员指出外，并以书面的形式开出不合格项报告×份。

（5）宣读不合格项报告。

第1项不合格是……

第2项不合格是……

……

上述×份不合格分别分布在××科、××处、××室、……各一项，分布在标准的4.2.3、7.5.1和8.2.4等条款，不合格性质均属一般不合格，没有严重不合格。上述不合格说明××检察院规范化管理体系在文件控制、法律监督服务提供过程的控制和法律监督服务的监视和测量方面存在一些不足。

（6）说明审核的局限性：由于本次内审的时间有限，且又是随机抽样，抽取的证据存在一定的局限性。发现不合格的部门不等于工作没有做好，没有不合格的部门也不等于工作做得很好。希望受审核方不要以不合格项的多少来衡量某个部门工作的优劣。

（7）关于不合格项纠正的要求：上述 × 项不合格项，请有关责任部门在 × × 天时间内针对不合格事实分析原因，针对原因制定纠正措施并实施。纠正措施实施完毕，由内审员对实施的有效性进行验证。同时还希望各部门应根据这次审核发现的问题举一反三，认真组织自查整改。

（8）宣布审核结果：通过 × × 名内审员 × 天的现场审核，审核组认为 × × 人民检察院建立的规范化管理体系文件基本符合 GB/T 19001 - 2008 标准和《人民检察院规范化管理体系指导性标准》的要求，体系运行 × 个月以来，全院法律监督服务提供的过程处于受控状态，体系运行有效，能够确保本院质量方针、质量目标的实现，具备向人民群众提供合格的法律监督服务的能力。

（9）询问有无其他需要澄清的问题。

下面进行第二项议程，请领导讲话。

……

领导讲话完，审核组长代表审核组感谢院领导工作上的支持、生活上的关心和全院干警在审核过程中的积极配合。

宣布本次内部审核结束。

第四节 内部审核报告及跟踪审核

一、内部审核报告

内部审核报告是审核组结束审核工作后对内部审核工作进行总结的文件，是在对审核发现进行汇总分析的基础上，对受审核方规范化管理体系符合性和有效性总体评价的正式文件。内审报告一般由审核组长编写，也可由组长指定其他内审员完成。审核组长对内审报告的准确性和完整性负责。内审报告应经管理者代表或最高管理者审查批准后分发到有关领导和各职能部门。

1. 内审报告的内容。内审报告通常包括以下内容：

（1）审核目的；

（2）审核准则；

（3）审核范围；

（4）审核组长及成员；

（5）审核日期；

（6）对受审核方规范化管理体系审核情况的综述（客观、公正、合理地对受审核方规范化管理体系运行情况进行整体评价，肯定成绩，指出不足，包括不合格项统计分析）；

（7）对规范化管理体系符合性、有效性进行评价，作出审核结论；

（8）提出纠正措施要求或整改情况说明；

（9）改进的建议；

（10）审核组长、内审员签名；

（11）内审报告的附件（不合格项报告和其他认为与审核结果有关的资料）。

2. 编写内审报告应注意的事项：

（1）报告的内容应突出重点，力求客观、准确，用典型事例、数据说话，对事不对人，在肯定成绩的同时，指出存在的主要问题。

（2）可针对问题提出改进的建议，包括奖惩等。

（3）内审报告应在对审核发现进行汇总、分析、评价的基础上作出以下结论。

① 规范化管理体系是否符合审核准则要求（符合性）；

② 规范化管理体系是否得到有效实施（有效性）；

③ 规范化管理体系在持续改进适宜性和有效性方面的能力；

④ 报告应经院领导审核批准后下发。

3. 内审报告举例：

院领导，各处、局、科、室：

按照最高人民检察院规范化管理体系建立、实施的要求和本院《内部审核控制程序》的规定，本院于20××年××月××日—××月××日组织了第一次规范化管理体系内部审核，现将审核的有关情况报告如下：

（1）审核目的：评价本院规范化管理体系的符合性和有效性。

（2）审核准则：

① GB/T 19001–2008标准《质量管理体系 要求》；

②《人民检察院规范化管理体系指导性标准》；

③ 本院规范化管理体系文件；

④ 适用于人民检察院法律监督服务的法律法规、司法解释及有关外来文件。

（3）审核范围：本院法律监督服务涉及的所有过程、部门、场所。

（4）审核组成员：

组　长：×××

成　员：×××、×××、×××、×××、×××、×××、×××

（5）审核时间：20××年××月××日—××月××日

（6）审核情况讲评：本院××名内审员分成×个审核小组，按照《内部审核计划内》的分工，对本院规范化管理体系进行了内部审核。首先审核组与院领导层进行了沟通，然后又分别对××个业务部门进行了审核。审核过程中，内审员先后与有关部门领导和内勤进行了面谈、询问、交流，查阅了有关的文件、资料，检查了相关的记录，收集了一些与体系运行有关的证据，并进行了记录。通过现场审核，审核组认为本院规范化管理体系自 20××年××月××日发布以来体系运行主要有以下特点：

一是院领导和一些部门负责人对规范化管理体系的建立和运行工作很重视，直接参加体系文件的编写、修改、审查，参加内审知识的培训，认真学习标准，深入理解标准要求，结合本院实际思考问题，尽量将标准要求与本院法律监督服务相结合，力求使本院规范化管理体系既符合 GB/T 19001－2008 标准和高检院规范化管理体系指导性标准要求，又符合本院法律监督服务的实际。

二是全体干警通过前一阶段标准知识的普及培训，内审员通过内审知识的培训，不同程度地掌握了一些标准的要求和规范化管理体系的规定，并能够结合本院、本部门实际进一步规范法律监督服务的各项工作。

三是全院干警有较强的敬业、务实精神，能够虚心学习现代管理知识，不断充实、提高素能，为顾客进行法律监督服务的意识在不断增强。

四是在体系运行过程中有关责任部门针对潜在的不合格，先后制定了预防措施各六项，有效地防止了不合格的发生。

五是全院为法律监督服务提供的基础设施齐全、完好，工作环境适宜。

审核组认为，××院制定的质量方针、质量目标适宜，完成情况良好；机构设置合理，各部门职责明确；干警的质量意识、服务意识在不断增强；为法律监督服务的资源配置满足要求；法律监督服务的过程识别和控制是有效的；提供的各项法律监督服务受到了有关领导、社会各界和人民群众的好评；自我约束、改进的机制在不断完善。

还有一些好的特点不一一列举。

审核中，内审员在寻找大量体系运行有效证据的同时，还发现存在一些不足，有的以口头的方式向受审核方指出，现以书面形式开出不合格项报告共××份。

这些不合格项分别分布在标准的 4.2.3、4.2.4、6.2.2、8.2.2、8.2.4、8.4 等过程和各部门操作规程的相应条款中，分别分布在政治处、办公室等 12 个部门。其中政治处、办公室各 2 项，其他部门各 1 项。不合格项分布均匀，没有形成区域性、系统性不合格。不合格的性质均属一般不合格，没有严重不合格。上述不合格项分别由各责任部门分析了原因，针对原因制定了纠正措施并在规定时限内实施，内审员对纠正措施的有效性进行了跟踪验证。

除以上不合格项外，审核组建议：

一是应进一步强化干警对规范化管理体系文件的学习，促使大家自觉按要求实施。

二是体系文件的贯彻实施有"死角"，个别人还游离于体系之外，建议尽快参与到体系运行工作中来。

三是应加强全院所有存档案卷文件质量的监督检查，进一步提高案卷文件管理水平。

四是应进一步健全完善全院自我改进的制约机制，营造一个激励改进的氛围与环境，通过持续改进，不断提高办案质量和服务水平，实现本院"强化法律监督、维护公平正义、服务和谐社会、实现人民满意"的质量目标。

（7）审核结论：

审核组认为：本院规范化管理体系基本符合 GB/T 19001－2008《质量管理体系　要求》和高检院规范化管理体系指导性标准的要求；基本符合本院内外部环境。体系自××月××日发布实施以来收效显著，本院法律监督服务提供的过程受到控制。通过体系的有效运行，能够确保本院质量方针和质量目标的实现。

内审组长：×××

内审员：×××、×××、×××、×××……

附不合格项报告及纠正措施实施的证实。

20××年××月××日

二、跟踪审核

跟踪审核是现场审核结束后，审核组长或内审员对受审核方针对不合格项采取纠正、纠正措施进行评价、认可和对纠正、纠正措施实施结果进行验证的一系列活动。

1. 跟踪审核的基本流程

2. 跟踪审核的重要性

纠正措施的跟踪审核是内部审核结束以后不可缺少的一项重要活动。其重要性在于：

（1）使受审核方能够彻底地纠正不合格产生的原因，防止不合格再发生；

（2）通过纠正过程中举一反三自查，避免类似问题重复发生；

（3）验证纠正和纠正措施实施的有效性；

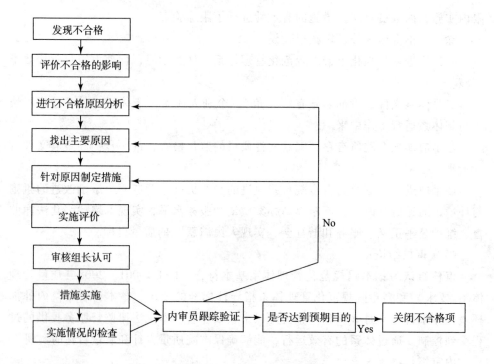

（4）增强受审核方预防为主的思想，达到持续改进的目的；

（5）向上级检察院或第二、三方提供体系正常运行的证据。

3. 跟踪审核的内容

跟踪审核的内容正确与否，直接关系着纠正和纠正措施实施的效果。所以，内审员在跟踪审核时应注意跟踪以下方面内容：

（1）对不合格项的原因分析是否正确；

（2）采取的纠正和纠正措施是否针对产生的原因；

（3）采取的纠正和纠正措施是否按规定的期限实施；

（4）纠正和纠正措施实施能否防止不合格再发生；

（5）所提供的实施结果的证据是否充分有效。

4. 跟踪审核验证的方式和时限

（1）对受审核方提交的纠正措施实施的书面资料进行验证：适合一般不合格；

（2）现场跟踪验证：适合严重不合格或必须到现场验证的一般不合格；

（3）对受审核方提交的书面纠正措施计划的可行性进行确认，下次审核时再验证其有效性：适合那些措施实施时间长或需要很长时间才能对实施结果验证的不合格项。内审员可分以下三种情况确定纠正措施的完成期限：

　　① 性质轻微的不符合，可在现场审核后由受审核方立即完成；

　　② 一般不合格十五天内完成；

　　③ 严重不合格三十天内完成（特殊情况除外）。

　　5. 跟踪审核的验证证据

　　内审员在对纠正和纠正措施的实施进行跟踪审核时，应从以下方面寻找验证的证据：

　　① 修改或新增的文件；

　　② 有关的记录、照片、实物；

　　③ 相关人员的回答；

　　④ 有关的活动（没做的做了，做错的改了）；

　　⑤ 纠正后的实际做法等。

　　通过跟踪审核的验证发现已采取了纠正和纠正措施，但实施效果不理想时，应与受审核方分析研究，制定升级的纠正和纠正措施；对有效的纠正和纠正措施，应采取巩固措施。总之，跟踪审核应做到"四个不放过"，即：原因找不准不放过，责任查不清不放过，纠正和纠正措施不落实不放过，实施效果不好不放过。

第五节　内审员的素质要求

一、应具备的个人素质

　　审核员分外审员和内审员两种，从事第二、三方审核的人员为外审员，从事第一方审核的人员为内审员。无论是内审员还是外审员，只是审核员站的角度不同而已，他们应具备的素质基本相同。内审员应具备的素质包括：

　　1. 认真负责，作风严谨

　　审核是对规范化管理体系进行系统的、独立的检查，是对其符合性和有效性进行评价和识别改进机会的过程。内审员的工作态度、工作作风直接关系着审核的成效。这就要求审核员要有认真负责的态度、扎实严谨的作风，在审核前要精心策划，充分准备；在审核过程中要认真细致，一丝不苟。

　　2. 坚持标准，客观公正

　　公正是审核的灵魂，客观是公正的基础。内审员审核的过程，也是寻找规范化管理体系运行的有效证据，并发现其中存在的问题的过程。贯穿这一过程始终的是要以收集的客观事实为依据，以审核准则作为判定的准绳。审核员应遵守行为准则，独立工作，善于排除各种干扰，同时也不能存在"不找出一个不合格决不罢休"的想法，使最终得出的是客观公正的审核结论。

3. 真诚友好，与人为善

内审员应真诚正直，不卑不亢，与审核组其他成员及受审核方友好相处，真诚交流。尊重他人，也会获得他人的尊重。在审核过程中要善于沟通，耐心地听取受审核方的介绍或意见；遇到问题能够保持冷静，争辩而不争吵，或表现出盛气凌人的样子；不得借审核之机泄个人私愤。

4. 严于律己，保守秘密

内审员要严格要求自己，不提与审核无关的要求，不参加与审核无关的事情。审核结束后，在未征得受审核方同意的情况下，内审员不得向任何第三方透露审核的有关情况及审核报告的内容。不得向其他任何人评贬受审核方，更不得泄露受审核方的管理经验或案件秘密。

5. 勤于学习，甘于奉献

审核员从事的是高强度的工作，现场审核时，审核时间短、任务重，审核员必须脑子要想着、耳朵要听着、眼睛要看着、手上要写着，哪一方面做不好都将影响审核的顺利进行。所以，内审员要有吃苦耐劳的精神。同时还要勤于学习，刻苦钻研业务，成为行家里手。

二、应具备的能力

内审员应受过中等以上教育，参加过内审员知识的培训，从事或接触法律监督服务工作三年以上，具有一定工作经验，并具备以下能力：

1. 独立工作能力

内审员在审核前应会编制审核计划，会按计划的分工编写审核检查表，能独立开展某一方面、某一部门的现场审核，会查找出问题并开具不合格项报告，协助审核组长编写审核报告，对纠正措施实施跟踪验证等。

2. 语言表达能力

内审员应善于表达自己的思想，应做到语言流畅，表达正确，简明扼要，合乎逻辑，尽量使用普通话。如果说话口吃或地方口音较浓，或语意不清都将影响审核效果。

3. 正确决断能力

内审员在审核过程中会遇到各种各样的问题，这就要求内审员要思维敏捷，思路开阔，勤于思考，多角度考虑问题，能准确地把握过程或事件发生的因果关系，短时间内基于逻辑推理和分析作出正确判断，从而控制整个审核的进度，掌握审核的主动权。

4. 随机应变能力

审核过程将不同程度地受到各种主客观因素的影响（包括受审核方的态度、气候、交通等），有时可能影响现场审核正常进行，这就需要内审员要有较强的应变能力，善于应对变化的情况，及时调整或采取应急措施，确保审核按计划顺利完成。

5. 微机速录能力

审核过程中内审员要收集大量的客观证据，不仅工作量很大，而且时间有限。内审员现场审核时一边提问，一边记录，因此应有一定的微机速录能力，把现场审核的情况特别是不合格事实记清楚、记详细，避免重复检查。

三、应具备的知识

1. 应掌握 GB/T 19001 - 2008《质量管理体系 要求》标准要求

内审员从事审核活动的主要依据是 GB/T 19001 - 2008 标准，内审员不仅要认真学习标准要求，而且应结合人民检察院法律监督服务的特点加以理解和应用。

2. 应熟悉《人民检察院规范化管理体系指导性标准》规定

因为此标准是最高人民检察院对各级人民检察院建立、实现规范化管理体系的具体指导性标准，是各级人民检察院建立规范化管理体系的主要依据。

3. 应了解人民检察院法律监督服务的专业知识，掌握法律法规要求

俗话说："隔行如隔山。"任何一个行业都有其行业特点，不同的专业有不同的要求。国家要求审核组成员中必须有专业审核员。所以，人民检察院在选定规范化管理体系审核组成员时首先应考虑人选是否对某一专业有特长，审核时应尽量把有专业特长的内审员安排到他熟悉的业务部门进行审核。

GB/T 19001 - 2008 标准中多次提到法律法规要求，人民检察院又是专门从事法律监督服务的机关，理论上涉及我国颁布的所有法律法规。这就要求内审员应掌握更多的法律法规知识。当然，要求内审员掌握所有法律法规是不可能的，但对日常涉及的《刑法》、《刑事诉讼法》、《人民检察院刑事诉讼规则》等常用法律法规及司法解释，内审员应该掌握。

4. 不断积累实践经验，不断完善知识结构

真知来源于实践。未曾从事过法律监督服务的内审员是难以胜任人民检察院规范化管理体系内审工作的（由于审核员不懂法造成开错不合格项的事例时有发生）。内审员要注重实践，业务精通，并了解被审核部门的职能和相关业务工作，把标准要求与人民检察院法律监督服务更好地结合起来。这样才能掌握审核的主动权。

在不断积累实践经验的基础上，内审员应拓展学习领域，开阔知识视野，特别是现代管理知识的学习，与时俱进，创造性地开展工作，真正成为熟业务、精管理、懂信息技术的复合型人才。

附：内部审核流程图

内部审核流程图

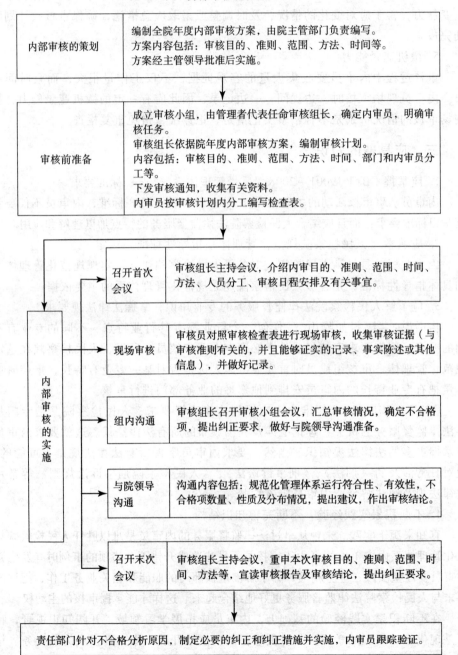

| 内部审核的策划 | 编制全院年度内部审核方案，由院主管部门负责编写。
方案内容包括：审核目的、准则、范围、方法、时间等。
方案经主管领导批准后实施。 |

| 审核前准备 | 成立审核小组，由管理者代表任命审核组长，确定内审员，明确审核任务。
审核组长依据院年度内部审核方案，编制审核计划。
内容包括：审核目的、准则、范围、方法、时间、部门和内审员分工等。
下发审核通知，收集有关资料。
内审员按审核计划内分工编写检查表。 |

内部审核的实施	召开首次会议	审核组长主持会议，介绍内审目的、准则、范围、时间、方法、人员分工、审核日程安排及有关事宜。
	现场审核	审核员对照审核检查表进行现场审核，收集审核证据（与审核准则有关的，并且能够证实的记录、事实陈述或其他信息），并做好记录。
	组内沟通	审核组长召开审核小组会议，汇总审核情况，确定不合格项，提出纠正要求，做好与院领导沟通准备。
	与院领导沟通	沟通内容包括：规范化管理体系运行符合性、有效性，不合格项数量、性质及分布情况，提出建议，作出审核结论。
	召开末次会议	审核组长主持会议，重申本次审核目的、准则、范围、时间、方法等，宣读审核报告及审核结论，提出纠正要求。

| 责任部门针对不合格分析原因，制定必要的纠正和纠正措施并实施，内审员跟踪验证。 |

第六章　规范化管理体系的管理评审

第一节　管理评审的策划

一、有关术语

1. 管理评审

管理评审是指组织的最高管理者为确保质量管理体系达到规定目标的适宜性、充分性和有效性，而组织的对质量管理体系的系统评价过程（或活动）。

人民检察院的管理评审是指检察长为确保规范化管理体系达到规定目标的适宜性、充分性和有效性，而组织的对规范化管理体系的系统评价过程（或活动）。

2. 最高管理者

最高管理者是指在最高层指挥和控制本组织的一个人或一组人。人民检察院的最高管理者应是检察长或检察院领导班子。

3. 评审输入

评审输入是指为评审规范化管理体系的适宜性、充分性和有效性提供证实的信息。

4. 评审输出

评审输出是指改进的决定和措施，包括对规范化管理体系和过程有效性改进、对与顾客要求有关的法律监督服务的改进和体系运行资源需求的决定和措施，以及对规范化管理体系的适宜性、充分性、有效性现状所作出的基本评价。

二、评审目的

确保人民检察院规范化管理体系持续的适宜性、充分性和有效性，包括识别规范化管理体系改进的机会和变更的需要，质量方针和目标制定的适宜性。

1. 适宜性：是指规范化管理体系持续满足人民检察院内外部环境变化能力的特性。因为人民检察院所处客观环境处于不断变化中，如顾客要求和期望变化，新的法律法规颁布等，为适应变化的环境，人民检察院的规范化管理体系应随之变化，只有这样才能持续地适应变化的客观环境。

2. 充分性：是指规范化管理体系的过程展开的程度和实施的能力。人民检察院是否在建立规范化管理体系时识别了与本院法律监督服务有关的全部过程，过程是否充分展开细化，每一个过程的活动，特别是接口是否明确，资源配置是否充分，人民群众的需求和期望是否识别清楚等，将直接影响过程的充分性。原有的规范化管理体系某过程或某子过程可能存在识别不充分情况，可能存在诸多因素未考虑的问题，如某过程职责不明确，过程未充分展开，过程顺序不合理，过程重复或出现空当，过程接口不畅等，从而影响规范化管理体系正常运行。管理评审就是要发现这些不充分的情况，以采取相应措施予以解决，需要时可通过过程再造，确保规范化管理体系持续的充分性。

3. 有效性：是指完成的策划活动和达到策划所设定目标程度的度量。对有效性的评审，可以把监测的结果与策划的要求相对比，即把提供的法律监督服务的符合性、过程绩效、顾客反馈意见、内外部审核的结果等（即完成的策划活动）作为评审的输入与人民检察院规定的质量方针、质量目标进行对比，从而判定规范化管理体系运行效果（即有效性），还要分析运行结果与所利用资源之间的关系（即效率）。

4. 通过管理评审识别规范化管理体系改进机会及变更需要，包括质量方针和质量目标的适宜性，发现规范化管理体系调整、改进的需求。包括：

（1）因质量方针、质量目标不能实现，判定体系运行无效或质量方针、质量目标不切合实际；

（2）通过体系与外部变更环境对比发现体系不适宜；

（3）因持续改进需要发现已识别的某过程展开不充分，或某些过程的职责、顺序规定不合理。

通过管理评审发现规范化管理体系存在的不足，及时采取相应措施，确保人民检察院规范化管理体系持续的适宜性、充分性和有效性。

三、管理评审的策划

为保证人民检察院规范化管理体系持续的适宜性、充分性和有效性，应对管理评审进行策划。

1. 确定管理评审的时间

（1）确定管理评审的时间应依据规范化管理体系运行的效果，以往管理评审发现的问题的纠正情况和内外部环境变化等，确定评审时间。正常情况下每年至少一次，间隔不超过 12 个月。管理评审一般在年末进行，下列特殊情况可随时进行：

① 适用的法律法规及其他要求发生重大变化；

② 人民检察院机构、职责进行重大调整；

③ 连续出现重大质量问题或人民群众有重大投诉；

④ 规范化管理体系出现严重不合格时；

⑤ 其他情况。

（2）检察长依据本院规范化管理体系运行的实际情况，本院质量方针、质量目标完成情况以及人民群众需求的变化等，在规定的时间间隔内，选择适宜的时机提前提出管理评审的要求。

2. 确定管理评审的内容

（1）系统评价规范化管理体系的适宜性、充分性和有效性；

（2）识别规范化管理体系改进的机会和变更的需要；

（3）质量方针和质量目标的适宜性；

（4）纠正和预防措施的实施情况；

（5）各部门内部自查结果；

（6）其他需要评审的内容。

3. 确定管理评审的职责、权限

（1）检察长负责主持管理评审；

（2）管理者代表负责管理评审的筹备工作，并向检察长汇报规范化管理体系运行情况；

（3）规范化管理办公室负责编制《管理评审计划》，协助管理者代表进行管理评审的准备工作和组织实施，制定收集并提供管理评审所需资料，编写《管理评审报告》，以及评审决策措施的跟踪验证；

（4）相关部门负责人参加评审，准备并提供本部门的管理评审汇报材料，积极参与讨论，制定评审中提出需要采取的纠正和预防措施并实施。

4. 确定管理评审的步骤

（1）成立由院领导层及各部门负责人组成的评审组，由检察长担任组长，明确评审组各成员的职责和分工；

（2）编制《管理评审计划》，内容包括：

① 评审的目的；

② 评审的范围和依据；

③ 评审的具体时间安排；

④ 参加评审的部门和具体人员；

⑤ 评审的内容和要求。

评审计划由规范化管理办公室负责编写，由管理者代表审核，经检察长批准，在管理评审会议前下发参加会议人员；

（3）规范化管理办公室提前七天以书面形式下发评审通知；

（4）各部门按要求准备管理评审汇报材料；

（5）召开管理评审会议；

（6）编写评审报告；

（7）跟踪评审决定或措施的实施及效果。

5. 确定管理评审的记录

管理评审是对规范化管理体系乃至全院检察工作的检验和总体评价，评审内容全面具体，涉及全院所有部门，是检察长实施有效管理的充分体现。整个评审过程从策划到实施验证，都应有相应的记录证实。记录应翔实具体，按要求编写，全面反映客观情况，还可作为下次管理评审和外部审核的输入。记录应由规范化管理办公室统一保存。应予以保持的记录有：

（1）管理评审计划；

（2）评审输入的各种汇报材料；

（3）管理评审会议记录；

（4）纠正措施的实施及验证记录；

（5）管理评审报告。

第二节　管理评审的实施

一、管理评审的输入

1. 管理评审的输入准备

在管理评审前，各有关部门应准备评审的汇报材料，各部门的职责不同，其汇报的内容和侧重也有所不同。各部门要对本部门的工作情况、体系运行情况、质量目标完成情况、存在的问题等，进行认真自查，并准备汇报材料。各部门汇报材料主要侧重以下方面：

（1）队伍管理部门

① 教育培训情况；

② 本院干警违法违纪及人民群众的投诉情况；

③ 影响规范化管理体系的变更情况；

④ 改进建议等。

（2）事务管理部门

① 体系运行与本部门工作结合的符合性；

② 内部顾客即本院内干警对本部门服务的满意程度；

③ 基础设施、工作环境、信息化建设等保障程度；

④ 影响规范化管理体系的变更情况；

⑤ 改进建议等。

（3）各业务部门

① 主要工作业绩；

② 质量目标实现情况；

③ 纠正和预防措施实施情况；

④ 影响规范化管理体系的变更情况；

⑤ 改进建议等。

各部门编写汇报材料，要紧紧围绕评审内容，切忌写成工作总结形式，更不能流于形式。下面以东辽县人民检察院 2009 年 12 月 20 日第一次管理评审对各部门汇报材料格式要求为例，予以说明。

一、2008 年主要工作情况是 2008 年 8 月 19 日体系文件发布以来所做的工作。全面体现业绩和质量方针、质量目标完成情况，重点汇报体系运行以来取得的成效、法律监督服务的符合性（符合性指办案程序、适用法律、效果等）。

二、接受内部审核的情况

本部门接受两次内审情况，先后开了几个不合格项，制定了哪些措施，是否实施，实施效果如何。

三、顾客意见

工作对象，服务对象，人民群众对本部门、本院的意见，肯定的或是否定的都应写明。

四、预防措施和纠正措施的制定实施情况

本部门自 2008 年 8 月 19 日体系运行以来，针对平时工作中发现的不合格或潜在不合格制定的纠正、预防措施和实施情况及效果。

五、可能影响本院规范化体系的变更情况

是否存在影响本院规范化管理体系变化的情形，如人员、职责、资源配置等。存在问题虽不影响本院规范化体系的变更，但体系的适宜性、充分性和有效性还存在哪些欠缺之处。

六、改进建议

建议包括：体系文件修改，人员的变更，职责机构的调整以及资源配置如人、财、物等。

2. 管理评审输入

（1）管理者代表对各部门提交的汇报材料进行汇总和分析，汇报材料是否符合评审要求，论证是否充分，是否需要进一步完善，汇总后从中找出体系运行中存在的主要问题，从而对整个体系的运行情况作出初步的分析判断。

（2）管理者代表组织规范化管理办公室，综合全院体系运行情况，报最高管理者，确定评审的议题，连同各部门汇报材料作为评审输入的主要信息，包括：

① 内外部审核的结果；

② 人民群众的反馈（包括满意、抱怨和投诉、人民群众的意见建议等反馈信息，没有意见不等于顾客满意，也要注明）；

③ 法律监督服务各过程的绩效和法律监督服务过程结果的符合性，包括对法律监督过程业绩和法律监督过程结果符合性的分析、体系运行能否满足目标的分析、质量方针和目标是否适宜的分析，以及质量目标的完成情况；

④ 纠正、预防措施实施的情况，特别是对法律监督服务质量有重大影响的改进活动；

⑤ 以往管理评审作出决定的实施情况及效果；

⑥ 可能影响规范化管理体系的各种变化，包括外部环境的变化，自身情况的重大变化及法律法规、政策的变化等；

⑦ 改进的意见和建议等。

二、召开管理评审会议

管理评审的活动应适合于人民检察院的实际，其形式可多种多样，可以是专门的会议（包括电话会议、互联网会议等），也可以结合其他活动一起进行。由于每次管理评审的输入可能不完全相同，因此，每次管理评审的输出并不一定非要回答所有问题，可以针对某一个或几个问题召开会议研究并作出相应决定。

全面的管理评审一般以会议的形式进行，参加人员为评审组全体人员，内审员可列席管理评审会议，规范化管理办公室人员负责做好管理评审会议记录。会议由检察长主持。会议议程主要有以下几项内容：

1. 检察长阐明管理评审的目的和意义；

2. 各部门负责人分别汇报；

3. 各部门对体系适宜性、充分性、有效性讨论发言（包括质量方针和质量目标的适宜性）；

4. 检察长总结发言并作出决策（包括体系文件的修改、人员和职责变动、资源配置及其他决定等）。

东辽县人民检察院在 2009 年 12 月 20 日举行的管理评审会议上，采取一部门一汇报、随即进行讨论、当场作出决定的方式进行评审。由于事先策划清晰、筹备严谨、准备充分，确定了开诚布公反映问题，有针对性地提出改进建议的主导思想，在评审会议上各部门充分解放思想，有理有据地提出问题、分析问题和相关建议，大到部门职责和人员分配，小到具体个案和遇到的实际问题，共提出问题 46 项，院领导班子当场研究解决问题 41 项，对部门或部门间存在的职责不清、接口不畅等 5 项较复杂问题，列为重大整改问题部署整改，并作出了体系文件改版的决定，取得了良好的评审效果。

三、管理评审的输出

管理评审的输出是管理评审的结果，是人民检察院对规范化管理体系持续的适宜性、充分性和有效性的改进决策，是组织全院干警在规范化管理改进方面的行动指南。

1. 输出内容

（1）对规范化管理体系是否适宜、充分和有效作出基本评价（包括质量方针、质量目标适宜性和变更需求的评审）；

（2）对规范化管理体系及其过程有效性的改进的决定和措施；

（3）对与人民群众要求有关的法律监督服务的改进决定和措施（包括明示的、隐含的要求，法律法规要求和附加要求）；

（4）对人民检察院资源适宜性评价意见（适宜性不仅应考虑当前资源的需求，还应考虑未来资源需求）或因资源不足采取的决定和措施。

2. 管理评审报告

管理评审会议结束后，应形成管理评审报告，报告应包括以下内容：

（1）评审的目的、范围和依据。

（2）评审的时间、地点、参加部门和人员。

（3）评审的主要内容、存在的问题及改进建议。

（4）与以下内容有关的决定和措施：

① 规范化管理体系及其过程有效性的改进；

② 人民群众要求有关的法律监督服务的改进；

③ 资源需求的改进；

④ 对规范化管理体系的适宜性、充分性和有效性三个方面的现状作出基本评价；

⑤ 规范化管理体系文件是否需要修订的结论。

管理评审报告由规范化管理办公室负责起草，在广泛征求各部门的意见基础上，经管理者代表审核，检察长审批。必要时，将会议记录的各项讨论议题及作出的决议以客观真实、清楚明了的记录形式编制成会议纪要，作为管理评审报告的补充，以正式文件下发至各部门实施。

3. 后续工作

（1）对管理评审作出的各项改进决定和措施要认真贯彻执行，规范化管理办公室要对决定和措施的实施及效果进行检查、督促和跟踪验证。

（2）各相关责任部门要针对管理评审发现的不合格或潜在不合格，按照纠正和预防措施控制程序要求制定纠正和预防措施并实施。规范化管理办公室负责对实施效果进行跟踪验证。

（3）作出的决定和措施引起文件改版时，要按《文件控制程序》执行。

通过管理评审发现以下问题时，应考虑对体系文件进行补充修改或改版：

① 本院规范化管理体系文件没能很好地结合自身的实际情况，操作性不强；

② 体系文件中规定的操作规程和标准与法律法规或相关文件不相适宜或相抵触；

③ 现行规范化管理体系文件不能完全适应最新形势和环境的发展变化需要；

④ 体系文件中规定的各部门的职责不够清晰明确，存在矛盾和疏漏之处；

⑤ 各部门规范化管理体系操作文件之间规定的接口不畅，文件缺乏系统性；

⑥ 体系文件结构不合理，繁简不适度，叙写不准确等问题。

上述问题如果体现在少数个别的文件中，可对个别文件进行补充修改，若是涉及面广或带有普遍性的问题，则应考虑文件改版。

附 1：管理评审流程图

附 2：管理评审控制程序

附1：管理评审流程图

规范化管理体系管理评审流程图

环节序号	步骤	负责人	主要内容和要求	参加人
	开始			
1	管理评审策划	检察长	1. 确定管理评审的时间； 2. 确定管理评审的内容； 3. 确定管理评审的职责、权限； 4. 确定管理评审的步骤； 5. 确定管理评审的记录。	规范化管理办公室
2	评审准备	管理者代表	1. 成立评审组； 2. 编制评审计划； 3. 准备评审资料。	各部门
3	评审输入	各部门	1. 内外部审核的结果； 2. 人民群众的反馈； 3. 过程的绩效和法律监督服务的符合性； 4. 纠正、预防措施实施的情况； 5. 以往管理评审的跟踪措施； 6. 可能影响规范化管理体系变更的； 7. 改进的建议等。	各部门
4	召开评审会议	检察长	1. 检察长主持会议； 2. 各部门负责人分别汇报； 3. 各部门对体系适宜性、充分性、有效性讨论发言； 4. 检察长总结发言并作出决策。	评审组内审员
5	评审输出	检察长	1. 规范化管理体系及其过程的有效性改进； 2. 与人民群众要求有关的法律监督服务的改进； 3. 人民检察院资源需求。	各部门

续表

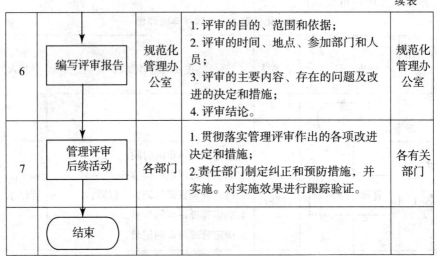

6	编写评审报告	规范化管理办公室	1. 评审的目的、范围和依据; 2. 评审的时间、地点、参加部门和人员; 3. 评审的主要内容、存在的问题及改进的决定和措施; 4. 评审结论。	规范化管理办公室
7	管理评审后续活动	各部门	1. 贯彻落实管理评审作出的各项改进决定和措施; 2. 责任部门制定纠正和预防措施,并实施。对实施效果进行跟踪验证。	各有关部门
	结束			

附2:管理评审控制程序

管理评审控制程序
JCB/DLJCY/CX06 – B/0

1　目的

规范管理评审活动,提高管理评审的质量,从而保证规范化管理体系持续的适宜性、充分性和有效性。

2　适用范围

适用于本院对规范化管理体系进行的管理评审活动。

3　职责和权限

3.1　检察长负责主持管理评审会议。

3.2　管理者代表负责管理评审筹备工作,并向检察长汇报规范化管理体系运行情况。

3.3　规范化管理办公室负责编制、保持本程序,协助管理者代表进行管理评审的准备工作和组织实施,制定《管理评审计划》,收集并提供管理评审所需资料,编写《管理评审报告》,以及评审决策措施的跟踪验证。

3.4　相关部门负责人参加评审,准备并提供本部门的评审所需资料,制定和实施与本部门有关的纠正和预防措施。

4　工作程序

4.1　管理评审的周期

管理评审每年至少进行一次，相邻两次管理评审时间间隔不超过 12 个月。当发生下列情况时，由检察长决定可增加评审次数：

a）适用法律法规及其他要求发生重大变化；

b）组织机构、职责进行重大变化；

c）连续出现重大质量问题或人民群众有重大投诉；

d）规范化管理体系出现严重不合格时；

e）其他情况。

4.2　管理评审的输入

管理评审的输入包括本院当前的业绩和需要改进的方面，分别由规范化管理办公室和各相关部门提供，具体内容包括：

a）内、外审核的结果；

b）人民群众反馈信息；

c）过程的业绩和服务的符合性；

d）预防和纠正措施的状况；

e）以往管理评审的跟踪措施情况；

f）可能影响规范化管理体系的变更；

g）改进的建议。

4.3　管理评审的实施

4.3.1　规范化管理办公室制定《管理评审计划》，提前 7 天将《管理评审计划》及相关要求（包括评审时间、评审目的、评审范围及评审重点、参加评审的部门和人员、评审依据和评审内容），书面通知评审的参加者，收集并提供管理评审所需资料。

4.3.2　检察长主持管理评审会议，管理者代表、各部门负责人参加会议。各部门作汇报发言，参加会议人员充分讨论。

4.3.3　检察长总结发言并作出决策（包括体系文件的修改、人员和职责变动、资源配置及其他决定等）。

4.3.4　规范化管理办公室人员做好会议记录。

4.4　管理评审报告

4.4.1　规范化管理办公室根据检察长对管理评审中相关问题的决定，形成《管理评审报告》，内容应包括：

a）评审目的、范围；

b）评审时间、参加人员；

c）规范化管理体系运行的主要成绩与问题；

d）规范化管理体系有效性的改进、法律监督服务的改进、资源调整的各项决定和措施；

e）对规范化管理体系适宜性、充分性和有效性现状作出基本评价。

f）规范化管理体系文件是否需要修订的结论。

4.4.2　《管理评审报告》由规范化管理办公室编制，经管理者代表审核，检察长审批后，下发实施。

4.4.3　管理评审发现的不合格或潜在的不合格，有关责任部门负责制定纠正和预防措施并实施，规范化管理办公室负责跟踪验证。具体执行《纠正和预防措施控制程序》。

4.4.4　管理评审结果引起文件更改时，按《文件控制程序》执行。

5　引用文件

《纠正和预防措施控制程序》

《文件控制程序》

6　记录

《管理评审计划》

《管理评审报告》

《管理评审会议记录》

附录：

中 华 人 民 共 和 国 国 家 标 准

GB/T 19001 - 2008/ISO 9001：2008

代替 GB/T 19001 - 2000

质量管理体系 要求

Quality management systems – Requirements

（ISO 9001：2008，IDT）

2008 - 12 - 30 发布　　　　　　　　　　**2009 - 03 - 01 实施**

中华人民共和国国家质量监督检验检疫总局
中国国家标准化管理委员会　发布

前　言

　　本标准等同采用 ISO 9001：2008《质量管理体系 要求》（英文版）。

　　本标准代替 GB/T 19001－2000《质量管理体系 要求》，通过对其修订，使表述更为明确，并增强与 GB/T 19001－2004 的相容性。

　　附录 B 中给出了 GB/T 19001－2008 和 GB/T 19001－2000 之间的具体变化。

　　本标准的附录 A 和附录 B 是资料性附录。

　　本标准由全国质量管理和质量保证标准化技术委员会（SAC/TC151）提出并归口。

　　本标准由中国标准化研究院负责起草。

　　本标准起草单位：中国标准化研究院、国家认证认可监督管理委员会、中国认证认可协会、中国合格评定国家认可中心、中国质量认证中心、方圆标志认证集团、中国船级社质量认证公司、上海质量体系审核中心、深圳环通认证中心、赛宝认证中心、华夏认证中心有限公司、国培认证培训（北京）中心、中国建材检验认证中心、上海汽轮机有限公司。

　　本标准主要起草人：田武、李钊、刘卓慧、李强、李荷芳、李明、赵志伟、王建宁、孙纯一、曲辛田、万举勇、王梅、李平、石新勇、倪红卫。

　　本标准所代替标准的历次版本发布情况为：

　　－GB/T 10300．2－1988、GB/T 19001－1992、GB/T 19001－1994、GB/T 19001－2000。

引　言

0.1　总则

采用质量管理体系是组织的一项战略性决策。一个组织质量管理体系的设计和实施受下列因素的影响：

a）组织的业务环境、该环境的变化以及与该环境有关的风险；

b）组织不断变化的需求；

c）组织的具体目标；

d）组织所提供的产品；

e）组织所采用的过程；

f）组织的规模和组织的结构。

统一质量管理体系的结构或文件不是本标准的目的。

本标准所规定的质量管理体系要求是对产品要求的补充。"注"是帮助理解和说明有关要求的指南。

本标准能用于内部和外部各方（包括认证机构）评定组织满足顾客要求、适用于产品的法律法规要求和组织自身要求的能力。

本标准的制定已经考虑了 GB/T 19000 和 GB/T 19004 中所阐明的质量管理原则。

0.2　过程方法

本标准鼓励在建立、实施质量管理体系以及改进其有效性时采用过程方法，旨在通过满足顾客要求，增强顾客满意。

为使组织有效运行，必须确定和管理众多相互关联的活动。通过使用资源和管理，将输入转化为输出的一项或一组活动，可以视为一个过程。通常，一个过程的输出直接形成下一个过程的输入。

为了产生期望的结果，由过程组成的系统在组织内的应用，连同这些过程的识别和相互作用，以及对这些过程的管理，可称之为"过程方法"。

过程方法的优点是对过程系统中单个过程之间的联系以及过程的组合和相互作用进行连续的控制。

在质量管理体系中应用过程方法时，强调以下方面的重要性：

a）理解和满足要求；

b）需要从增值的角度考虑过程；

c）获得过程绩效和有效性的结果；

d）在客观测量的基础上，持续改进过程。

下图所反映的以过程为基础的质量管理体系模式展示了第 4 章至第 8 章中所提出的过程联系。该图反映了在规定输入要求时，顾客起着重要的作用。对顾客满意的监视，要求组织对顾客关于组织是否已满足其要求的感受的信息进行评价。该模式虽覆盖了本标准的所有要求，但却未详细地反映各过程。

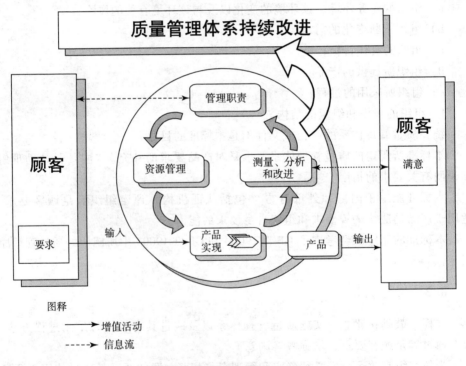

以过程为基础的质量管理体系模式

注：此外，称之为 "PDCA" 的方法可适用于所有过程。PDCA 模式可简述如下：

P－策划：根据顾客的要求和组织的方针，为提供结果建立必要的目标和过程；

D – 实施：实施过程；

C – 检查：根据方针、目标和产品要求，对过程和产品进行监视和测量，并报告结果；

A – 处置：采取措施，以持续改进过程绩效。

0.3 与 GB/T 19004 的关系

GB/T 19001 和 GB/T 19004 都是质量管理体系标准，这两项标准相互补充，但也可单独使用。

GB/T 19001 规定了质量管理体系要求，可供组织内部使用，也可用于认证或合同目的。GB/T 19001 所关注的是质量管理体系在满足顾客要求方面的有效性。

在本标准发布时，GB/T 19004 处于修订过程中。修订后的 GB/T 19004 将为组织在复杂的、要求更高的和不断变化的环境中获得持续成功提供管理指南。与 GB/T 19001 相比，GB/T 19004 关注质量管理体系的更宽范围；通过系统和持续改进组织的绩效，满足所有相关方的需求和期望。然而，GB/T 19004 不拟用于认证、法律法规和合同的目的。

0.4 与其他管理体系的相容性

为方便使用者，本标准在修订过程中适当考虑了 GB/T 24001 – 2004 的内容，以增强两个标准的相容性。附录 A 表明了 GB/T 19001 – 2008 与 GB/T 24001 – 2004 之间的对应关系。

本标准不包括针对其他管理体系的特定要求，如环境管理、职业健康与安全管理、财务管理或风险管理的特定要求。然而，本标准使组织能够将自身的质量管理体系与相关的管理体系要求相协调或整合。组织为了建立符合本标准要求的质量管理体系，可能会改变现行的管理体系。

质量管理体系 要求

1　范围

1.1　总则

本标准为有下列需求的组织规定了质量管理体系要求：

a）需要证实其具有稳定地提供满足顾客要求和适用的法律法规要求的产品的能力；

b）通过体系的有效应用，包括体系持续改进过程的有效应用，以及保证符合顾客要求和适用的法律法规要求，旨在增强顾客满意。

注 1：在本标准中，术语"产品"仅适用于：

a）预期提供给顾客的或顾客所要求的产品；

b）产品实现过程所产生的任何预期输出。

注 2：法律法规要求可称作法定要求。

1.2　应用

本标准规定的所有要求是通用的，旨在适用于各种类型、不同规模和提供不同产品的组织。

由于组织及其产品的性质导致本标准的任何要求不适用时，可以考虑对其进行删减。

如果进行删减，应仅限于本标准第 7 章的要求，并且这样的删减不影响组织提供满足顾客要求和适用法律法规要求的产品的能力或责任，否则不能声称符合本标准。

2　规范性引用文件

下列文件中的条款通过本标准的引用而成为本标准的条款。凡是注日期的引用文件，其随后所有的修改单（不包括勘误的内容）或修订版均不适用于本标准，然而，鼓励根据本标准达成协议的各方研究是否可使用这些文件的最新版本。凡是不注日期的引用文件，其最新版本适用于本标准。

GB/T 19000 - 2008 质量管理体系 基础和术语 （ISO 9000：2005，IDT）

3 术语和定义

本标准采用 GB/T 19000 中所确立的术语和定义。

本标准中所出现的术语"产品"，也可指"服务"。

4 质量管理体系

4.1 总要求

组织应按本标准的要求建立质量管理体系，将其形成文件，加以实施和保持，并持续改进其有效性。

组织应：

a）确定质量管理体系所需的过程及其在整个组织中的应用（见 1.2）；

b）确定这些过程的顺序和相互作用；

c）确定所需的准则和方法，以确保这些过程的运行和控制有效；

d）确保可以获得必要的资源和信息，以支持这些过程的运行和监视；

e）监视、测量（适用时）和分析这些过程；

f）实施必要的措施，以实现所策划的结果和对这些过程的持续改进。

组织应按本标准的要求管理这些过程。

组织如果选择将影响产品符合要求的任何过程外包，应确保对这些过程的控制。对此类外包过程控制的类型和程度应在质量管理体系中加以规定。

注 1：上述质量管理体系所需的过程包括与管理活动、资源提供、产品实现以及测量、分析和改进有关的过程。

注 2："外包过程"是为了质量管理体系的需要，由组织选择，并由外部方实施的过程。

注 3：组织确保对外包过程的控制，并不免除其满足所有顾客要求和法律法规要求的责任。对外包过程控制的类型和程度可受诸如下列因素影响：

a）外包过程对组织提供满足要求的产品的能力的潜在影响；

b）对外包过程控制的分担程度；

c）通过应用 7.4 实现所需控制的能力。

4.2 文件要求

4.2.1 总则

质量管理体系文件应包括：

a）形成文件的质量方针和质量目标；

b）质量手册；

c) 本标准所要求的形成文件的程序和记录；

d) 组织确定的为确保其过程有效策划、运行和控制所需的文件，包括记录。

注1：本标准出现"形成文件的程序"之处，即要求建立该程序，形成文件，并加以实施和保持。一个文件可包括对一个或多个程序的要求。一个形成文件的程序的要求可以被包含在多个文件中。

注2：不同组织的质量管理体系文件的多少与详略程度可以不同，取决于：

a) 组织的规模和活动的类型；

b) 过程及其相互作用的复杂程度；

c) 人员的能力。

注3：文件可采用任何形式或类型的媒介。

4.2.2　质量手册

组织应编制和保持质量手册，质量手册包括：

a) 质量管理体系的范围，包括任何删减的细节和正当的理由（见1.2）；

b) 为质量管理体系编制的形成文件的程序或对其引用；

c) 质量管理体系过程之间的相互作用的表述。

4.2.3　文件控制

质量管理体系所要求的文件应予以控制。记录是一种特殊类型的文件，应依据4.2.4的要求进行控制。

应编制形成文件的程序，以规定以下方面所需的控制：

a) 为使文件是充分与适宜的，文件发布前得到批准；

b) 必要时对文件进行评审与更新，并再次批准；

c) 确保文件的更改和现行修订状态得到识别；

d) 确保在使用处可获得适用文件的有关版本；

e) 确保文件保持清晰、易于识别；

f) 确保组织所确定的策划和运行质量管理体系所需的外来文件得到识别，并控制其分发；

g) 防止作废文件的非预期使用，如果出于某种目的而保留作废文件，对这些文件进行适当的标识。

4.2.4　记录控制

为提供符合要求及质量管理体系有效运行的证据而建立的记录，应得到控制。

组织应编制形成文件的程序，以规定记录的标识、贮存、保护、检索、保留和处置所需的控制。

记录应保持清晰、易于识别和检索。

5 管理职责

5.1 管理承诺

最高管理者应通过以下活动，对其建立、实施质量管理体系并持续改进其有效性的承诺提供证据：

a）向组织传达满足顾客和法律法规要求的重要性；

b）制定质量方针；

c）确保质量目标的制定；

d）进行管理评审；

e）确保资源的获得。

5.2 以顾客为关注焦点

最高管理者应以增强顾客满意为目的，确保顾客的要求得到确定并予以满足（见7.2.1和8.2.1）。

5.3 质量方针

最高管理者应确保质量方针：

a）与组织的宗旨相适应；

b）包括对满足要求和持续改进质量管理体系有效性的承诺；

c）提供制定和评审质量目标的框架；

d）在组织内得到沟通和理解；

e）在持续适宜性方面得到评审。

5.4 策划

5.4.1 质量目标

最高管理者应确保在组织的相关职能和层次上建立质量目标，质量目标包括满足产品要求所需的内容［（见7.1 a）］。质量目标应是可测量的，并与质量方针保持一致。

5.4.2 质量管理体系策划

最高管理者应确保：

a）对质量管理体系进行策划，以满足质量目标以及4.1的要求；

b）在对质量管理体系的变更进行策划和实施时，保持质量管理体系的完整性。

5.5 职责、权限和沟通

5.5.1 职责和权限

最高管理者应确保组织内的职责、权限得到规定和沟通。

5.5.2 管理者代表

最高管理者应在本组织管理层中指定一名成员，无论该成员在其他方面的职责如何，应使其具有以下方面的职责和权限：

a）确保质量管理体系所需的过程得到建立、实施和保持；

b）向最高管理者报告质量管理体系的绩效和任何改进的需求；

c）确保在整个组织内提高满足顾客要求的意识。

注：管理者代表的职责可包括就质量管理体系有关事宜与外部方进行联络。

5.5.3　内部沟通

最高管理者应确保在组织内建立适当的沟通过程，并确保对质量管理体系的有效性进行沟通。

5.6　管理评审

5.6.1　总则

最高管理者应按策划的时间间隔评审质量管理体系，以确保其持续的适宜性、充分性和有效性。评审应包括评价改进的机会和质量管理体系变更的需求，包括质量方针和质量目标变更的需求。

应保持管理评审的记录（见 4.2.4）。

5.6.2　评审输入

管理评审的输入应包括以下方面的信息：

a）审核结果；

b）顾客反馈；

c）过程的绩效和产品的符合性；

d）预防措施和纠正措施的状况；

e）以往管理评审的跟踪措施；

f）可能影响质量管理体系的变更；

g）改进的建议。

5.6.3　评审输出

管理评审的输出应包括与以下方面有关的任何决定和措施：

a）质量管理体系有效性及其过程有效性的改进；

b）与顾客要求有关的产品的改进；

c）资源需求。

6　资源管理

6.1　资源提供

组织应确定并提供以下方面所需的资源：

a）实施、保持质量管理体系并持续改进其有效性；

b）通过满足顾客要求，增强顾客满意。

6.2　人力资源

6.2.1　总则

基于适当的教育、培训、技能和经验，从事影响产品要求符合性工作的人员应是能够胜任的。

注：在质量管理体系中承担任何任务的人员都可能直接或间接地影响产品要求符合性。

6.2.2　能力、培训和意识

组织应：

a）确定从事影响产品与要求符合性工作的人员所需的能力；

b）适用时，提供培训或采取其他措施以获得所需的能力；

c）评价所采取措施的有效性；

d）确保组织的人员认识到所从事活动的相关性和重要性，以及如何为实现质量目标作出贡献；

e）保持教育、培训、技能和经验的适当记录（见4.2.4）。

6.3　基础设施

组织应确定、提供并维护为达到符合产品要求所需的基础设施。适用时，基础设施包括：

a）建筑物、工作场所和相关的设施；

b）过程设备（硬件和软件）；

c）支持性服务（如运输、通讯或信息系统）。

6.4　工作环境

组织应确定和管理为达到产品符合要求所需的工作环境。

注：术语"工作环境"是指工作时所处的条件，包括物理的、环境的和其他因素，如噪音、温度、湿度、照明或天气等。

7　产品实现

7.1　产品实现的策划

组织应策划和开发产品实现所需的过程。产品实现的策划应与质量管理体系其他过程的要求相一致（见4.1）。

在对产品实现进行策划时，组织应确定以下方面的适当内容：

a）产品的质量目标和要求；

b）针对产品确定过程、文件和资源的需求；

c）产品所要求的验证、确认、监视、测量、检验和试验活动，以及产品接收准则；

d）为实现过程及其产品满足要求提供证据所需的记录（见 4.2.4）。

策划的输出形式应适于组织的运作方式。

注 1：对应用于特定产品、项目或合同的质量管理体系的过程（包括产品实现过程）和资源作出规定的文件可称之为质量计划。

注 2：组织也可将 7.3 的要求应用于产品实现过程的开发。

7.2　与顾客有关的过程

7.2.1　与产品有关的要求的确定

组织应确定：

a）顾客规定的要求，包括对交付及交付后活动的要求；

b）顾客虽然没有明示，但规定用途或已知的预期用途所必需的要求；

c）适用于产品的法律法规要求；

d）组织认为必要的任何附加要求。

注：交付后活动包括诸如保证条款规定的措施、合同义务（例如，维护服务）、附加服务（例如，回收或最终处置）等。

7.2.2　与产品有关的要求的评审

组织应评审与产品有关的要求。评审应在组织向顾客作出提供产品的承诺（如：提交标书、接受合同或订单及接受合同或订单的更改）之前进行，并应确保：

a）产品要求已得到规定；

b）与以前表述不一致的合同或订单的要求已得到解决；

c）组织有能力满足规定的要求。

评审结果及评审所引起的措施的记录应予保持（见 4.2.4）。

若顾客没有提供形成文件的要求，组织在接受顾客要求前应对顾客要求进行确认。

若产品要求发生变更，组织应确保相关文件得到修改，并确保相关人员知道已变更的要求。

注：在某些情况中，如网上销售，对每一个订单进行正式的评审可能是不实际的，作为替代方法，可对有关的产品信息，如产品目录、产品广告内容等进行评审。

7.2.3　顾客沟通

组织应对以下有关方面确定并实施与顾客沟通的有效安排：

a）产品信息；

b）问询、合同或订单的处理，包括对其的修改；

c）顾客反馈，包括顾客抱怨。

7.3 设计和开发

7.3.1 设计和开发策划

组织应对产品的设计和开发进行策划和控制。

在进行设计和开发策划时，组织应确定：

a）设计和开发阶段；

b）适于每个设计和开发阶段的评审、验证和确认活动；

c）设计和开发的职责和权限。

组织应对参与设计和开发的不同小组之间的接口实施管理，以确保有效的沟通，并明确职责分工。

随着设计和开发的进展，在适当时，策划的输出应予以更新。

注：设计和开发的评审、验证和确认具有不同的目的，根据产品和组织的具体情况，可单独或以任意组合的方式进行并记录。

7.3.2 设计和开发输入

应确定与产品要求有关的输入，并保持记录（见4.2.4）。这些输入应包括：

a）功能要求和性能要求；

b）适用的法律法规要求；

c）适用时，来源于以前类似设计的信息；

d）设计和开发所必需的其他要求。

应对这些输入的充分性和适宜性进行评审。要求应完整、清楚，并且不能自相矛盾。

7.3.3 设计和开发输出

设计和开发输出的方式应适合于对照设计和开发的输入进行验证，并应在放行前得到批准。

设计和开发输出应：

a）满足设计和开发输入的要求；

b）给出采购、生产和服务提供的适当信息；

c）包含或引用产品接收准则；

d）规定对产品的安全和正常使用所必需的产品特性。

注：生产和服务提供的信息可能包括产品防护的细节。

7.3.4 设计和开发评审

应依据所策划的安排（见7.3.1），在适宜的阶段对设计和开发进行系统的评审，以便：

a）评价设计和开发的结果满足要求的能力；

b）识别任何问题并提出必要的措施。

评审的参加者应包括与所评审的设计和开发阶段有关的职能的代表。评审结果及任何必要措施的记录应予保持（见 4.2.4）。

7.3.5 设计和开发验证

为确保设计和开发输出满足输入的要求，应依据所策划的安排（见 7.3.1）对设计和开发进行验证。验证结果及任何必要措施的记录应予保持（见 4.2.4）。

7.3.6 设计和开发确认

为确保产品能够满足规定的使用要求或已知的预期用途的要求，应依据所策划的安排（见 7.3.1）对设计和开发进行确认。只要可行，确认应在产品交付或实施之前完成。确认结果及任何必要措施的记录应予保持（见 4.2.4）。

7.3.7 设计和开发更改的控制

应识别设计和开发的更改，并保持记录。应对设计和开发的更改进行适当的评审、验证和确认，并在实施前得到批准。设计和开发更改的评审应包括评价更改对产品组成部分和已交付产品的影响。更改的评审结果及任何必要措施的记录应予保持（见 4.2.4）。

7.4 采购

7.4.1 采购过程

组织应确保采购的产品符合规定的采购要求。对供方及采购产品的控制类型和程度应取决于采购产品对随后的产品实现或最终产品的影响。

组织应根据供方按组织的要求提供产品的能力评价和选择供方。应制定选择、评价和重新评价的准则。评价结果及评价所引起的任何必要措施的记录应予保持（见 4.2.4）。

7.4.2 采购信息

采购信息应表述拟采购的产品，适当时包括：

a）产品、程序、过程和设备的批准要求：

b）人员资格的要求；

c）质量管理体系的要求。

在与供方沟通前，组织应确保规定的采购要求是充分与适宜的。

7.4.3 采购产品的验证

组织应确定并实施检验或其他必要的活动，以确保采购的产品满足规定的采购要求。

当组织或其顾客拟在供方的现场实施验证时，组织应在采购信息中对拟采用的验证安排和产品放行的方法作出规定。

7.5　生产和服务提供

7.5.1　生产和服务提供的控制

组织应策划并在受控条件下进行生产和服务提供。适用时，受控条件应包括：

a）获得表述产品特性的信息；

b）必要时，获得作业指导书；

c）使用适宜的设备；

d）获得和使用监视和测量设备；

e）实施监视和测量；

f）实施产品放行、交付和交付后活动。

7.5.2　生产和服务提供过程的确认

当生产和服务提供过程的输出不能由后续的监视或测量加以验证，使问题在产品使用后或服务交付后才显现时，组织应对任何这样的过程实施确认。

确认应证实这些过程实现所策划的结果的能力。

组织应对这些过程作出安排，适用时包括：

a）为过程的评审和批准所规定的准则；

b）设备的认可和人员资格的鉴定；

c）特定的方法和程序的使用；

d）记录的要求（见4.2.4）；

e）再确认。

7.5.3　标识和可追溯性

适当时，组织应在产品实现的全过程中使用适宜的方法识别产品。

组织应在产品实现的全过程中，针对监视和测量要求识别产品的状态。

在有可追溯性要求的场合，组织应控制产品的唯一性标识，并保持记录（见4.2.4）。

注：在某些行业，技术状态管理是保持标识和可追溯性的一种方法。

7.5.4　顾客财产

组织应爱护在组织控制下或组织使用的顾客财产。组织应识别、验证、保护和维护供其使用或构成产品一部分的顾客财产。如果顾客财产发生丢失、损坏或发现不适用的情况，组织应向顾客报告，并保持记录（见4.2.4）。

注：顾客财产可包括知识产权和个人信息。

7.5.5　产品防护

组织应在产品内部处理和交付到预定的地点期间对其提供防护，以保持符合要求。适用时，这种防护应包括标识、搬运、包装、贮存和保护。防护也应适用于产品的组成部分。

　　7.6　监视和测量设备的控制

　　组织应确定需实施的监视和测量以及所需的监视和测量设备，为产品符合确定的要求提供证据。

　　组织应建立过程，以确保监视和测量活动可行并以与监视和测量的要求相一致的方式实施。

　　为确保结果有效，必要时，测量设备应：

　　a）对照能溯源到国际或国家标准的测量标准，按照规定的时间间隔或在使用前进行校准和（或）检定（验证）。当不存在上述标准时，应记录校准或检定（验证）的依据（见 4.2.4）；

　　b）必要时进行调整或再调整；

　　c）具有标识，以确定其校准状态；

　　d）防止可能使测量结果失效的调整；

　　e）在搬运、维护和贮存期间防止损坏或失效。

　　此外，当发现设备不符合要求时，组织应对以往测量结果的有效性进行评价和记录。组织应对该设备和任何受影响的产品采取适当的措施。

　　校准和检定（验证）结果的记录应予保持（见 4.2.4）。

　　当计算机软件用于规定要求的监视和测量时，应确认其满足预期用途的能力。确认应在初次使用前进行，并在必要时予以重新确认。

　　注：确认计算机软件满足预期用途能力的典型方法包括验证和保持其适用性的配置管理。

8　测量、分析和改进

　　8.1　总则

　　组织应策划并实施以下方面所需的监视、测量、分析和改进过程：

　　a）证实产品要求的符合性；

　　b）确保质量管理体系的符合性；

　　c）持续改进质量管理体系的有效性。

　　这应包括对统计技术在内的适用方法及其应用程度的确定。

　　8.2　监视和测量

　　8.2.1　顾客满意

　　作为对质量管理体系绩效的一种测量，组织应监视顾客关于组织是否满足其要求的感受的相关信息，并确定获取和利用这种信息的方法。

　　注：监视顾客感受可以包括从诸如顾客满意度调查、来自顾客的关于交付产

品质量方面数据、用户意见调查、流失业务分析、顾客赞扬、索赔和经销商报告之类的来源获得输入。

8.2.2　内部审核

组织应按策划的时间间隔进行内部审核，以确定质量管理体系是否：

a）符合策划的安排（见7.1）、本标准的要求以及组织所确定的质量管理体系的要求；

b）得到有效实施与保持。

组织应策划审核方案，策划时应考虑拟审核的过程和区域的状况和重要性以及以往审核的结果。应规定审核的准则、范围、频次和方法。审核员的选择和审核的实施应确保审核过程的客观性和公正性。审核员不应审核自己的工作。

应编制形成文件的程序，以规定审核的策划、实施、形成记录以及报告结果的职责和要求。

应保持审核及其结果的记录（见4.2.4）。

负责受审核区域的管理者应确保及时采取必要的纠正和纠正措施，以消除所发现的不合格及其原因。后续活动应包括对所采取措施的验证和验证结果的报告（见8.5.2）。

注：作为指南，参见 GB/T 19011。

8.2.3　过程的监视和测量

组织应采用适宜的方法对质量管理体系过程进行监视，并在适用时进行测量。这些方法应证实过程实现所策划的结果的能力。当未能达到所策划的结果时，应采取适当的纠正和纠正措施。

注：当确定适宜的方法时，建议组织根据每个过程对产品要求的符合性和质量管理体系有效性的影响，考虑监视和测量的类型与程度。

8.2.4　产品的监视和测量

组织应对产品的特性进行监视和测量，以验证产品要求已得到满足。这种监视和测量应依据所策划的安排（见7.1）在产品实现过程的适当阶段进行。应保持符合接收准则的证据。

记录应指明有权放行产品以交付给顾客的人员（见4.2.4）。

除非得到有关授权人员的批准，适用时得到顾客的批准，否则在策划的安排（见7.1）已圆满完成之前，不应向顾客放行产品和交付服务。

8.3　不合格品控制

组织应确保不符合产品要求的产品得到识别和控制，以防止其非预期的使用或交付。应编制形成文件的程序，以规定不合格品控制以及不合格品处置的有关职责和权限。

适用时，组织应通过下列一种或几种途径处置不合格品：

a）采取措施，消除发现的不合格；

b）经有关授权人员批准，适用时经顾客批准，让步使用、放行或接收不合格品；

c）采取措施，防止其原预期的使用或应用；

d）当在交付或开始使用后发现产品不合格时，组织应采取与不合格的影响或潜在影响的程度相适应的措施。

在不合格品得到纠正之后应对其再次进行验证，以证实符合要求。

应保持不合格的性质的记录以及随后所采取的任何措施的记录，包括所批准的让步的记录（见4.2.4）。

8.4　数据分析

组织应确定、收集和分析适当的数据，以证实质量管理体系的适宜性和有效性，并评价在何处可以持续改进质量管理体系的有效性。这应包括来自监视和测量的结果以及其他有关来源的数据。

数据分析应提供有关以下方面的信息：

a）顾客满意（见8.2.1）；

b）与产品要求的符合性（见8.2.4）；

c）过程和产品的特性及趋势，包括采取预防措施的机会（见8.2.3和8.2.4）；

d）供方（见7.4）。

8.5　改进

8.5.1　持续改进

组织应利用质量方针、质量目标、审核结果、数据分析、纠正措施和预防措施以及管理评审，持续改进质量管理体系的有效性。

8.5.2　纠正措施

组织应采取措施，以消除不合格的原因，防止不合格的再发生。纠正措施应与所遇到不合格的影响程度相适应。

应编制形成文件的程序，以规定以下方面的要求：

a）评审不合格（包括顾客抱怨）；

b）确定不合格的原因；

c）评价确保不合格不再发生的措施的需求；

d）确定和实施所需的措施；

e）记录所采取措施的结果（见4.2.4）；

f）评审所采取的纠正措施的有效性。

8.5.3 预防措施

组织应确定措施，以消除潜在不合格的原因，防止不合格的发生。预防措施应与潜在问题的影响程度相适应。

应编制形成文件的程序，以规定以下方面的要求：

a) 确定潜在不合格及其原因；

b) 评价防止不合格发生的措施的需求；

c) 确定并实施所需的措施；

d) 记录所采取措施的结果（见 4.2.4）；

e) 评审所采取的预防措施的有效性。

附录 A 　（资料性附录）
GB/T 19001－2008 与 GB/T 24001－2004 之间的对照

表 A.1 － GB/T 19001－2008 与 GB/T 24001－2004 之间的对照

GB/T 19001－2008		GB/T 24001－2004	
引言（仅限于标题） 总则 过程方法 与 GB/T 19004 的关系 与其他管理体系的相容性	0.1 0.2 0.3 0.4	引言	
范围（仅限于标题） 总则 应用	1 1.1 1.2	1	范围
规范性引用文件	2	2	规范性引用文件
术语和定义	3	3	术语和定义
质量管理体系（仅限于标题）	4	4	环境管理体系要求（仅限于标题）
总要求	4.1	4.1	总要求
文件要求（仅限于标题）	4.2		
总则	4.2.1	4.4.4	文件
质量手册	4.2.2		
文件控制	4.2.3	4.4.5	文件控制

GB/T 19001 - 2008		GB/T 24001 - 2004	
记录控制	4.2.4	4.5.4	记录控制
管理职责（仅限于标题）	5		
管理承诺	5.1	4.2 4.4.1	环境方针 资源、作用、职责和权限
以顾客为关注焦点	5.2	4.3.1 4.3.2 4.6	环境因素 法律法规与其他要求 管理评审
质量方针	5.3	4.2	环境方针
策划（仅限于标题）	5.4	4.3	策划（仅限于标题）
质量目标	5.4.1	4.3.3	目标、指标和方案
质量管理体系策划	5.4.2	4.3.3	目标、指标和方案
职责、权限与沟通（仅限于标题）	5.5		
职责和权限	5.5.1	4.1 4.4.1	总要求 资源、作用、职责和权限
管理者代表	5.5.2	4.4.1	资源、作用、职责和权限
内部沟通	5.5.3	4.4.3	信息交流
管理评审（仅限于标题）	5.6	4.6	管理评审
总则	5.6.1	4.6	管理评审
评审输入	5.6.2	4.6	管理评审
评审输出	5.6.3	4.6	管理评审
资源管理（仅限于标题）	6		
资源的提供	6.1	4.4.1	资源、作用、职责和权限
人力资源（仅限于标题）	6.2		
总则	6.2.1	4.4.2	能力、培训和意识
能力、培训和意识	6.2.2	4.4.2	能力、培训和意识
基础设施	6.3	4.4.1	资源、作用、职责和权限
工作环境	6.4		
产品实现（仅限于标题）	7	4.4	实施与运行（仅限于标题）

续表

GB/T 19001 - 2008		GB/T 24001 - 2004	
产品实现的策划	7.1	4.4.6	运行控制
与顾客有关的过程（仅限于标题）	7.2		
与产品有关的要求的确定	7.2.1	4.3.1	环境因素
		4.3.2	法律法规与其他要求
		4.4.6	运行控制
与产品有关的要求的评审	7.2.2	4.3.1	环境因素
		4.4.6	运行控制
顾客沟通	7.2.3	4.4.3	信息交流
设计和开发（仅限于标题）	7.3		
设计和开发策划	7.3.1	4.4.6	运行控制
设计和开发输入	7.3.2	4.4.6	运行控制
设计和开发输出	7.3.3	4.4.6	运行控制
设计和开发评审	7.3.4	4.4.6	运行控制
设计和开发验证	7.3.5	4.4.6	运行控制
设计和开发确认	7.3.6	4.4.6	运行控制
设计和开发更改的控制	7.3.7	4.4.6	运行控制
采购（仅限于标题）	7.4		
采购过程	7.4.1	4.4.6	运行控制
采购信息	7.4.2	4.4.6	运行控制
采购产品的验证	7.4.3	4.4.6	运行控制
生产和服务提供（仅限于标题）	7.5		
生产和服务提供的控制	7.5.1	4.4.6	运行控制
生产和服务提供过程的确认	7.5.2	4.4.6	运行控制
标识和可追溯性	7.5.3		
顾客财产	7.5.4		
产品防护	7.5.5	4.4.6	运行控制
监视和测量设备的控制	7.6	4.5.1	监测和测量
测量、分析和改进（仅限于标题）	8	4.5	检查（仅限于标题）
总则	8.1	4.5.1	监测和测量
监视和测量（仅限于标题）	8.2		
顾客满意	8.2.1		
内部审核	8.2.2	4.5.5	内部审核

续表

GB/T 19001 - 2008		GB/T 24001 - 2004	
过程的监视和测量	8.2.3	4.5.1 4.5.2	监测和测量 合规性评价
产品的监视和测量	8.2.4	4.5.1 4.5.2	监测和测量 合规性评价
不合格品控制	8.3	4.4.7 4.5.3	应急准备和响应 不符合、纠正措施和预防措施
数据分析	8.4	4.5.1	监测和测量
改进（仅限于标题）	8.5		
持续改进	8.5.1	4.2 4.3.3 4.6	环境方针 目标、指标和方案 管理评审
纠正措施	8.5.2	4.5.3	不符合、纠正措施和预防措施
预防措施	8.5.3	4.5.3	不符合、纠正措施和预防措施

表 A.2 – GB/T 24001 - 2004 与 GB/T 19001 - 2008 之间的对照

GB/T 24001 - 2004		GB/T 19001 - 2008	
引言			引言（仅限于标题）
		0.1	总则
		0.2	过程方法
		0.3	与 GB/T 19004 的关系
		0.4	与其他管理体系的相容性
范围	1	1	范围（仅限于标题）
		1.1	总则
		1.2	应用
规范性引用文件	2	2	规范性引用文件
术语和定义	3	3	术语和定义
环境管理体系要求（仅限于标题）	4	4	质量管理体系（仅限于标题）
总要求	4.1	4.1	总要求
		5.5	职责、权限与沟通（仅限于标题）
		5.5.1	职责和权限

续表

GB/T 24001 - 2004		GB/T 19001 - 2008	
环境方针	4.2	5.1	管理承诺
		5.3	质量方针
		8.5.1	持续改进
策划（仅限于标题）	4.3	5.4	策划（仅限于标题）
环境因素	4.3.1	5.2	以顾客为关注焦点
		7.2.1	与产品有关的要求的确定
		7.2.2	与产品有关的要求的评审
法律法规与其他要求	4.3.2	5.2	以顾客为中心
		7.2.1	与产品有关的要求的确定
目标、指标和方案	4.3.3	5.4.1	质量目标
		5.4.2	质量管理体系策划
		8.5.1	持续改进
实施与运行（仅限于标题）	4.4	7	产品实现（仅限于标题）
组织结构和职责	4.4.1	5.1	管理承诺
		5.5.1	职责和权限
		5.5.2	管理者代表
		6.1	资源的提供
		6.3	基础设施
能力、培训和意识	4.4.2	6.2.1	（人力资源）总则
		6.2.2	能力、培训和意识
信息交流	4.4.3	5.5.3	内部沟通
		7.2.3	顾客沟通
文件	4.4.4	4.2.1	（文件要求）总则
		4.2.2	质量手册
文件控制	4.4.5	4.2.3	文件控制

GB/T 24001 – 2004		GB/T 19001 – 2008	
		7.1	产品实现的策划
		7.2	与顾客有关的过程（仅限于标题）
		7.2.1	与产品有关的要求的确定
		7.2.2	与产品有关的要求的评审
		7.3.1	设计和开发策划
		7.3.2	设计和开发输入
		7.3.3	设计和开发输出
		7.3.4	设计和开发评审
运行控制	4.4.6	7.3.5	设计和开发验证
		7.3.6	设计和开发确认
		7.3.7	设计和开发更改的控制
		7.4.1	采购控制
		7.4.2	采购信息
		7.4.3	采购产品的验证
		7.5	生产和服务提供（仅限于标题）
		7.5.1	生产和服务提供的控制
		7.5.2	生产和服务提供过程的确认
		7.5.5	产品防护
应急准备和响应	4.4.7	8.3	不合格品控制
检查（仅限于标题）	4.5	8	测量、分析和改进（仅限于标题）
		7.6	监视和测量设备的控制
		8.1	（测量、分析和改进）总则
监测和测量	4.5.1	8.2.3	过程的监视和测量
		8.2.4	产品的监视和测量
		8.4	数据分析
合规性评价	4.5.2	8.2.3	过程的监视和测量
		8.2.4	产品的监视和测量
		8.3	不合格品控制
不符合、纠正措施和预防措施	4.5.3	8.4	数据分析
		8.5.2	纠正措施
		8.5.3	预防措施

续表

GB/T 24001－2004		GB/T 19001－2008	
记录控制	4.5.4	4.2.4	记录控制
内部审核	4.5.5	8.2.2	内部审核
管理评审	4.6	5.1	管理承诺
		5.6	管理评审（仅限于标题）
		5.6.1	总则
		5.6.2	评审输入
		5.6.3	评审输出
		8.5.1	持续改进

附录 B （资料性附录）
GB/T 19001－2000 与 GB/T 19001－2008 之间的变化

表 B.1　GB/T 19001－2000 与 GB/T 19001－2008 之间的变化

GB/T 19001 －2000 条款	段/图/表/注	增加（A）或删除（D）	修订内容
0.1	第1段第2句	D	~~一个组织质量管理体系的设计和实施受各种需求、具体的目标、所提供的产品、所采用的过程以及组织的规模和结构的影响。~~
	第3段	A	一个组织质量管理体系的设计和实施受下列因素的影响： a) 组织的环境、该环境的变化或与该环境有关的风险； b) 组织不断变化的需求； c) 组织的具体目标； d) 组织所提供的产品； e) 组织所采用的过程； f) 组织的规模和组织结构。
	第3段	新的一段	统一质量管理体系的结构或文件不是本标准的目的。

GB/T 19001 -2000 条款	段/图/ 表/注	增加（A）或 删除（D）	修订内容
0.1	第 4 段	A	本标准能用于内部和外部（包括认证机构）评定组织满足顾客要求、适用于产品的法律法规要求和组织自身要求的能力。
0.2	第 2 段	D + A	为使组织有效运作行，必须识别确定和管理众多相互关联的活动。通过使用资源和管理，将输入转化为输出的一项或一组活动，可以视为一个过程。通常，一个过程的输出可直接形成下一过程的输入。
0.2	第 3 段	D + A	为了产生期望的结果，组织内诸过程系统的应用，由过程组成的系统在组织内的应用，连同这些过程的识别和相互作用及其管理，可称之为"过程方法"。
0.2	第 5 段 c)	D + A	c）获得过程绩效（业绩）和有效性的结果；全文中均将"业绩"改为"绩效"。
0.2	第 6 段	D + A	该图这种展示反映了在规定输入要求时，顾客起着重要的作用。对顾客满意的监视，要求组织对顾客关于组织是否已满足其要求的感受的信息进行评价对顾客满意的监视要求对顾客有关组织是否已满足其要求的感受的信息进行评价。
0.3	第 1 段	D + A	GB/T 19001 和 GB/T 19004 已制定为一对协调一致的质量管理体系标准，他们相互补充，但也可单独使用。虽然这两项标准具有不同的范围，但却具有相似的结构，以有助于他们作为协调一致的一对标准的应用。GB/T 19001 和 GB/T 19004 都是质量管理体系标准，这两项标准相互补充，但也可单独使用。
0.3	第 2 段	D + A	在满足顾客要求方面，GB/T 19001 所关注的是质量管理体系的有效性。GB/T 19001 所关注的是质量管理体系在满足顾客要求方面的有效性。

续表

GB/T 19001 －2000 条款	段/图/ 表/注	增加（A）或 删除-（D）	修订内容
0.3	第 3 段	D + A	与 GB/T 19001 相比，GB/T 19004 为质量管理体系更宽范围的目标提供子指南。除子有，该标准还特别关注持续改进组织的总体业绩与效率。对于最高管理者希望通过追求业绩持续改进而超越 GB/T 19001 要求的那些组织，GB/T 19004 推荐子指南。然而，用于认证或合同不是 GB/T 19004 的目的。
0.3	第 3 段	D + A	在本标准发布时，GB/T 19004 处于修订过程中。修订后的 GB/T 19004 将为组织在复杂的、要求更高的和不断变化的环境中获得持续成功提供管理指南。与 GB/T 19001 相比，GB/T 19004 关注质量管理的更宽范围；通过系统和持续改进组织的绩效，满足所有相关方的需求和期望。然而，GB/T 19004 不拟用于认证、法律法规和合同的目的。
0.4	第 1 段	D + A	为子使用者的利益，本标准与 GB/T 24001 －1996 相互趋近，以增强两类标准的相容性。 为方便使用者，本标准在修订过程中适当考虑了 GB/T 24001 －2004 的内容，以增强两个标准的相容性。附录 A 表明了 GB/T 19001 －2008 与 GB/T 24001 －2004 之间的对应关系。
0.4	第 2 段	D + A	然而本标准使组织能够将自身的质量管理体系与相关的管理体系要求相结合协调或整合。
1.1	a)	A	a）需要证实其具有稳定地提供满足顾客要求和适用的法律法规要求的产品的能力；需要证实其有能力稳定地提供满足顾客和适用的法律法规要求的产品；
	b)	D + A	b）通过体系的有效应用，包括体系持续改进的过程的有效应用，以及保证符合顾客要求和与适用的法律法规要求，旨在增强顾客满意。
	注	D	注：在本标准中，术语"产品"适用于预期提供给顾客或顾客所要求的产品。
		A	注 1：在本标准中，术语"产品"仅适用于： a）预期提供给顾客或顾客所要求的产品； b）产品实现过程所产生的任何预期输出。
	注 2	A	注 2：法律法规要求可称作法定要求。

GB/T 19001 –2000 条款	段/图/表/注	增加（A）或删除-(D)	修订内容
1.2	第 2 段	D + A	当本标准的任何要求因组织及其产品的特点而不适用时，由于组织及其产品的性质导致本标准任何要求不适用时，
1.2	第 3 段	D + A	除非删减仅限于本标准第 7 章中那些不影响组织提供满足顾客和适用法律法规要求的产品的能力或责任的要求，否则不能声称符合本标准。 如果进行删减，应仅限于本标准第 7 章的要求，并且这样的删减不影响组织提供满足顾客要求和适用法律法规要求的产品能力或责任，否则不能声称符合本标准。
2	第 1 段	D	下列标准所包含的条文，通过在本标准中引用而构成为本标准的条文。本标准出版时，所示版本均为有效。所有标准都会被修订，使用本标准的各方应探讨使用下列标准最新版本的可能性。
		A	下列文件中的条款通过本标准的引用而成为本标准的条款。凡是注日期的引用文件，其随后所有的修改单（不包括勘误的内容）或修订版均不适用于本标准，然而，鼓励根据本标准达成协议的各方研究是否可使用这些文件的最新版本。凡是不注日期的引用文件，其最新版本适用于本标准。
		D + A	GB/T 19000 – 2000 2008 质量管理体系 基础和术语（idt ISO 9000：2000 2005，IDT） 本标准采用 GB/T 19000 中所确立的术语和定义。
3	第 1 段	A	本标准采用 GB/T 19000 中所确立的术语和定义。
3	第 2 段 第 3 段	D	本标准表述供应链所使用的以下术语经过了更改，以反映当前的使用情况： 供方→组织→顾客 本标准中的术语"组织"用以取代 GB/T 19001 – 1994 所使用的术语"供方"，术语"供方"用以取代术语"分承包方"一。

续表

GB/T 19001−2000 条款	段/图/表/注	增加（A）或删除-（D）	修订内容
4.1	第 1 段	A	组织应按本标准的要求建立质量管理体系，将其形成文件，加以实施和保持，并持续改进其有效性。
4.1	a)	D + A	a) 识别质量管理体系所需的过程及其在整个组织中的应用（见 1.2）；
4.1	c)	D + A	c) 确定为确保这些过程的有效运行和控制所需的准则和方法；确定所需的准则和方法，以确保这些过程的运行和控制有效；
4.1	d)	D + A	d) 确保可以获得必要的资源和信息，以支持这些过程的运行和对这些过程的监视；
4.1	e)	A	监视、测量（适用时）和分析这些过程；
4.1	第 4 段	D + A	针对组织所选择的任何影响产品符合要求的外包过程，组织应确保对其实施控制。对此类外包过程的控制应在质量管理体系中加以识别。 组织如果选择将影响产品符合要求的任何过程外包，应确保对这些过程的控制。对此类外包过程控制的类型和程度应在质量管理体系中加以规定。
4.1	注 1	D + A	注 1：上述质量管理体系所需的过程应当包括与管理活动、资源提供、产品实现以及测量、分析和改进有关的过程。
4.1	新注 2、注 3	A	注 2："外包过程"是为了质量管理体系的需要，由组织选择，并由外部方实施的过程。 注 3：组织确保对外包过程的控制，并不免除其满足所有顾客要求和法律法规要求的责任。对外包过程控制的类型和程度可受诸如下列因素影响： a) 外包过程对组织提供满足要求的产品的能力的潜在影响； b) 对外包过程控制的分担程度； c) 通过应用 7.4 实现所需控制的能力。

GB/T 19001 -2000 条款	段/图/ 表/注	增加（A）或 删除（D）	修订内容
4.2.1	c)	A	c) 本标准所要求的形成文件的程序和<u>记录</u>；
4.2.1	d)	A	d) 组织<u>确定</u>的为确保其过程有效策划、运行和控制所需的文件，<u>包括记录</u>。
4.2.1	e)	D	e) ~~本标准所要求的记录（见 4.2.4）~~。
4.2.1	注 1	A	注 1：本标准出现"形成文件的程序"之处，即要求建立该程序，形成文件，并加以实施和保持。<u>一个文件可包括对一个或多个程序的要求。一个形成文件的程序的要求可以被包含在多个文件中。</u>
4.2.1	注 2	A	注 2：不同组织的质量管理体系文件的多少与详略程度可以不同，取决于：
4.2.1	注 3	D + A	注 3：文件可采用任何形式或类型的~~媒体~~<u>媒介</u>。
4.2.2	a)	D + A	a) 质量管理体系的范围，包括任何删减的细节与合理性<u>和正当的理由</u>（见 1.2）；
4.2.3	a)	D + A	a) ~~文件发布前得到批准，以确保文件是充分与适宜的~~；<u>为使文件是充分与适宜的，文件发布前得到批准</u>；
4.2.3	f)	A	f) 确保<u>组织所确定的策划和运行质量管理体系所需</u>的外来文件得到识别，并控制其分发；
4.2.3	g)	D + A	g) 防止作废文件的非预期使用，若因任何原因<u>如果出于某种目的</u>而保留作废文件时，对这些文件进行适当的标识。
4.2.4		D + A	~~应建立并保持记录，以提供符合要求和质量管理体系有效运行的证据。记录应保持清晰、易于识别和检索。应编制形成文件的程序，以规定记录的标识、贮存、保护、检索、保存期限和处置所需的控制。~~ <u>为提供符合要求及质量管理体系有效运行的证据而建立的记录，应得到控制。</u> <u>组织应编制形成文件的程序，以规定记录的标识、贮存、保护、检索、保留和处置所需的控制。</u> <u>记录应保持清晰、易于识别和检索。</u>

续表

GB/T 19001 －2000 条款	段/图/ 表/注	增加（A）或 删除（D）	修订内容
5.1	a)	A	a) 向组织传达满足顾客要求和法律法规要求的重要性；
5.5.2	第1段	D＋A	最高管理者应指定一名管理者在本组织管理层中指定一名成员，无论该成员在其他方面的职责如何，应使其具有以下方面的职责和权限：
5.5.2	注	D＋A	注：管理者代表的职责可包括与质量管理体系有关事宜的外部联络管理者代表的职责可包括就质量管理体系有关事宜与外部方进行联络。
5.6.1	第1段， 第2句	D＋A	评审应包括评价质量管理体系改进的机会和质量管理体系变更的需求，包括质量方针和质量目标变更的需求。
5.6.2	d)	A	d) 预防措施和纠正措施的状况；
5.6.3	a)	A	a) 质量管理体系有效性及其过程有效性的改进；
6.2.1	第1段 新注	D＋A A	基于适当的教育、培训、技能和经验，从事影响产品要求符合性质量工作的人员应是能够胜任的。 注：在质量管理体系中承担任何任务的人员都可能直接或间接地影响产品与要求的符合性。
6.2.2	标题	D＋A	能力、培训和意识和培训
6.2.2	a)，b) 和 d)	D＋A	a) 确定从事影响产品质量要求符合性工作的人员所必要需的能力； b) 适用时，提供培训或采取其他措施以满足这些需求获得所需的能力； d) 确保员工组织的人员认识到所从事活动的相关性和重要性，以及如何为实现质量目标作出贡献；
6.3	c)	A	c) 支持性服务（如运输、通讯或信息系统）。
6.4	新注	A	注：术语"工作环境"是指工作时所处的条件，包括物理的、环境的和其他因素，如噪音、温度、湿度、照明或天气等。

续表

GB/T 19001 -2000 条款	段/图/ 表/注	增加（A）或 删除-（D）	修订内容
7.1	c)	A	c）产品所要求的验证、确认、监视、测量、检验和试验活动，以及产品接收准则；
7.2.1	c) 和 d)	D + A	c）与产品有关的法律法规要求适用于产品的法律法规要求；d）组织认为必要确定的任何附加要求。
	新注	A	注：交付后活动包括诸如保证条款规定的措施、合同义务（例如，维护服务）、附加服务（例如，回收或最终处置）等。
7.2.2	a)	A	a）产品要求已得到规定；
7.2.2	b)	D + A	b）与以前表述不一致的合同或订单的要求已予得到解决；
7.2.2	第3段	D + A	若顾客提供的要求没有形成文件， 若顾客没有提供形成文件的要求，
7.3.1	第4段	A	随着设计开发的进展，在适当时，策划的输出应予以更新。
7.3.1	新注	A	注：设计和开发评审、验证和确认具有不同的目的。根据产品和组织的具体情况，可以单独或以任意组合的方式进行并记录。
7.3.2	a)	A	a）功能要求和性能要求；
7.3.2	c)	D + A	c）适用时，以前类似设计提供的信息来源于以前类似设计的信息；
7.3.2	第2段	D + A	应对这些输入进行评审，以确保输入是充分与适宜的。应对这些输入的充分性和适宜性进行评审。
7.3.3	第1段	D + A	设计和开发输出的方式应以能够针对设计和开发的输入进行验证的方式提出设计和开发输出的方式应适合于对照设计和开发的输入进行验证，并应在放行前得到批准。
7.3.3	新注	A	注：生产和服务提供的信息可能包括产品防护的细节。

GB/T 19001 -2000 条款	段/图/ 表/注	增加（A）或 删除-（D）	修订内容
7.3.4	第1段	D + A	~~在适宜的阶段，~~应依据所策划的安排（见 7.3.1），<u>在适宜的阶段</u>对设计和开发进行系统的评审。
7.3.7	第1段和 第2段	D + A 将 两段 合并	应识别设计和开发的更改，并保持记录。适当时，应对设计和开发的更改进行<u>适当的</u>评审、验证和确认，并在实施前得到批准。设计和开发更改的评审应包括评价更改对产品组成部分和已交付产品的影响。更改的评审结果及任何重要措施的记录应予保持（见 4.2.4）。
7.4.3	第2段	D + A	当组织或其顾客拟在供方的现场实施验证时，组织应在采购信息中对拟<u>采用的</u>验证的安排和产品放行的方法作出规定。
7.5.1	d)	D + A	d) 获得和使用监视和测量装置<u>设备</u>；
7.5.1	f)	A	f) <u>实施</u>产品放行、交付和交付后<u>的活动</u>的实施。
7.5.2	第1段	D + A	~~当生产和服务提供过程的输出不能由后续的监视或测量加以验证时，组织应对任何这样的过程实施确认。这包括仅在产品使用或服务已交付之后问题才显现的过程。~~ <u>当生产和服务提供的过程的输出不能由后续的监视或测量加以验证，使问题在产品投入使用后或服务交付后才显现时，组织应对任何这样的过程实施确认。</u>
7.5.3	第2段	A	组织应<u>在产品实现的全过程中</u>，针对监视和测量要求识别产品的状态。
7.5.4	第1段 第3句	D + A	若顾客财产发生丢失、损坏或发现不适用的情况时，<u>组织应报告顾客</u>~~向顾客报告~~，并保持记录（见 4.2.4）。
	注	A	注：顾客财产可包括知识产权<u>和个人信息</u>。

续表

GB/T 19001 –2000 条款	段/图/表/注	增加（A）或删除（D）	修订内容
7.5.5	第 1 段	D + A	在内部处理和交付到预定的地点期间，组织应针对产品的符合性提供防护，这种防护应包括标识、搬运、包装、贮存和保护。组织应在内部处理和交付到预定的地点期间对产品提供防护，以保证产品符合要求。适用时，这种防护应包括标识、搬运、包装、贮存和保护。
7.6	标题	D + A	监视和测量装置设备的控制
7.6	第 1 段	D + A	组织应确定需实施的监视和测量以及所需的监视和测量装置设备，为产品符合确定的要求（见 7.2.1）提供证据。
7.6	a)	A	a）对照能溯源到国际或国家标准的测量标准，按照规定的时间间隔或在使用前进行校准和（或）检定（验证）。当不存在上述标准时，应记录校准或检定（验证）的依据（见 4.2.4）；
7.6	c)	D + A	c）得到识别具有标识，以确定其校准状态；
7.6	第 4 段第 2 句	D + A 新第 5 段	校准和验证检定（验证）结果的记录应予保持（见 4.2.4）。
7.6	第 5 段	D + A	当计算机软件用于规定要求的监视和测量时，应确认其满足预期用途的能力。确认应在初次使用前进行，并在必要时再予以重新确认。
7.6	注	D + A	注：作为指南，参见 GB/T 19022.1 和 GB/T 19022.2 注：确认计算机软件满足预期用途能力的典型方法包括验证和保持其适用性的配置管理。
8.1	a)	D + A	a）证实产品要求的符合性；
8.2.1	注	A	注：监视顾客感受可以包括从诸如顾客满意调查、来自顾客的关于交付产品质量方面数据、用户意见调查、流失业务分析、顾客赞扬、索赔和经销商报告之类的来源获得输入。

GB/T 19001－2000 条款	段/图/表/注	增加（A）或删除 (D)	修订内容
8.2.2	第 2 段，第 1 句	D＋A	~~考虑拟审核的过程和区域的状况和重要性以及以往审核的结果，组织应对审核方案进行策划。~~组织应策划审核方案，策划时应考虑拟审核过程和区域的状况和重要性以及以往审核的结果。
8.2.2	新第 3 段	A	应编制形成文件的程序，以规定审核的策划、实施、形成记录以及报告结果的职责和要求。
8.2.2	第 4 段	D＋A	~~策划和实施以及报告结果和保持记录（见 4.2.4）的职责和要求应在形成文件的程序中作出规定。~~应保持审核及其结果的记录（见 4.2.4）
8.2.2	第 5 段 第 1 句	D＋A	负责受审核区域的管理者应确保及时采取必要的纠正和纠正措施，以消除所发现的不合格及其原因。~~跟踪~~后续活动应包括对所采取措施的验证和验证报告。
8.2.2	注	D＋A	注：作为指南，参见 ~~GB/T 19021.1、GB/T 19021.2 及 GB/T 19021.3。~~ 作为指南，参见 GB/T 19011。
8.2.3	第 1 段 第 3 句	D	当未能达到所策划的结果时，应采取适当的纠正和纠正措施以确保产品的符合性。
8.2.3	注	A	注：当确定适宜的方法时，建议组织就这些过程对产品要求的符合性和质量管理体系有效性的影响，考虑监视和测量的类型与程度。
8.2.4	第 1 段	A	组织应对产品的特性进行监视和测量，以验证产品要求已得到满足。这种监视和测量应依据所策划的安排（见 7.1）在产品实现过程的适当阶段进行。应保持符合接收准则的证据。
	第 2 段	D＋A	应保持符合接收准则的证据。记录应指明有权放行产品以交付给顾客的人员（见 4.2.4）。
	第 3 段	D＋A	除非得到有关授权人员的批准，适用时得到顾客的批准，否则在策划的安排（见 7.1）已圆满完成之前，不应向顾客放行产品和交付服务。

续表

GB/T 19001 -2000 条款	段/图/ 表/注	增加（A）或 删除（D）	修订内容
8.3	第 1 段 第 2 句	D + A	不合格品控制以及不合格品处置的有关职责和权限应在形成文件的程序中作出规定。 应编制形成文件的程序，以规定不合格品控制以及不合格品处置的有关职责和权限。
8.3	第 2 段	A	适用时，组织应通过下列一种或几种途径，处置不合格品：
8.3	新 d) 第 3 段 第 4 段 第 5 段	A 移至 第 4 段 移至 第 3 段 见新 d)	a) 当在交付或开始使用后发现产品不合格时，组织应采取与不合格的影响或潜在影响的程度相适应的措施。 应保持不合格的性质的记录以及随后所采取的任何措施的记录，包括所批准的让步的记录（4.2.4）。 在不合格品得到纠正之后应对其再次进行验证，以证实符合要求。 当在交付或开始使用后发现产品不合格时，组织应采取与不合格的影响或潜在影响的程度相适应的措施。
8.4	b) c) d)	D + A A A	b) 与产品要求的符合性（见 7.2.1）（见 8.2.4）； a) 过程和产品的特性及趋势，包括采取预防措施的机会（见 8.2.3 和 8.2.4）； b) 供方（见 7.4）。
8.5.1	第 1 段	A	组织应利用质量方针、质量目标、审核结果、数据分析、纠正措施和预防措施以及管理评审，持续改进质量管理体系的有效性。
8.5.2	f)	A	f) 评审所采取的纠正措施的有效性。
8.5.3	e)	A	e) 评审所采取的预防措施的有效性。
附录 A	全部	D + A	更新为 GB/T 19001 - 2008 与 GB/T 24001 - 2004 的对照表

续表

GB/T 19001 −2000 条款	段/图/表/注	增加（A）或删除（D）	修订内容
附录 B	全部	D＋A	更新为 GB/T 19001 −2008 与 GB/T 19001 −2000 的变化表
参考文献	新的和修正的参考文献	D＋A	更新为新的参考文献目录

主要参考文献

［1］GB／T 19000－2000《质量管理体系 基础和术语》。

［2］GB／T 19001－2000《质量管理体系 要求》。

［3］GB／T 19001－2008《质量管理体系 要求》。

［4］GB／T 19011－2003《质量和（或）环境管理体系审核指南》。

［5］国家认证机构认可委员会《2000版质量管理体系国家标准理解与实施》，中国标准出版社2001年版。

［6］最高人民检察院：《人民检察院规范化管理体系指导性标准》。

［7］北京经典智业认证咨询中心：《ISO 9001：2000国际标准理解与实施》。

［8］张莉等：《质量管理体系内审员实用培训教程》，企业管理出版社2004年修订版。

［9］曲辛田：《GB／T 19001－2000／ISO 9001：2000标准理解及质量管理体系审核》，海天出版社2003年版。

［10］高权：《人民检察院规范化管理体系的理论与实务》，中国检察出版社2008年版。

后　记

　　吉林省东辽县人民检察院作为最高人民检察院确定的全国检察机关规范化管理机制第二批 20 家试点院之一，按照最高人民检察院《人民检察院规范化管理体系指导性标准》要求，紧紧围绕"强化法律监督，维护公平正义"的检察工作主题和总体要求，引入 ISO 9000 族标准的管理理念和管理模式，探索将质量管理与传统管理、检察文化相结合，建立了符合检察工作规律和工作需要，体现本院特点，符合 ISO 9001 标准要求的规范化管理体系，并得以有效实施。2009年 4 月，顺利通过了最高人民检察院试点工作现场审核验收。

　　本书简明介绍了 ISO 9000 族标准的发展背景和理论基础，结合人民检察院的实际，对检察机关规范化管理体系常用的术语和定义做了进一步的说明，针对检察机关法律监督服务特性，对 GB/T 19001 –2008《质量管理体系　要求》逐条进行了解释与实施的检察化解读，结合东辽县人民检察院在试点工作中的探索性做法，对标准要求的理解和试点的体会，尽可能以检察化、通俗易懂的方式，予以阐述，以期对兄弟基层检察院的探索实践发挥些许探路、提示作用。

　　本书的编写得到了国家注册高级审核员张怀德老师的悉心指导。张怀德老师早年毕业于哈尔滨工业大学企业管理专业，长期在大庆油田从事企业质量、标准、计量等方面管理工作，深谙 ISO 9000 族标准和企业的管理实践，是我国最早从事 ISO 9000 族标准检察化研究与咨询的专家之一。曾指导全国检察机关规范化管理机制第一、第二批多个基层检察院的试点工作，并在最高人民检察院组织的第一、第二期内审员培训班上授课。我院试点过程中，吉林省人民检察院陈凤超副检察长始终予以关心和支持，政治部李瑞东主任、李凤林副主任、魏君副处长、王冬松同志，辽源市人民检察院纪检组陈艳组长、董平处长多次莅临，现场指导。本书的编写也得到了他们的支持，李瑞东主任、辽源市院王文生检察长特为本书作序。本书的出版，得益于中国检察出版社的倾力支持，安斌副总编辑、马力珍编辑为本书的出版倾注了心力，提出许多宝贵意见，没有他们的支持与努力，就绝不会有本书的出版。同时，试点工作也借鉴了吉林省乾安县人民检察院、靖宇县人民检察院的一些经验做法，本书编写过程中参阅了乾安县人民检察院的有关资料，在此一并致以深深的谢意。

　　本书的编写分工为：郭静波（第一章、第二章、全书统稿）、齐立平（第三章、第五章）、时玉环（第四章、第六章）。戴君、初一参与了全书的审校工作。

　　由于编者水平有限，难免存在错漏之处，权作引玉之砖，敬请读者批评指正。

吉林省东辽县人民检察院检察长　郭静波

二〇〇九年十月五日

图书在版编目（CIP）数据

ISO 9000 族标准与人民检察院规范化管理/郭静波主
编 . —北京：中国检察出版社，2009. 11
ISBN 978 - 7 - 5102 - 0182 - 0

Ⅰ. Ⅰ… Ⅱ. 郭… Ⅲ. 区（城市）—检察机关—工作—
研究—广州市 Ⅳ. D926. 32

中国版本图书馆 CIP 数据核字（2009）第 193728 号

ISO 9000 族标准与人民检察院规范化管理

郭静波 主编

出 版 人：袁其国
出版发行：中国检察出版社
社 址：北京市石景山区鲁谷西路 5 号（100040）
网 址：中国检察出版社（www. zgjccbs. com）
电子邮箱：zgjccbs@ vip. sina. com
电 话：(010) 68630385（编辑） 68650015（发行） 68636518（门市）
经 销：新华书店
印 刷：三河鑫鑫科达彩色印刷包装有限公司
开 本：720mm ×960mm 16 开
印 张：16 印张
字 数：301 千字
版 次：2010 年 1 月第一版 2010 年 1 月第一次印刷
书 号：ISBN 978 - 7 - 5102 - 0182 - 0
定 价：30. 00 元